Research on Efficacy of Criminal Justice System in China

总主编：吴汉东

·南湖法学文库编辑委员会·

主　任：吴汉东
副主任：陈景良　刘　笋　张　红
委　员：吴汉东　陈景良　刘　笋　张　红
　　　　王广辉　郑祝君　张继成　赵家仪
　　　　胡开忠　樊启荣　詹建红　邓　烈

南湖法学文库

我国刑事审判制度实效问题研究

陈 实 著

图书在版编目(CIP)数据

我国刑事审判制度实效问题研究/陈实著. —北京:北京大学出版社,2015.5
（南湖法学文库）
ISBN 978-7-301-25266-6

Ⅰ. ①我… Ⅱ. ①陈… Ⅲ. ①刑事诉讼—审判—研究—中国
Ⅳ. ①D925.218.24

中国版本图书馆 CIP 数据核字(2014)第 300978 号

书　　　名	我国刑事审判制度实效问题研究
著作责任者	陈　实　著
责 任 编 辑	毕苗苗
标 准 书 号	ISBN 978-7-301-25266-6
出 版 发 行	北京大学出版社
地　　　址	北京市海淀区成府路 205 号　100871
网　　　址	http://www.pup.cn
电 子 信 箱	law@pup.pku.edu.cn
新 浪 微 博	@北京大学出版社　@北大出版社法律图书
电　　　话	邮购部 62752015　发行部 62750672　编辑部 62752027
印 刷 者	三河市北燕印装有限公司
经 销 者	新华书店
	965 毫米×1300 毫米　16 开本　15.75 印张　258 千字
	2015 年 5 月第 1 版　2015 年 5 月第 1 次印刷
定　　　价	39.00 元

未经许可，不得以任何方式复制或抄袭本书之部分或全部内容。
版权所有，侵权必究
举报电话：010-62752024　电子信箱：fd@pup.pku.edu.cn
图书如有印装质量问题，请与出版部联系，电话：010-62756370

总　　序

　　历经几回寒暑,走过数载春秋,南湖畔的中南法学在不断精心酿造中步步成长。中南法学的影响与日俱增,这离不开长江边上这座历史悠久、通衢九州的名城武汉,更离不开中南法律人辛勤耕耘、励精图治的学术精神,中南学子源于各地聚集于此,又再遍布大江南北传播法学精神,砥砺品格、守望正义的同时也在法学和司法实践部门坚持创新、止于至善,作出了卓越的贡献。

　　纵观中南法学的成长史,从1952年9月成立中原大学政法学院,到1953年4月合并中山大学、广西大学、湖南大学的政法系科,成立中南政法学院,后至1958年成为湖北大学法律系,1977年演变为湖北财经学院法律系,转而于1984年恢复中南政法学院,又经2000年5月的中南财经大学与中南政法学院合并至今,中南财经政法大学法学院已然积攒了50年的办学历史。虽经几度分合,但"博学、韬奋、诚信、图治"的人文精神经过一代又一代中南学人的传承而日臻完善,笃志好学的研习氛围愈发浓厚。中南法学经过几十年的积累,其学术成果屡见丰硕。"南湖法学文库"这套丛书的编辑出版,就是要逐步展示中南法学的学术积累,传播法学研究的中南学派之精神。

　　中南法学经过数十载耕耘,逐渐形成了自成一格的中南法学流派。中南法律人在"为学、为用、为效、为公"教育理念的引导下,历练出了自有特色的"创新、务实"的学术精神。在国际化与跨地区、跨领域交流日益频繁的今天,中南法学以多位中南法学大家为中心,秉承多元化的研究模式与多样性的学术理念,坚持善于批判的学术精神,勇于探讨、无惧成论。尤其是年轻的中南法学学子们,更是敢于扎根基础理论的研习,甘于寂寞;同时也关注热点,忧心时事,活跃于网络论坛,驰骋于法学天地。

从历史上的政法学院到新世纪的法学院,前辈们的学术积淀影响深远,至今仍为中南法学学子甚至中国法学以启迪;师承他们的学术思想,沐浴其熠熠生辉的光泽,新一辈的中南法律人正在法学这片沃土上默默耕耘、坚忍不拔。此次中南财经政法大学法学院推出这套"南湖法学文库",作为中南法学流派的窗口,就是要推出新人新作,推出名家精品,以求全面反映法学院的整体科研实力,并使更多的学者和学子得以深入了解中南法学。按照文库编委会的计划,每年文库将推出5到6本专著。相信在中南法律人的共同努力下,文库将成为法学领域学术传播与学术交流的媒介与平台,成为中南法律人在法学研习道路上的阶梯,成为传承中南法学精神的又一个载体,并为中国法学研究的理论与实践创新作出贡献。

晓南湖畔书声朗,希贤岭端佳话频。把握并坚守了中南法学的魂,中南法律人定当继续开拓进取,一如既往地迸发出中南法学的铿锵之声。

是为序。

吴汉东
2010年12月1日

目录

第一章 刑事审判制度实效问题概述 / 1
  第一节 法律实效理论概述 / 1
  第二节 刑事审判制度实效问题的提出 / 17

第二章 我国刑事审判制度实效的样态描述 / 27
  第一节 实效样态描述的方法 / 27
  第二节 审判组织规则的实效 / 36
  第三节 审理方式规则的实效 / 47
  第四节 庭审调查规则的实效 / 53
  第五节 定案裁判规则的实效 / 64

第三章 我国刑事审判制度实效短缺的现象分析 / 71
  第一节 刑事审判制度实效短缺的特征及效应 / 71
  第二节 刑事审判制度实效短缺的类型化分析 / 79

第四章 我国刑事审判制度实效短缺的原因解析 / 88
  第一节 刑事审判的制度缺陷 / 88

第二节　刑事审判的体制积弊 / 112
　　第三节　刑事审判的资源矛盾 / 145

第五章　我国刑事审判制度实效改善的基本思路 / 167
　　第一节　刑事审判制度的发展取向 / 167
　　第二节　刑事审判程序实效改善的进路 / 183

第六章　刑事审判制度实效改善的主要举措 / 193
　　第一节　改善制度立法 / 193
　　第二节　完善制度内容 / 197
　　第三节　改革刑事审判运行体制 / 211
　　第四节　提升刑事司法职业技能 / 225

参考文献 / 232

后记 / 242

第一章 刑事审判制度实效问题概述

第一节 法律实效理论概述

一、法律实效概念缘起与澄清

（一）从法律效力到法律实效

法律是现代国家和社会维持秩序和保障自由的基本方式。社会心理学家马斯洛指出："我们社会中的大多数成年者，一般都倾向于安全有序、可预见的、合法的和有组织的世界；这种世界是他所能依赖的，而且在他所倾向的这种世界里，出乎意料的、难以控制的、混乱的以及其他诸如此类的危险事情都不会发生。"[1]稳定的秩序源自规范的制约，在道德、宗教和法律，三种作为维持社会秩序存在的规范中，前两者无论在持久性还是统一性上都不及法律——这种"高度专门化的社会控制形式"[2]。哈贝马斯也因此认为，现代法之所以出现，是为了填补不堪社会整合之重负的社会秩序功能的缺口。[3]法律在形式上表现为系统化、逻辑化的规范制度，在内容上表现为对人们行为自由及其限度的规则设定。正是由于制度和

---

[1] 〔美〕E.博登海默：《法理学：法哲学及其方法》，邓正来译，中国政法大学出版社2004年版，第239页。
[2] 参见〔美〕罗斯科·庞德：《通过法律的社会控制——法律的任务》，沈宗灵、董世忠译，商务印书馆1984年版，第9页。
[3] 参见〔德〕尤尔根·哈贝马斯：《在事实与规范之间——关于法律和民主法治国的商谈理论》，童世骏译，三联书店2004年版，第53页。

规则的存在赋予了人类事务相当程度的可预见性,使得人们得以安排自己的行为及其与他人的关系。

作为人类行为及其限度的规则设定,法律应当力求使人们按照其指示行事。伯尔曼对此有经典的表述:"法律必须被信仰,否则它将形同虚设。"① 与其说是法律被信仰,不如说是法律具有让人们信仰的某种力量。这种力量通常被称为"法的效力"(the validity of law),又名"法效力"或"法的有效性",即法律所具有的让人们普遍遵守的约束力。② 这个定义如此简短平淡,丝毫未显示出法效力问题的极端复杂性。这也难怪,法效力问题的复杂性并未显现于其概念本身,而在于对其的进一步追问——"法为什么具有效力?"法理学教科书上通常以国家意志论对此予以回答,这种简单化的解释显然遮蔽了法效力问题的复杂性。实际上,法效力问题的核心不仅是在探讨某一条法律或者某一部法律为何具有效力,而是探究作为普遍存在意义上的"法"及其体系如何具有效力。

事实上,法的效力在法学领域中是由来已久的论题。作为人为产物,人们在赋予法效力的同时,却对法效力的来源莫衷一是,以至于法的效力像卡夫卡笔下"紧闭的法律大门",使人长久驻足徘徊。经由无数前人的探究,法的效力被勾勒出了不同的面相,也正是基于理解的分疏,进而形成了法学史上两大主要学派。

(古典)自然法学派(natural law)始终致力于对法效力作伦理性解释,他们在法律与自由及平等价值之间发现了某种联系,认为法律内容的正确性来源于其与人类自然伦理的相融性,并由此建立了法律效力的渊源和标准:符合道德和正义的法律具有效力,反之则不具效力(即"恶法非法")。自然法学派提出:"当我们说一个规则是有约束力时,我们的意思既指它是现行法律组成部分,又指它是值得尊重的,我们有道德义务去遵守它。一个法律规范符合某种伦理标准时,这种义务就存在。法的效力的一个重要方面是它与公认的道德价值的联系。虽然人民往往是基于便利、习惯、恐惧和'因为它是法'等理由而依法行事,但是,这样的情况也是事实:即人民大众相信法律制度的核心或主体在道德上是合理的,相信法是以其道德权威而约束人民的。"③ 由此可见,在自然法学派的理论中,"自然法"有着独立且优

---

① 〔美〕伯尔曼:《法律与宗教》,梁治平译,三联书店1991年版,第28页。
② 参见张友渔主编:《中国法学文集》(第1辑),法律出版社1984年版,第114页。
③ 张文显:《二十世纪西方法哲学思潮研究》,法律出版社1996年版,第483页。

于人类立法行为的价值伦理,并构成了人类"实在法"的效力标准。

(分析)实证主义法学派(analytical positivism)[①]对法的效力与自然法学派持截然相反的观点,他们批判自然法学家们抛开可以直接观察到的事实,以所谓的永恒理性和终极原则对法效力所作的解释超出了事物的实在表现,无法从经验世界加以判断和衡量,属于"形而上学"。在实证主义法学家眼中,价值和伦理只不过是"吼吼叫叫"或"激动"的词语而已,不可能通过经验而获得证明,因而主张它们毫无认知意义。[②] 实证主义法学试图清除价值伦理,认为法是由规范或规则构成的,与道德有着明确的界限,只有实在法才是法律,任何内容都可能成为法律,而且任何人的任何行为都可以成为法律规范的对象(即"恶法亦是法")。进而,实证主义法学家普遍主张将法效力问题限定在分析和剖析实在法制度的范围之内,并提出必然要以一个最高或最终规范为逻辑起点加以阐释。实证主义法效力观有两位重量级代表:凯尔森和哈特。在凯尔森看来,"'效力',意思就是指规范的特殊存在。说一个规范有效力就是说我们假定它的存在,或者就是说我们假定它对那些其行为由它所调整的人具有'约束力'"[③],并认为,"法律秩序并不是一种由同等层次的并列的规范组成的体系,而是一种由不同层次的法律规范组成的等级体系"[④],"一个规范效力的理据始终是一个规范,而不是一个事实。所以,规范效力的理据,不能到现实中去找,而应当到原规范赖以产生的另一个规范中去寻找"[⑤]。在凯尔森论述的规范体系结构中,"个别规范"(individual norm)的效力总是来源于高位规范。如果一条规则得到一部法规的认可,这条规则就是有效的;如果一部法规符合宪法的规定,那么该法规就是有效的;如果一部宪法的制定得到先前一部宪法的授权,那么这部宪法就是有效的。如此这般地追溯,位于最高层次的,也即一个新成立国家的第一部宪法的效力渊源乃是要求任何其他规范忠实于宪法的"基本规范"

[①] 此处的实证法学派是狭义上的,即指研究和描述法律制定中共同的基本概念、观念和原理的分析实证主义法学,并不包括以社会学形式表现出来的法实证主义,即法社会学与现实主义法学。关于实证主义法学的界定,可参见〔德〕阿图尔·考夫曼主编:《当代法哲学和法律理论导论》,郑永流译,法律出版社2002年版,第357页以下。又见〔美〕E.博登海默:《法理学:法哲学及其方法》,邓正来译,中国政法大学出版社2004年版,第123页以下。
[②] See Rudolf Carnap, *Philosophy and Logical Syntax*, AMS press, 1979, p.217.
[③] 〔奥〕凯尔森:《法与国家的一般理论》,沈宗灵译,中国大百科全书出版社1996年版,第31—32页。
[④] 同上书,第221页。
[⑤] 同上书,第111页。

(basic norm),基本规范是同一法律体系中所有规范得以有效的终极渊源,基本规范不是一种实际规范,而是法律思想所预设的(presupposition)。① 哈特继承了实证主义排斥价值伦理对法效力影响的传统,并沿着凯尔森的思路,继续将法的效力置于一个逻辑规范体系中加以考察。然而,哈特似乎感觉到了凯尔森的"基础规范"法律效力逻辑起点可能导致的不可知论的危险。因此,他引入了两类规则的结合来解释法律效力,并提出法律规范体系分为"首位规则"和"次位规则"(primary and secondary rules)。首位规则是行为的标准方式,这种方式要求社会成员为或不为某些行为。这类规则是源于社会的需要,是用来保证一种令人满意的生活方式的。次位规则则用以承认首位规则的效力和执行首位规则。次位规则用某种权威的方式识别法律规范中的有效规则,对那些旨在改变首位规则的正式且常规性的程序作出规定,并通过建立详尽的审判和执法程序确保首位规则的实施。②

统一法学代表人物霍尔(Jerome Hall)认为,在 20 世纪中期以前,自然法学、实证主义法学作为人类法律思想史上最主要且影响力最大的两大学派,对法的研究和倡导展现出了法效力的两个重要面相——价值和概念。两大法学派的研究为法的效力理论奠定了坚实基础。其中,自然法学派对法效力中的人性、理性、正义、平等、自由等昭示宇宙自然和谐秩序的基本和终极原则不懈追求的精神和思想早已融入西方法制,并在西方每一次社会变革时期主导着上层建筑构建和发展的大方向。而实证主义对国家实在法进行文本的概念分析和逻辑推理来确定法的效力的努力则使西方法制日趋体系化、逻辑化、严格化和程序化。

值得注意的是,虽然两大法学派对法效力的观点大相径庭,但仍存在共通之处,即不管在法律规则体系之外还是之内,他们所主张的法效力标准均是法律在实施之前的存在或预设。换言之,两大法学派关于法的效力的理论是在立法层面上对制定法效力的应然性理解,认为法只要符合各自所提出

---

① 凯尔森所提出的"基础规范"概念的思想源流乃是新康德主义哲学。新康德主义哲学将康德认识论从自然界扩展至科学文化界,认为人类已有的科学文化是人的思维按照理性的先验逻辑创造出来的,在这些被创造出来的科学文化成果中就蕴含着人的理性的先验逻辑,因此,人类不是从客观世界,而应从至今已有的被创造出来的科学文化中去挖掘那些曾支配人们创造科学文化活动的纯粹理性规律或纯粹先验逻辑。因此,凯尔森的基础规范实际属于康德认识论中人类的"先天认识结构"。相关评论可见 M. P. Goding, Kelsen and the concept of "Legal System", *in More Essays in Legal Philosophy*, edited by R. S. Summers, University of California Press, 1971, p. 69.

② 参见〔英〕H. L. A. 哈特:《法律的概念》,许家馨、李冠宜译,法律出版社 2006 年版,第 94—104 页。

的效力标准即获得效力,当然地对人们具有约束力。然而,立法本身不是目的,制定法得到普遍遵守和适用才是其追求所在。获得应然约束力的制定法在运行实施中是否得到了普遍遵守和适用?如果没有得到普遍遵守和适用,其有效性是否还存在?这样的追问显然使本已复杂的法效力问题再度复杂化。自然法学派似乎并未注意到这个问题的复杂性,而实证主义法学家敏锐地意识到了这一点。凯尔森在其1934年德文出版的代表作《纯粹法学》(第1版)一书中对法律规范在实施中被实际适用和遵守的情况提出了一个概念——"法的实效"(wirksamkeit,英译为 effectiveness)。自此,在对法的效力问题的阐释中,产生了另外一个问题:"法的实效"。

(二)法律实效概念的再厘定

从本书掌握的现有资料来看,凯尔森是日耳曼语世界中最先提出"法律实效"概念并对其进行较为深入论述的法学家。继1934年出版《纯粹法学》之后,凯尔森在其1949年出版的名著《法与国家的一般理论》一书中再次给定了法律实效的含义:"法律实效意思就是人们实际上就像根据法律规范规定的那样行为而行为,规范实际上被适用和服从。"[①]据此,凯尔森的法律实效概念,其内涵意指法律规范被其适用对象实际适用和遵守。

自凯尔森首提之后,法律实效问题引起了20世纪前期的诸多法学家的关注,并且,他们中的大多数在论及这一问题时沿袭了凯尔森所提出的概念内涵。如哈特认为,"实效意味着一项规范某种行为的法律规则大部分时候都会被遵守"[②]。尽管哈特在法律实效与法律效力之间的关系认定上与凯尔森存在明显差异,但其并未对法律实效的概念本身提出突破性的质疑。[③]斯堪的纳维亚学者阿尔夫·罗斯认为,法律规范的实效,即在执法官员的心目中的确起到了影响作用并在解决法律争议时得到了适用,执法官员认为这些规范具有社会约束力。[④] 罗斯看重执法者的对法律规范的心理和行为态度,试图将法律实效问题归入心理本质的先验领域,但其仍然承认实效乃是一种"规范适用的约束力"。哥伦比亚大学法学院荣誉教授哈利·W.琼斯认为,法律实效是指"构成社会的人——无论是官员还是大多数私人公

---

① 〔奥〕凯尔森:《法与国家的一般理论》,沈宗灵译,中国大百科全书出版社1996年版,第42页。
② 〔英〕H. L. A.哈特:《法律的概念》,许家馨、李冠宜译,法律出版社2006年版,第103页。
③ 哈特认为法律实效与法律效力不能截然分离,只要具有实效的规范才可能具有效力,并且法律实效不仅仅意味着遵守和服从,还意味着规则被广泛接受。
④ Alf Ross, *On Law and Justice*, University of California Press, 1959, p.35.

民——的实际行为与宪法规定、制定法规定或判例法规定所指定或认可的标准相一致"①。综合法学派的重要代表博登海默也认为必须对法律的有效性和法律的实效加以区分,并提出,"法律有效性的探求是旨在确定某一特定行为规则是否具备一条应得到遵守与实施的法律规则的资格条件。法律实效所涉及的则是另一个问题,即一项行为规则在社会秩序中是否在事实上得到了实施,亦即它是否得到了其适当对象的遵守亦即是否为政府当局所实施了"②。也有人对凯尔森的法律实效概念提出了质疑和批判。牛津大学法哲学教授拉兹便指出,凯尔森的法律实效理论含混不清,其并未解决如何确定法律规范的实效的问题,即我们如何确认法律规范得到了人们的遵守和服从?据以判断的标准是什么?此外,还有一个更深层的问题,可以说仅仅得到了遵守和服从就表明它有实效了吗?③

将目光转向国内,自20世纪90年代初我国法学界开始研讨法律实效以来,对其概念内涵的理解也存有不同论说。通过对已有的文献作梳理,发现有如下几种观点:第一种观点与凯尔森的概念内涵基本相同。如黄海林认为,法律实效是"一行为规则在社会中得到了特定对象的遵守、适用与执行及这种遵守、适用与执行的程度"④。张骐认为,法律实效指的是"人们实际按照法律规定的行为模式去行为,法律被人们实际遵守、执行或适用"⑤。沈宗灵认为,法律实效"又称为法律的成效,是指发生法律效力的法律规范在实际上被执行、适用和遵守"⑥。第二种观点认为法律实效是实然的国家强制力。如张根大提出,法律实效即法律的实质效力,是指"法律在时间、地域、对象和事项四个维度中所具有的实然国家强制作用力"⑦。第三种观点认为法律实效等同法律效果。如郭宇昭认为,法律实效是指法律实施所产生的效果,即法律的实施效果。⑧ 又如赵震江、周旺生认为,"法律实效即是

---

① Harry W. Jones, *The Efficacy of Law*, Northwestern Press, 1969, pp.3—4.
② 〔美〕E. 博登海默著:《法理学:法哲学及其方法》,邓正来译,中国政法大学出版社2004年版,第359—360页。
③ See Joseph Raz, *The Concept of a Legal System: An Introduction to the Theory of Legal System*, Clarendon Press, 1970, chapter 9.
④ 黄海林:《法效力与法实效之研究》,载《法学》1992年第1期。
⑤ 张骐:《法律实施的概念、评价标准及影响分析》,载《法律科学》1999年第1期。
⑥ 沈宗灵主编:《法理学》,高等教育出版社1998年版,第350页。
⑦ 张根大:《法律效力论》,法律出版社1999年版,第202页。
⑧ 参见郭宇昭主编:《社会主义法的基本理论》,中国人民大学出版社1993年版,第296页。

法律的功能和立法的目的实现的程度和状态"①。第四种观点将法律实效归于法律实现的过程。如谢晖提出,法律实效是指国家实在法效力的实现状态和样式,是应然的法律效力实然化的情形,是法律主体对实在法权利义务的享有和履行的实际状况。因此,法律实效在实质上表达着法律的实现过程。②

概念是逻辑的起点,除非论述对象之概念已被清晰界定并形成共识,否则,概念的厘定始终是论者无以逃避的先前义务。"法律实效"一词的关键词是"实效",而"实效"本身是一个偏正结构的词组,由修饰词"实"和中心词"效"组成,两个词各自便已抽象模糊,如不假推敲,笼统界说,含义难免混乱不堪。通过对法律实效之首创概念及国内外各种界说观点的梳理,不难发现各家对实效之"实"不存分歧,均认为"实"意指"实际",即法律规范运行中的实际之效。换言之,首先,其"效"的获得只能通过法律规范的实施运行,而非在立法层面的假想设定,另外,其"效"乃法律规范事实上之效,是一种客观存在。真正的分歧来自于各家对"效"的不同理解,即重点是实效之"效"是否单纯意指约束力。

分歧迫使我们必须谨慎审视法律实效原初的概念。重新考察凯尔森的论述理据,除了向这位对法律实效作出开创性研究的法学家致敬之外,对其具有的局限性也毋庸讳言。首先是概念论证的工具性。凯尔森虽然注意到了法律实效的问题,并将其与法的效力作出了明确区分:"实效意指一条规范实际上被遵守和适用,而有效性则意指一条规范应当被遵守和适用"③,但实效概念系凯尔森是为建构法的效力理论而触及,其并未甚至有意回避在实效问题上多费笔墨。原因其实很简单,凯尔森唯恐陷入法律实效与法的效力之间进退维谷的关系,避免困扰甚至摧毁其苦心建构的法的效力理论大厦。凯尔森一方面坚持其"等级层次体系"的法效力论,认为任何一个来源于高位规范的个别规范均具有当然的约束效力,另一方面,他又意识到人们不遵守法律规范的行为是客观存在的。于是,为了调和这种矛盾,凯尔森试图将法的效力与法的实效两个概念的关系加以剥离:"只要整个法律体系的大部分规范得到了遵守,某一法律规范的有效性便不受其实际实效的

---

① 赵震江、周旺生等:《论法律实效》,载《中外法学》1989 年第 2 期。
② 谢晖:《论法律实效》,载《学习与探索》2005 年第 1 期。
③ Hans Kelsen, *Reine Rechtslehre*, F. Deuticke, 1934, S.69.

制约。"①按照这一理解,除非某一法律规范完全无法得到遵守,否则,该法律规范的效力便和实效没有关联,不受实效的影响。然而,在晚期,凯尔森的思想发生了微妙的变化,他在1967年《纯粹法学》的英文版中对其之前所坚持的观点作出了修正:"一条在任何地方得不到任何人遵守的规范,换言之,一条至少在某种程度上没有实效的规范,不能被认为是一条有效的规范。"②据此,凯尔森又得出了这样一个结论,即尽管一项规范的效力源自另一更高规范的认可,但其最低限度的实效乃是该规范有效性的一个必要条件。作出这样的修正也许是艰难的,凯尔森对此承认,对法的效力与实效之间关系的认定是实在法理论中最重要的同时也是最难的问题之一。③ 其次是概念内涵的封闭性。凯尔森是彻底的实证主义捍卫者,这不仅体现在在其法的效力理论中,也毫无悬念地渗透进了其所提出的法律实效概念中。凯尔森强化法和国家的关系,宣称国家不过是强制规范的总和,国家和法律是统一的,以此切断法和社会的联系。因此,凯尔森认为"赋予法律'实效'这一用语的唯一涵义就是人们的实际行为符合法律规范"④,"忠实地适用某一实在命令以保护其存在",即是实效,法的实效不必考虑对社会的影响。⑤ 据此可以看出,凯尔森完全将实效概念置于纯粹规范的法效力理论框架中予以论证。不过,这招致一些学者的尖锐批评:"至少是为了分析的目的,凯尔森把法律视作一种封闭的东西,就好像法律是在一个封闭且密封的容器中一般。"⑥霍尔也对此提出了质疑,认为对实效应区分结果(result)和影响(consequence)。结果,即人们的行为是否遵守和服从法律规范只是单纯的描述,而影响则是由法律是否被遵守、服从与法律实际产生的效果之间具有因果关系的逻辑性,需要加以规范分析。譬如,在缺乏促进就业的措施和立法的情况下,某城市通过了旨在保障低收入人群的最低标准工资法,结果是雇主服从法律,付给一部分人较高的工资,但影响则是雇主为平衡开支而裁员,致使更多的人失去工作机会。这样的法律是有实效的吗? 当我们

---

① Hans Kelsen, *Reine Rechtslehre*, F. Deuticke, 1934, S.70.
② Hans Kelsen, *Pure Theory of Law*, transl. Max Knight, University of California Press, 1967, p.11.
③ Ibid., p.211.
④ 〔奥〕凯尔森:《法与国家的一般理论》,沈宗灵译,中国大百科全书出版社1996年版,第42—43页。
⑤ See Hans Kelsen, supra note 2, pp. 48—49.
⑥ Maurice Hauriou, *Classical Method and Juridical Positivism*, in the French Insititutionalists, ed. A. Broderick, Harvard University Press, 1970, p.125.

说一个法律规范虽被遵守和服从但产生与其立法原旨不符甚至相悖的影响,而这个规范仍然是具有实效时似乎于理不通。

"真理是任何特定时间人们经验的总和。"①正如博登海默所言:"法律是一个带有许多大厅、房间、拐角的大厦,在同一时间里想用一盏探照灯照亮每一间房间、凹角和拐角是极为困难的。"②另外,法律概念也并非是一成不变的。萨维尼也提醒我们注意,要确凿把握每一时代与每一法律形式的特性,并在于事务整体的紧密联系与合作中,即是说,仅在其真实而自然的关系中,省察每一个概念和规则。③ 进一步考察发现,社会法学的视野和理论事实上为法律实效概念注入了新的内涵并提供了充分支持。

伴随20世纪初美欧经济社会的快速发展,社会法学派逐渐兴起。社会法学派看重法的作用而非其抽象内容,认为法律是一种社会制度,法应强调其所要达到的社会目的,而并非制裁的实现,同时,法律的运行又是一种社会现象,法应当强调起对所调整的社会生活的作用或效果,并关注各种社会因素对法的影响。社会法学区分"文本中的法"和"行动中的法",不把法律视为由刻板的规则所组成的概念和逻辑体系,而是将法律置于更大的社会背景下运作的一种制度规范,更加注重对法实施运行的动态考察,强调法律应当在社会中真正有效运行。④ 尤其是社会法学派的重要分支——现实主义法学,主张关注法律的实际生活、经验及效果,提出如下观点:(1)法律是不断变化的,是由司法创造的;(2)法律是达到社会目的的一种手段,而不是目的的本身,因此应不断研究各部分法律的目的和效果;(3)社会是不断变化的,而且比法律变化更快,因此要不断审查各部分法律是否与社会需要相适应;(4)研究法律应划分"实然"和"应然",在确定研究目标时,须诉诸价值判断,但在研究"实然"时的观察、说明和确立应尽可能不受观察者意愿或伦理观念所支配;(5)对以传统法律规则和概念来说明法院和人们的实际行为抱怀疑态度;(6)对法律规则在法院判决中起重要作用的学说抱怀疑态度;(7)主张案件和法律情况作比过去更狭窄的分类;(8)坚持从法律

---

① Hyman Levy, *A Philosophy for a Modern Man*, The University of California Press, 1938, p.309.
② 〔美〕E.博登海默:《法理学:法哲学及其方法》,邓正来译,中国政法大学出版社2004年版,第217页。
③ 参见〔德〕弗里德里希·卡尔·冯·萨维尼:《论立法与法学的当代使命》,许章润译,中国法制出版社2001年版,第37页。
④ See Roscoe Pound, Law in Book and Law in Action, *The American Law Review*, 44(1910), p.15.

的实际效果来评价法律;(9)坚持以上述特征持久地和有计划地解决法律问题。① 现实主义法学对法律实效的关注和研究为当时处于时代变迁之中的美国提供了强有力的理论支持,并帮助罗斯福政府推出了一系列契合社会需求且行之有效的干涉经济、改善劳动条件和增加社会福利的立法,减缓了经济危机及其所带来的消极效应,实现了经济和社会的平稳过渡。现实主义法学也因此成为了罗斯福新政时期的"官方法学",尤其是其对注重法律实效的倡导,强调法律只是实现社会目的工具手段而非目的本身,法律中的任何部分都需要不断地根据目的和效果来检测,根据目的与效果这二者及其相互关系来判断等观念,对美国后来法学思想的发展和走向产生了巨大的影响。② 此外,为了更好地研究影响法律的各种社会性因素并准确地对法律进行预测,现实主义法学者还要求法学研究对其他学科开放,主张未来不属于固执僵化的法条主义者,而属于统计学家和经济学,现实主义者"将更多关注大量正确案件背后影响司法行为的真正事实",将更多地运用统计学、经济学、社会学、心理学及政治学等领域内的理论与方法来对法律进行科学地描述和预测。

　　社会法学派的学说理论实际上极大丰富了法律实效概念的内涵,其不仅强调法律规范应当实际得到遵守和适用,还强调法律规范的实施应当达到预期的目的和效果,认为应当从法律规范实际适用的状态以及实施效果来评价法律。法不仅仅是主权国家的强制性命令,更是调整社会的规范性制度。正如美国学者康马杰所言:"法律是为实用而制定的,应根据目的而不是根据起源来理解法律。"③德国法学家耶林也指出,法律规范是有明确的目的指向的,法律规范的内容因其高度抽象和概括,使其具有不可避免的模糊性和弹性,抹煞法律目的的纯粹遵守和服从,在很大程度上将是一种盲从。故而,耶林将法律的目的比喻为在茫茫大海上指引航船方向的"导引之星",而适用法律的过程犹如在茫茫大海上驾驶船舶,只有了解了法律的目的,才不致迷失方向。

　　梳理至此,法律实效的概念轮廓已然清晰,必须跳出法律效力,即纯粹

---

　　① See Karl N. Llewellyn, *Jurisprudence: Realism in Theory and Practice*, The University of Chicago Press, 1962, pp.55—57.

　　② 20世纪70年代以后,现实主义法学的主张和观点直接推动了行为法学、经济分析法学和批判主义法学的产生,直至90年代,美国所谓的"新公法运动"仍受其影响。

　　③ 〔美〕亨利·斯蒂尔·康马杰:《美国精神》,杨静予等译,光明日报出版社1998年版,第65页。

的法的约束力的框架,而将其置于更开阔的视野中对其作出切中时代的界定,要在法和国家与法和社会的双重关系中赋予法律实效的内涵。法律实效应当是具有丰富内涵的概念,其既强调法律规范的调整对象对国家意志的实际遵从,又强调法律规范作为社会调控手段的实际功效。法律实效是指法律规范在运行过程中表现出来的适用状态及其实施效果,其包含两个方面:一是法律规范在运行中被执行、遵守和服从的状态和程度,这是法律实效最直接而基本的体现;二是法律规范在运行中表现出来的实施影响及效果,这是法律实效根本和终极的追求。法的实施影响和效果又包含两个维度:一是法律规范中的法律关系主体权利义务实现和履行的状态和程度,即法律效果;二是法律规范中对社会调控的目的和功能达成和实现的状态,即社会效果。法律实效两个方面的内涵是表层与深层,直接与递进,基本与终极的关系。法律实效首先关注法在运行中被执行、遵守和服从的状态,即法的规范性要求是否实现或者多大程度上实现,只有法律规范实际被适用,才涉及深层次的立法的目的、功能是否达到或多大程度上达到。法律实效以法的要求、目的、愿望变为现实为依归,它强调的是法律的社会事实状态,是从法的社会运行的结果状态来审视法的社会调整功能,不仅注重对法律实践的形式和过程分析,还注重对法律实践结果的分析。但在此应当说明的是,本书对刑事审判制度实效的分析和阐述更多是基于法律实效概念的第一层内涵,即在法律规范被遵守和执行的实效。

二、法律实效的特征及形态

(一)法律实效的特征

作为一个有特定内涵的概念,法律实效至少具有以下三个特征:

第一,法律实效的对象是国家实在法。"法律"本身也是个内涵丰富,颇有弹性的概念,在言及法律实效时仍需进一步明确作为对象的法律本身的范围。一般认为法是为规范人们行为而制定出的规则制度。从最本初的意义上出发,"严格意义上的法律,是命令"[1]。因此,在谈及法的概念时如无特指,均指实在法,也即国家立法部门制定的以权利义务为核心的法律规范。因此,实在法之外存在的对社会具有规范作用的制度,如自然法学派所崇尚的伦理法,社会法学派所认可的习惯法、民间法,或者国家政策性规范、

---

[1] 法学教材编辑部编:《西方法律思想史资料选编》,北京大学出版社1983年版,第500页。

行政指令等,虽在某种层面和程度上具有实然性,但并不能归于法律实效的范畴。对于实在法,应当坚持四个标准:一是制定主体必须是有权主体,包括立法机构和被授权的立法机构;二是规范的内容必须是以一定的权利义务为核心的规范;三是法律须具有规范而逻辑的外在表现形式,最典型的莫如法典形式的国家制定法;四是必须是严格按照法定程序而制定。

第二,法律实效体现法运行的实然性。哲学家休谟在其名著《人性论》中将人类的知识分为两类:一种是有关价值的知识,即关心事情应该是怎么样的;另一种是有关事实的知识,这种知识与价值无涉,只关心事情实际是怎么样的。此即著名而影响深远的"休谟问题",它告诉人们,必须区分事物的"应然"与"实然";存在是一个问题,好坏是另外的问题。自休谟对价值和事实作出明确区分以来,应然和实然便成了社会及政治问题时经常运用的一组对应的甚至对立的概念范畴和分析工具。在法律领域,所谓应然,就是"法应该是怎么样的"(law as it ought to be),所谓实然,就是"法实际是怎么样的"(law as it is)。当谈及法律实效时,并非是对法律规范作应然性的分析和建构,而是对法律规范在实践中的状态作实然性的描述和阐释。实然性对法学理论提出了严峻的课题与挑战,以主观演绎、分析和建构为主要方法的传统法学理论对需客观观察、描述、归纳和阐释的法律实效问题显得捉襟见肘。因此,以实然性为核心的法律实效问题必须在法学理论基础上引入其他学科,尤其是社会学、经济学,统计学甚至是心理学、行为学的有益理论和方法。这也印证了拉兹面对法律实效问题研究困境时的感慨:"也许法律哲学在这个方面确实做不出太大的贡献,尽管我相信,这里至少存在一些——但不是基本的——困难有待阐释。"①

第三,法律实效状态具有可评估性。"只有法律实效,才使得作为规范事实的法律变成主体交往行为中的实践事实。所以,法律运作,其基本目的就在于取得法律实效。"②然而,如何了解法律实效?法律实效理论认为法律实效具有可评估性,也即通过采取合理化的分析方法可以对法律的适用和实施作出定量和定性的分析评价,从而探寻法律规范的实效状态。根据评估的目的,无论对于法律的遵守和执行的适用状态,还是目的和效果的实施状态,均可以进行有效的评估。早在20世纪30年代,社会法学派便已经

---

① Joseph Raz, *The Concept of a Legal System: An Introduction to the Theory of Legal System*, Clarendon Press,1970, p.203.

② 谢晖:《论法律实效》,载《学习与探索》2005年第1期。

开始研究如何对法律实效进行科学的评估。如在罗斯福新政时期,一些法学和社会学者以及律师联合组成评估委员会,并设计了一些方法对罗斯福的新社会法案进行实效评估。[①]

(二)法律实效的形态

法律实效体现着法律规范实施运行的状态和程度,是一个客观中性的表达。换言之,法律实效本身并不是一个肯定性的概念,并不意味着法律规范是具有实效的。事实上,法律规范运行中所表现出的实际的实施程度和适用状态就是法律实效的形态。

法律实效的形态具有动态性,其两端分别是"法律实现"和"法律失败"。法律实现,是法律在社会实践中被执行和实际遵守,得以贯彻实施,法律规范所设定的社会成员的权利、义务落到实处,法律达到了所要调整的社会关系的预设效果。法律实现表征的是法律实效的正面效果和程度,也即法律规范具有实效的情形。这种情形下,社会成员没有从自身偏好出发,设法规避法律的相关规则,或者即使按照自身偏好,也得出了与法律预设一致的结果。执法者和司法者不折不扣地执行了法律,没有从自身立场或利益出发来影响法律的实施,或者即使考虑了自身利益或立场,也得出了与法律预设一致的结果。这样,法律的规范得以适用,预设效果得以实现,较为准确地体现了法律规范的内容和精神,是法律实效的理想状态。法律失败,意味着法律实效受到了社会实践的严重负面影响,法律在社会实践中被执行和遵守的状况很差,法律遭遇无法实施,法律规定的权利和义务严重落空,法律没有达到其预期的调整效果。法律失败表征的是法律实效的负面效果和程度。这种情况下,或者是社会成员从自身偏好出发,设法规避了法律的相关规定,或者是执法者和司法者从自身利益或立场出发,影响了法律的执行。总之,法律规范未能得到充分的适用,预设效果未能实现,法律规范的内容和精神未能体现。对于任何一部法律规范而言,越接近法律实现的一端,实效就越高,将呈现出实效充分的形态。反之,越接近法律失败的一端,实效则越低,将呈现出实效短缺的形态。如图所示:

[①] 参见〔美〕小福尔索姆:《罗斯福新政的谎言》,李存捧译,华夏出版社2010年版,第56页。

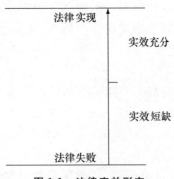

图 1-1　法律实效形态

然而,在法律实效形态中一个令人困惑的问题是,法律实效形态是否可以量化?换言之,具体法律规范的适用达到何种程度即是实效充分或是实效短缺呢?法律实效概念的首创者凯尔森对此实际曾有论及。根据其所界定的法律实效概念,凯尔森认为,如果法律制度的大部分规范得到了遵守,应当认为法律制度具有实效。[1] 另外,他还提出了"最低限度的实效"概念,并认为法律规范应当具有最低限度的实效,毫无实效的法律不能被认为具有有效性。[2] 但遗憾的是,凯尔森并未展开解释"大部分规范得到了遵守"如何理解,以及何谓"最低限度的实效"。后世一些法学家也试图解决这一问题,如德国法社会学家特奥多尔·盖格尔(Theodor Geiger)提出了法律规范实效测量理论,即如果一个规范的 10 次适用中,4 次被遵守,3 次没有遵守,那么其实效率便是 40%。[3] 这个测量理论听起来如此简单,但如何获得法律规范被遵守适用的统计数据却绝非易事。对这个问题,本书的基本看法是,法律实效的可测性应当得到承认,当我们说一个法律规范具有实效时,应当建立在一定的数量分析基础之上,否则定性结论会显得过于主观和思辨。但另一方面,想要寻找一个比例标准精确区分实效充分和实效短缺似乎不太可能,事实上也没有必要。

法律实现是法律实效的理想状态,然而对此我们仍然可以追问,法律规

---

[1] See Hans Kelsen, *Reine Rechtslehre*, F. Deuticke, 1934, S.70.

[2] See Hans Kelsen, *Pure Theory of Law*, transl. Max Knight, University of California Press, 1967, p.211.

[3] See Thomas Raiser, Das Lebende Recht, 2. Auflage, 1995, Baden-Baden, S. 260—261. 转引自郑永流:《法的有效性与有效性的法——分析框架的建构和经验实证的描述》,载《法制与社会发展》2002 年第 2 期。

范实现的方式是什么？是否存在区别？这个问题实际上可以化约为另外一个问题，即法律得到良好实施和适用的方式是否具有不同的方式？之间的差异是什么？特奥多尔·盖格尔对此认为，应当将法律实效的实现形态分为"行动的实效"和"制裁的实效"两个类型。① 行动的实效，意指社会成员主动地遵守和适用法律，使法律规范获得实效。盖格尔的这种实效模式看似好理解，但在一些社会法学看来，内部仍然存在不同的可能，他们试图提出这样的问题，每个人遵守法律时的想法都是一样吗？换言之，遵守法律的人们是否真正出自内心的自愿？在美国学者罗斯对法律实效的理解中便注意到了人们在适用法律时心理因素的不同。② 如果从行为心理学的角度加以区别，实际上可以将盖格尔的行动有效模式再细分为"道德相符模式"和"社会控制模式"。道德相符模式意味着，一项法律规范被人们适用的原因在于其所昭示的内在的精神符合人们所持的道德良心。例如，一个人在明知摄像头损坏的 ATM 机中发现有一扎钱，尽管他可以将钱据为己有而无被人发现之虞，但其还是把钱送交给了银行。如果问他为什么要这样做，他的回答可能不是法律命令我如此做，而是我的道德良心要求我拾金不昧。这是一个典型的道德相符模式的例子，一个规范本身所昭示的精神为人们内心的道德良心所认同，二者高度相符；人们跟从自己内心的道德要求自然而然地作出了与法律规范相符的行为，而不是迫于法律的威慑或强制。道德相符模式类似于康德所讲的"道德自治"，即人们对于道德问题拥有权柄，以自己为最终的判断者来判断何为正确，并据此行为，法律为某种义务所施加的推动力——外部强制力不复存在的情况下，此种义务依靠观念本身仍足以成为推动力。③ 社会控制模式意味着，某项法律规范为社会大多数成员所认同，以至于持异议者也会因为顾及大多数其他成员的压力或社会舆论的批评而主动加以遵守。"我们的理性和生活方式、我们的学识和艺术教育、我们的战争和国家观念是外部的创造与思想的合流。这些外部的创造与思想不由我们自主地作用于我们身上。我们从孩提时代就浸染其中。"黑格尔把这种占主导地位的观念或价值观称为"客观精神"。在一个社会中占主导地位的规范或价值观当然不会为大多数社会成员所接受，并形成一种浓郁

---

① 参见郑永流：《法治四章》，中国政法大学出版社 2002 年版，第 224 页。
② Alf Ross, *On Law and Justice*, University of California Press, 1959, p. 35.
③ See Andrews Reath, *Agency and Autonomy in Kant's Moral Theory*, Oxford University Press, 2006, pp. 121—123.

的行为导向氛围,从而对异议者离经叛道的行为形成一种集体观念的评价,这种评价在很多时候足以对异议者构成一种无形的控制,使其不能做出有悖集体观念的行为。制裁的实效,意指社会成员迫于法律的强制性和惩罚而被动遵循,法律规范从而得以取得实效。马丁·路德在其《论世俗权威》一书中对法的强制性作了生动比喻:"被置于刀剑之下,以使人即便愿意,也不能为恶,或者当人为恶时,人也不能肆无忌惮,不能仍然快乐满意地为恶。"①制裁实效模式备受法律实效首创者凯尔森的推崇。凯尔森认为法律规范的特点就是通过一种强制性命令对逆向行为进行制裁的方式来规定某种行为,强制是法律概念的一个基本的不可分割的要素,法律所运用的制裁是外在的制裁,是强制剥夺生命、自由、财产或实施某种其他被有关个人认为是灾祸的措施。因此,凯尔森主张,法律的概念没有任何道德含义,其决定性标准乃是强力因素,法律是一种"当为的法则",即"你应当来服从我,否则我就要制裁你"。制裁的实效也可以通过两种具体的模式实现:制裁震慑模式和制裁恢复模式。制裁震慑模式是指社会成员迫于招致法律的严厉惩罚而不敢违背法律。制裁震慑也是一种对社会成员无形的控制力,但因为有着可以预料、确定并且严重的惩罚性措施,因而控制力较之社会控制模式更强,强制的心理效果更好。制裁恢复模式是指法律规范未被遵守的情况下,通过制裁违法者而使被违反的法律规范得以恢复。比如公司违反社会保险法规范未给员工缴纳社保,劳动监察机关对公司实施处罚并强制公司为员工补缴社保,之前被违反的社保法规范得以恢复。法律实现的形态如下图所示:

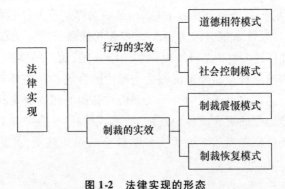

图 1-2　法律实现的形态

---

① 〔德〕莱茵荷德·齐佩利乌斯:《法哲学》(第 6 版),金振豹译,北京大学出版社 2013 年版,第 31 页。

第二节 刑事审判制度实效问题的提出

一、正视刑事审判制度实效问题

（一）刑事程序法实效的经验测度

2012年3月修订的《刑事诉讼法》已于2013年1月1日正式实施,这是该法自1979年首次立法以来的第二次修订。这部历经时间考验并在修订时引起了全民广泛关注和讨论的法律凝聚了学界和实务界的智识,也承载了全社会的期待。新法在原法典的基础上作了大量修订,我们有理由相信,新刑事诉讼法更加符合刑事诉讼原理,更加顺应国际趋势。然而同时,我们也存在一种隐忧,"对于那些有志于推进法制现代化的法学者来说,在选择将哪些西方法制引进中国刑事程序法之前,需要扪心自问:这些制度设计真的能得到实施,而不至于被彻底规避吗?"①法典修订使刑事诉讼法"看起来更好",但却未必能够解决刑事诉讼法长期以来实效短缺的沉疴痼疾。

我国首部《刑事诉讼法》承袭原苏联模式,诉讼方式、乃至诸多程序和制度与现代刑事诉讼原理不符。在该法运行十余年后,我国在反思和总结原苏联模式的弊端和长期不良影响的基础上,在1996年对《刑事诉讼法》进行了一次大修。之所以说是大修,是因为修订不仅仅针对若干程序和制度,而是触及了诉讼模式,尤其是刑事审判方式的变革,如大量吸收了英美当事人主义和欧陆职权主义的一些经验,试图用搬运和借用的国外制度使刑事诉讼法现代化。然而,这部在当时备受期待的法律,在随后近二十年的运行中遭遇了前所未有的尴尬。人们惊奇地发现,实践反对了理论,精心设计的制度和程序遭遇被冷落和架空的困境。刑事诉讼法律规范在经由纸面上的法转向行动中的法的过程中没起到应有的作用,甚至几乎失去实效。对此,我们无须从理论上推演,只需对刑事诉讼活动稍作观察,便可作出经验判断。譬如,在审前程序中,立案程序存在有案不立、不破不立的怪象。侦查程序中强制措施的适用变成惩罚的前置和定罪量刑的预演,如取保候审措施预示着嫌疑人罪责较轻,一般会处以缓刑,而逮捕预示着嫌疑人罪责较重,一般会处以实刑。审判程序中,合议庭合而不议,陪审员陪而不审,庭审走过

---

① 陈瑞华:《刑事程序法失灵问题的初步研究》,载《中国法学》2007年第6期。

场,先定后审;被追诉人的程序权利被架空沦为侦讯客体,辩护人权利极度受限难以行使。如此程序规则或被抛弃,或被架空,或被规避的现象在整个刑事诉讼过程中都存在。而且,这些法律实效短缺的现象并非只是在个案中,或者某个地区,或者短期内存在,而是几乎在普遍的案件中,在广大地区,长期地存在。换句话说,刑事诉讼法律实效短缺现象在我国《刑事诉讼法》的运行过程中带有普遍性,绝不是偶然地发生,而是具有内在的必然性。如同陈瑞华教授所说:"刑事诉讼法的书面规定在不同程度上形同虚设,刑事程序设计根本没有得到实施……刑事程序法在实施过程中普遍存在被规避和架空的问题。这种程序失灵的问题已经成为刑事诉讼制度所面临的最大挑战。"①虽然在立法理论上,"任何时代,任何国家不可能使法典都具有优良品质,总会有一些缺陷"(萨维尼语),文本中的法和行动中的法存有一定的距离,即从某种角度上,实效短缺或许是一个无法避免的客观现象,但是,我国刑事诉讼法律实效短缺的范围之广,程度之深,负面效应之大,以致制度规则失败是常态,实现是例外。面对这种令人震惊和困惑的现象,应当承认,较之于立法和修法而言,《刑事诉讼法》更为重要和迫切的问题在于如何解决法律实效短缺。尽管这一判断或许可能会引发争议,但不管是否愿意面对和触及,事实上是"中国刑事诉讼制度在实施中面临的根本问题,既不是当事人诉讼权利的扩大问题,也不是公检法三机关权力的重新分配问题,而是刑事程序的失灵问题"②。

(二) 为何关注刑事审判制度实效

"认真对待并切实解决刑事程序的失灵问题,尤其是认真剖析刑事程序失灵的原因,可能是未来刑事诉讼法学研究中的一个更加紧迫的课题。也只有将这一问题解决好,我们才能够制定出一部既能够充分尊重人权,又能够得到有效实施的刑事诉讼法。"③学者们所说的"失灵",实际上就是《刑事诉讼法》缺乏实效。而在刑事诉讼法实效问题中,最紧迫需要研究的,便是刑事审判制度的实效。如此认为,理由来源于三方面:

首先,刑事审判程序是刑事程序法重中之重。"如果将法律理解为社会生活的形式,那么作为'形式的法律'的程序法,则是这种形式的形式,它如

---

① 陈瑞华:《刑事程序法失灵问题的初步研究》,载《中国法学》2007年第6期。
② 同上注。
③ 李奋飞:《失灵——中国刑事程序的当代命运》,上海三联书店2009年版,第193页。

同桅杆顶尖,对船身最轻微的运动也会作出强烈的摆动。"①这形象地说明了程序法在法律体系中举足轻重的作用。而刑事程序法体系的桅杆顶尖又是什么呢?无疑是刑事审判程序。因为所谓"诉讼",其本质就是审判。诉讼指国家裁判机构在发生利益争端的控辩双方同时参与下,在法庭这一特定时空范围内,认定案件事实,运用实体法的有关原则和规则,就双方的争端作出最终裁判的活动。刑事诉讼与民事诉讼不同,在审判程序之前,一般要经历复杂的侦查和检控程序,从而为审判做好准备,虽然这些审前程序带有追诉性质,但并非典型意义上的"诉讼"活动,狭义上的刑事诉讼就是指刑事审判程序。② 翻看刑事诉讼法制发达国家的刑事诉讼法典可以清楚地看到,刑事诉讼程序实际上就是刑事审判程序。如法国刑事诉讼法典开篇即是"提起公诉及预审",德国刑事诉讼法典开篇是"法院事务管辖权",日本刑事诉讼法典开篇也是"法院的管辖"。甚至,在有些国家,刑事诉讼法就是由法院制定,如美国《联邦刑事诉讼规则》便是由国会授权最高法院制定。在我国《刑事诉讼法》中,即便囊括了立案、侦查、起诉等审前程序,审判程序也单独成编,且法条数目近百条,占到法典整个条文数的三分之一以上。

其次,刑事审判程序对审前程序乃至整个刑事程序法具有辐射作用。刑事审判是刑事诉讼中最主要和重要的程序,这种重要性还表现为,在有机的、体系化的刑事程序法系统里,刑事审判程序的方式和内容对审前程序以及整个刑事诉讼均有影响和作用力。一方面,刑事审判程序几乎集合了刑事诉讼中的所有主体,是控、辩、审三方诉讼地位和组合方式的最直观和典型的体现。刑事审判程序中所确立的结构是刑事诉讼的横向结构,也以此延伸至其他程序,并形成刑事诉讼的整体构造。另一方面,刑事审判程序的审判方式对控辩双方的诉讼行为有影响。在法官被动消极以及集中审理的审判方式下,无疑会最大限度调动控辩双方对抗的积极性和能力,控方在证据搜集和指控上会更严谨审慎,辩方也会积极地展开辩护,以致控辩双方在审前程序中会努力做好一切能做的事情。但如果法官以事实发现者身份出现,采取主动调查和庭后书面审理的审判方式,无疑会削弱控辩双方的对抗动力和能力,控辩双方对事实发现的责任事实上被法官所分割,他们在庭审以及审前程序中的作为可能会大为逊色。另外,刑事审判程序中证据的审

---

① 〔德〕拉德布鲁赫:《法学导论》,米健、朱林译,中国大百科全书出版社1997年版,第120页。

② 参见陈瑞华:《刑事诉讼的前沿问题》,中国人民大学出版社2000年版,第256页。

查、认定也会影响到审前程序中证据搜集的诉讼行为。如审理中对非法证据持放任态度,非法证据规则在庭审中失去实效,则势必会助长侦控方在审前程序中的恣意取证行为。

最后,刑事程序法实效短缺的重灾区是审判制度。尽管刑事程序法在不同程度上都面临着实效的危机,但实效短缺在审判程序中表现得最集中、最严重。如证人基本不出庭;庭审中控辩的举证、质证流于形式;疑罪从无普遍变为撤回起诉和疑罪从轻;合议庭的名存实亡;人民陪审员的陪而不审;过多的案件进入审委会;案件判决沦为请示汇报;二审开庭审理成摆设等。从审判组织到审理程序,从一审、二审到审判监督,从证据审查判断到判决作出,几乎刑事审判程序中的所有制度或规则都在一定程度上落空或异化,导致审判程序整体面临法律失败的实效危机。当然,刑事审判程序实效短缺并不是说法院和法官在刑事审判程序中不遵循任何程序规范,只不过在很大程度上他们遵循的已不是法定的刑事审判程序规则,而是一套并未得到法律确认的"潜规则"或"隐形程序"。这些"潜规则"或"隐形程序"是法院系统基于办案的便利自行设计出来,并未获得合法性认可的内部制度。这些在中国刑事审判实践中自生自发形成的内部制度,由于其并不公开,且隐藏于显性的审判程序之中,因而较少引发学界的关注,但其却有着强大的生命力和存在逻辑,并已逐步侵蚀了正式审判程序规则的权威地位。

刑事审判程序是刑事诉讼的灵魂,刑事审判制度如果实效短缺,那么整个刑事程序法势必面临法律失败的危机。在1996年第一次修订《刑事诉讼法》时,改革审判制度即是修订的重头戏,但被寄予了建立"审判本位主义"希望的这一新型审判方式没有真正贯彻运行。有学者对此反思性地指出:"从促进庭审合理化、中心化、实质化等需求出发,不但确立了'控辩式'的审判结构,而且还改革了庭前审查程序,然而在实践中,改革并没有带来预期效果,法庭审判似乎有点儿'像模像样',但仍不过是一种应景的仪式……这种'说一套,做一套'的状况,不能不说是对'法治'话语的一种嘲弄。"[①] 面对刑事审判制度规则受到规避,潜规则大行其道,仅仅从司法行为伦理上加以批判是不够的,更不能以"存在就是合理"的逻辑避重就轻。对此,一方面,我们需要转换关注的视角,开始正视并重视刑事审判制度的实效问题。

---

① 左卫民:《权力话语/实践的艰难展开:1996年中国刑事诉讼法典修改的反思》,载《中外法学》2002年第4期。

如瞿同祖先生所言:"研究法律自离不开条文的分析,这是研究的依据。但仅仅研究条文是不够的,我们也应注意法律的实效问题。条文的规定是一回事,法律的实施又是一回事。某一法律不一定能执行,成为具文。社会现实与法律条文之间,往往存在着一定的差距。"①另一方面,我们需要站在社会科学的立场,对刑事审判制度的实效问题作出更为深入的考察和分析。为何精心设计的程序在审判实践中被无情地规避和搁置?究竟是哪些规则和制度出了问题?司法实践致使审判程序法律失败的逻辑和原因是什么?不对这些问题作出回答,任何旨在推动刑事审判程序变革的设想和行动,都可能是盲目的,也是充满风险的。从刑事诉讼原理出发,"审判主义本位"的刑事程序建构方向不容置疑,但是,"我们想要往前走,必须回头看看以前走过的道路。如果贸然前行,要么解决不了问题,要么会再次制造出很多新问题"②。正视刑事审判程序实效问题,需要仔细考察,认真分析,并作出准确的解释。唯有此,才能避免再次落入"播下的是龙种,收获的是跳蚤"的窠臼。

二、法律实效短缺的合理与非合理

(一)法律实效短缺现象存在的合理性

法律规范在实施过程中取得实效是理想状态,实际上,在法律生活中,法律规范不可能完全获得实效,因为人们不可能百分之百遵循法律,或者,即使百分之百被遵守的法律也可能没有产生预期的效果,因而也未获得完全的实效。在某种意义上,作为一种人为设计并适用于人类复杂生活的规范制度,法律在一定程度上的实效短缺几乎是不可避免的现象。这正如弗里德曼所言:"现代法律制度的一个最突出事实就是他们说的,他们宣传的理想与他们的实际工作情况之间的巨大差别。"③主要原因至少有以下两方面:

1. 社会成员主体性因素。首先,法律不可能被所有社会成员所了解。法律要获得实效,必须被社会成员所遵守,而遵守的前提是社会成员了解法

---

① 瞿同祖:《中国法律与中国社会》,中华书局1981年版,第2页。
② 陈瑞华:《近年来刑事司法改革的回顾与反思》,载《国家检察官学院学报》2008年第1期。
③ 〔美〕劳伦斯·M.弗里德曼:《法律制度——从社会科学角度观察》,李琼英、林欣译,中国政法大学出版社2004年版,第218页。

律的存在及规则。① 然而,一部法律制定出来后,无论国家的普法工作多么到位,也不可能做到让每一个社会成员都知悉该法律规范的存在及其所有内容。信息的传播是有限度的,公众对法律了解和知悉的速度远远赶不上国家立法的速度。② 面对铺天盖地的立法规范,短时间内公众几乎无法了解和知晓,甚至专业的法律人士也难以全面通晓。在某种程度上,呈爆炸式激增的法律规范是国家和社会的必需品,却成为公众的奢侈品。公众无法了解所有的法律,也无法了解一部法律的所有内容,他们只对与他们日常生活相关的,并且符合基本道德伦理的法律规范熟悉,如刑法中的杀人、盗窃等自然犯,民法中的简单的债、亲属关系等,而对涉及复杂社会生活的其他法律规范则不甚了解。对法律规范的无知势必会使社会成员的行为有与法律规范相悖的风险。其次,即使知悉法律规范的社会成员,也可能因为逐利而违法。利益是与每个社会成员息息相关,马克思早已深刻地指出,"人们奋斗所争取的一切,都同他们的利益有关"。利益"表现了社会主体对客体的主动关系,构成了人们行为的内在动力"③ 尽管在某种程度上,法律是对利益保护和调配的规范,但其关注的更多的是公共利益、社会利益和公民个体的正当利益,法律并不会关注个人利益的最大化。而在市场经济制度下,社会成员的主体行为功利性被放大和激化,人成为"自利的理性最大化者"。逐利的内在行为动机使社会成员表现出"经济人"的一面,在强烈的利益驱使下,随时有突破法律底线的危险。虽然违背法律也可能面临法律的否定评价和制裁,但理性的经济人精于成本—收益的计算,只要违法所获得的收益大于其受制裁的成本,法律的强制力在一些人看来便无所畏惧。对此,马克思曾作过形象而深刻的描述:"资本……有50%的利润,它就铤而走险;为了100%的利润,它就敢践踏一切人间法律;有300%的利润,它就敢犯任何罪行,甚至冒绞首的危险。"④

---

① 法律实效中所要求的对法律规范的遵守和服从必须是社会成员了解法律规范的存在和规则,如果社会成员不了解而做出了符合法律规范的行为,并不属于法律实效的范畴。如果社会成员了解法律规范的存在和规则,但并非出于对法律的服从,而是遵从于道德的要求,也即法律规范和道德要求相符,属于上文中所提的法律实效中的"道德相符模式"。

② 如在我国,自1978年提出"有法可依,有法必依,执法必严,违法必究"十六字法制方针,恢复法制建设以来,截至2011年底,已制定法律239部,行政法规741部,地方性法规和规章8921部。对此,有学者形容我国的立法速度是"超高速"。参见郑永流:《法的有效性与有效性的法——分析框架的建构和经验实证的描述》,载《法制与社会发展》2002年第2期。

③ 张文显:《法理学》,法律出版社1997年版,第265页。

④ 《马克思恩格斯全集》(第23卷),人民出版社1972年版,第829页。

2. 法律规范缺陷性因素。亚里士多德早就指出,得到执行的法律应当是"良法",否则法律难以付诸实施,势必影响法律实效的获得。"良法"除了指法律在伦理性上应符合人类普遍奉行的道德标准外,还指法律在逻辑性上应当是完臻的。然而,作为人类设计的制度规范,法律却带有天然的缺陷性,使其即便被遵守和服从,也可能无法达到预期的目的,因而削弱法律实效。首先,法律语言的模糊性影响法律适用,进而影响法律实效。法律语言是贯穿于法律的制定、运用和研究过程中的语言文字表意系统。作为法律外在形式的法律语言也许是人类表意语言中最精准的一种,即法律语言要求清晰明确,不可模棱两可,以达到明确各方权利义务的要求。但不可回避的一个事实是,强调准确性的法律规范中却无可避免地表现出相当的模糊性。其原因在于,一方面因为法律语言自身特点所致,很多法律术语缺乏具体的"词语对象",如公正、权力等,但它们确实有意义,要对这些抽象术语进行定义和表述,必须借助其他模糊概念,但这些模糊词语本身也需要语义上的阐释,如此循环反复,"法律语言基本上就成为抽象概念的展览了"①。另一方面,由于立法者认识的有限性和社会生活关系的无限性之间的矛盾,法律无法把社会生活中层出不穷的事实关系包罗无遗,因而,立法者不可避免地要运用模糊性的表达法,以包容无法准确界定的事务,使法律具有广泛的适用性、概括性和包容性。法律语言的模糊性不可避免,一些模糊性的术语或规则条款的准确含义便有待于在具体适用中作出适当的解释。如有资料显示,在英格兰和澳大利亚,约有40%的法庭审理需要对特定的立法条款的意义作出裁决。② 英美法的法官普遍借助法律辞典以帮助了解法律规范中特定术语的含义。在我国,有学者初步统计《刑法》从总则到分则,运用模糊性词语共计一百余条。③ 法律的适用要求其在不同的社会成员之间具有同一含义,而法律语言的模糊性又使得在具体适用中对术语和条款的理解难免会出现歧义和偏差,法律的适用和实施因此会受到影响,进而削弱了法律实效。其次,成文法的局限性使其在实施中必然遭遇不合时宜的尴尬,实效因此大打折扣。成文法的出现被认为是人类法制史上的文明和进步,但成文法本身的局限性也如影随形地伴随着它,并困扰着所有适用成文法的国家和人们。作为一种普遍适用的制度规范,法律具有高度稳定性,反对朝

---

① 康响英:《论法律语言的模糊性及其成因》,载《求索》2005年第4期。
② 参见褚宸舸:《论立法语言的语体特点》,载《云南大学学报》(法学版)2009年第2期。
③ 参见王洁:《法律语言教程》,法律出版社1997年版,第17页。

令夕改。即便是修改,也有极其复杂的法定程序,过程非常漫长。而社会生活却是变动不居的,特别是人类社会进入信息化的后工业时代,社会关系的复杂性和多样性令人惊叹。法律制定者当然考虑了法律的前瞻性,力求使法律适应长远的社会发展,但立法者认识能力的有限性使其良好的愿望在快速变化和难以预测的社会生活面前常常落空,导致成文法回应社会需求时捉襟见肘。法律的局限性还表现为法律的不合目的性。成文法是针对普遍性的对象——社会关系的共性而创设,规范的是"一般性"的抽象行为,其舍弃了形形色色具体的人和千差万别的具体行为不予考虑,以便使普适性和效率最大化。法律的普适性使其常常在面对具体或特殊的情景和社会关系时表现出不合目的,也即通常说的,"法律关注普遍正义,而牺牲了个别正义"①。

(二)刑事审判制度实效短缺的非合理性

虽然实效短缺因为诸多难以克服的原因而在某种程度上被认为是一个无法避免的现象,但因法律制度自身属性、实施环境、适用主体、调整对象的不同会导致法律实施的过程和结果的迥异,使得其实效状态也大为不同。如以保护公共利益,配置和调整公权力为主要内容的公法与保护私人利益,规范私权关系的私法所表现出来的法律实施的过程和结果差异较大。就我国的情况而言,有研究指出,私法的整体实效要高于公法;在公法类型中,选举法律制度的实效是最高的,其次是政府治理法律制度,最后是刑事法律制度。在私法类型中,债法的实效最差,其次是婚姻家庭法和土地法。② 此外,在一部法律规范内部,不同制度规则表现出来的实效也有所不同。如在我国《劳动法》中,就以最低工资保障制度、加班工资制度、女职工和未成年工特殊劳动保护制度的实效较差。这说明不同制度规范中的实效具有复杂性,但这并不意味着实效短缺在所有制度规范中的存在都是合理的,有些制度规范的实效短缺令人难以理解,因为无论从何种角度看,它们都不应当实效短缺,或者至少不应出现严重的实效减损现象。刑事审判制度就是这样的规范,它不仅不应面临实效危机,反而应当是国家法中实效最充分的制度规范,原因基于以下几点:

1. 遵守规则是刑事审判制度适用主体的职业要求。刑事审判是国家追究犯罪,解决被追诉人刑事责任的基本程序,其适用的主体主要是检察

---

① 徐国栋:《法律局限性的处理模式分析》,载《中国法学》1991年第3期。
② 参见王国骞:《国家法实效问题研究》,中国政法大学2006年博士学位论文,第45页。

官、律师和法官,也即控、辩、审三方,其中法官是最核心的主体。这三方主体并非普通的社会成员,而被认为是掌握统一的知识体系和专业话语,具有相同的思维模式和行为方式,强调遵从制度规则权威的法律职业共同体成员。没有人比他们更了解刑事审判程序,他们深谙制度规则所昭示的正当程序价值和精神,知悉所有的程式步骤和要求。尤其是法官,作为职业共同体的核心成员,如果把法律职业共同体比作暗夜中的灯塔,而法官群体当仁不让地成为灯塔顶端的航标灯,他们的行为是对整个法律职业共同体精神的汇合与升华,是整个共同体作用的集中凝聚和最高表达,德沃金曾如此形容其地位:"法院是法律帝国的首都,法官是帝国的王侯。"[1]毫无疑问,以法官为核心法律职业共同体是法律帝国的捍卫者,无论在任何国家,他们都应当是最敬重法律的一群人,人们完全有理由期待并要求在由他们参与的刑事审判活动中严格而适当地遵从所有制度规则。另外,在包括我国在内的大多数国家,法院还是部分刑事审判制度规则的制定者或解释者,法官是刑事审判程序中的主导者和裁决者,而我国的检察官还被赋予法律监督者的职能。"己不正,何以正人",制度规则的制定者和解释者、主导者和裁决者,以及监督者如果不遵守规则,导致规则形同虚设,无论如何都是令人匪夷所思并不可接受的。

2. 遵从规则是刑事审判作为司法活动的根本要求。司法在人类社会中产生就是为了终极性地解决争端,为了实现这一目的,人类找到了一种有效的办法,即事先设计一套解决纠纷的规则,争议双方按照规则步骤参与并积极影响裁决者,裁决者同样遵循规则并作出最终的裁断。通过漫长的探索,人类不断致力于寻找司法制度的公正性,即能最大限度发现事实真相,但较之于这个在某种程度上不可能完成的任务,人类发现了司法制度另外一个或许更为重要而现实的公正,即使争议双方均认可和接受最终的判决,而无论这个判决是否真正符合事实真相。实现这种公正性的必由之路就是"遵守规则",通过对程序规则的严格遵从获得对程序结果的承认,也即人们所说的"程序正义"。正如贝勒斯所说的那样:"法律程序的诸多内容无助于判决之准确,但有助于解决争端。"[2]人们常说司法审判是人类社会实现

---

[1] 〔美〕罗纳德·德沃金:《法律帝国》,李常青译,中国大百科全书出版社 1996 年版,第 361 页。

[2] Michael Bayles, *Principles for Legal Procedure*, in Law and Philosophy, D. Reidel Publishing Company, 5 (1986), pp.54—55.

正义的最终堡垒绝不意味着裁判内容有多么正确,而是因为参与司法审判的各方都严格遵从程序而使司法审判具有公正的形象,从而获得争议双方和社会的普遍信任。另一方面,司法审判裁决争端本身,即是对可能存在的违反法律规则的现象的一种确定和制裁,这在追究刑事责任的刑事审判中更是典型体现。因此,司法审判事实上担负着修复被破坏的国家法实效的功能,一个国家实在法获得实效的重要条件和保障,通过司法矫正实效缺失的一些问题。[①] 如果审判程序存在大量违反或者僭越制度规则的现象,自身就缺乏实效的话,势必危及司法存在的合法性和正当性根基。

[①] 谢晖:《论法律实效》,载《学习与探索》2005 年第 1 期。

第二章 我国刑事审判制度实效的样态描述

第一节 实效样态描述的方法

一、法律实效评估的背景和意义

（一）实效评估的背景

欲较为准确客观地描述法律制度的实效样态，必须借助一套有效的方法。法律实效理论发展出法律评估，进而通过调查研究，借助一定的定量和定性分析，对法律的运行状态、适用状态和实施效果加以判断评定，这便是法律的实效评估。实效评估属于法律评估的范畴，是立法后对法律所做的评估。按照评估内容的不同，实效评价可分为"适用状态评估"和"实施效果评估"，前者侧重对法律规范运行和适用的过程进行评估，旨在揭示法律规范被遵守、执行和服从的程度和状态。后者则侧重对法律规范实施后的效果进行评估，旨在揭示法律规范所达到的业绩和效益。按照评估对象的不同，实效评估又可分为宏观、中观和微观评估，宏观评估是对诸多法律规范构成的法律体系的整体实效评估，中观评估是对特定的法律规范或制度的实效评估，微观评估是对特定的法律规则条文的实效评估。本书对我国刑事审判法律实效的评估在对象上属于中观的实效评估，而在内容上是侧重适用状态评估。

法律实效评估兴起于 20 世纪初的美国,伴随美国经济转型复苏以及法社会学的发展。前已述及,法社会学注重法律规范在社会生活中的实际运行,因此,由法社会学所推动的法律实效评估从一开始就关注对法实施效果的评估。在美国,对法律实施效果的评估又被称作"法律绩效评估"。据资料显示,美国最早的法律实效评估来自于对罗斯福总统所推出的"新社会计划法案"的评估。经过多年发展,美国的联邦和州均建立了规模化和制度化的法律实效评估制度。1993 年美国国会还通过了《政府绩效与结果法案》,旨在对政府公共立法的评估确定和规范化。

我国对法律实效的评估起步较晚,大致始于 21 世纪初,总体特点是评估的主体比较单一,以国家权力机关为主,且更多关注宏观评估,对具体、特定的制度或规则的中观和微观评估较为欠缺。① 典型的对法律评估所作的宏观和中观评估即是全国人大常委会及其专委会和地方各级人大常委会对法律法规实施情况进行的检查。② 虽然在宏观和中观的法律实效评估中对一些的微观的制度和规范会有所涉及,但充其量是点到为止,甚至中观实效评估本身的实效也是值得疑问的。1996 年《刑事诉讼法》第一次修订后实施以来,至 2012 年第二次修订,官方对《刑事诉讼法》仅做过一次大规模的实效评估,即全国人大常委会根据 2000 年执法检查计划于当年 9 月对《刑事诉讼法》的实施情况进行检查。该检查的内容定位为"全面检查",其中特别选定了八项重点检查的内容,但其中未包括刑事审判——《刑事诉讼法》中最重要的,也是 1996 年《刑事诉讼法》第一次修订时变化最大的制度的实施情况。该检查的范围包括天津、内蒙古、黑龙江等 6 省份,同时委托河北、吉林、山东等 6 省人大常委会在本地区展开检查。③ 该检查最终仅形成了约四千字的短篇报告,报告对《刑事诉讼法》实施的总体情况予以了一定程度上的肯定,虽然也指出了包括超期羁押、刑讯逼供等在内的《刑事诉讼法》实施中存在的若干问题,但通篇对刑事审判制度的实施情况只字未提。④

---

① 参见汪全胜:《法律绩效评估机制论》,北京大学出版社 2010 年版,第 23 页。
② 2006 年第十届全国人大常委会第二十三次会议审议通过,2007 年 1 月 1 日正式实施的《各级人民代表大会常务委员会监督法》正式确认了各级人大常委会的执法检查权。
③ 参见《全国人大常委会〈刑事诉讼法〉执法检查方案》(2000)。
④ 参见 2000 年 12 月 27 日全国人大内务司法委员会主任委员侯宗宾在第九届全国人民代表大会常务委员会第十九次会议上所作的《全国人大常委会执法检查组关于检查〈中华人民共和国刑事诉讼法〉实施情况的报告》。当然,按照我国类似工作检查的逻辑和惯例,检查中发现的问题不一定会全部载入正式的调研报告中去。既然该次执法检查定位于对《刑事诉讼法》实效的整体评估,但对刑事审判制度的实施情况只字未提仍然非属正常。

全国人大常委会的实效评估尚且如此,地方各级人大常委会对《刑事诉讼法》在各地的运行及其实效评估则更显得泛泛其词,更遑论对刑事审判制度有深入的调查评价。如果说人大常委会监督地位的虚化及对法律实施检查时所采取的以执法机关自查并汇报的检查方式无法真正作出客观准确的法律实效评估,那么其他主体是否能对此有所作为?根据笔者的观察,结果似乎不令人乐观。最值得期待的是法院系统,因为刑事审判制度的实施是法院存在之本、运行之基,以最高人民法院为首的全国法院系统在审判业务之外一直以来也比较重视对重大审判理论及实践问题的调查研究。法律实效评估属于调查类研究,按照法院系统开展调查研究的方式和惯例,笔者检索了自 1996 年起,尤其是 2005 年最高人民法院实施重点调研课题招标管理以来历年开展的调研课题内容,虽然有涉及实效评价性质的课题①,但没有对刑事审判制度实施进行整体实效评估的调查研究。除了人大常委会和法院系统这样的官方机构,目前也未见有任何社会组织和个人对刑事审判制度展开实效评估性的研究。刑事审判作为刑事司法制度和《刑事诉讼法》中的重要程序,一直以来并未脱离于理论界和学者们的研究重心,事实上,很多研究的内容和成果也指向到了刑事审判运行实效方方面面的问题,如对审判组织、审级制度、具体审判程序等问题的研究均会触及相关制度和程序在审判实践中的实际状态和存在的弊端,但这些研究大多以理论分析和建构为重,而经验观察和实证分析不够。另外,较为分散的研究未在制度与制度、程序与程序之间形成联系,无法得出带有共性和关联性的研究结论,更缺乏跳出诉讼视角之外的并从刑事审判制度运行的机制和环境等外在因素和条件的考察分析。本书认为,截至目前为止,从刑事审判制度的整体视角,严格以实效评价意义上出发的调查研究仍未出现,这不能不说是一种遗憾和缺失。

(二)实效评估的意义

实效研究是法学研究的重要方面,而实效评估是法律实效研究的基础性和前提性的工作,其具有重要意义。

一方面,实效评估可以较为客观地展现刑事审判制度的运行状况。从静止的规范到行动起来的规范,法律已不仅仅是供奉在人们心目中的神祇,而成为一种真实的存在。人们预期走下神坛的法律能对社会生活作出妥善

---

① 如最高人民法院政治部、江苏省高级人民法院于 2000 年联合开展的对审判组织制度运行实效的调查,并形成了《关于审判组织改革问题的调研报告》。

的安排,然而,现实是法律的实施并不总符合人们的原意或想象,它甚至会背叛它的作者,并让它的信徒感到失望。这并非是一时的现象,早在民国时期,著名法学家王世杰就曾指出:"中国法典所记载律文,就在当时也不都是现行法,这更是中国历代法典的一种奇特现象。"①日常观察和感性经验告诉我们,刑事审判制度的实效正面临越来越严重的实效性危机。"潜规则遍地横行,正式的法律规定犹如一纸空文,司法机关的权威性日益下降,民众对于能从法院'讨个说法'没有信心。"②实践同时也表明,规范的实效没有绝对值,任何正在实施的规范不可能有完全的实效,也不可能完全没有实效,规范的实效总是处于 0—100% 之间。当我们试图客观了解刑事审判制度的实际运行,并描述其状态如何,是否得到广泛的遵守和执行,是否达到了预期的目的和效果时,理论证成充其量只能证明其逻辑上的可能性,真正的结论必须来自建立于观察和调查基础上的评估。

另一方面,实效评估为刑事审判制度未来的改良提供建构经验和理据。考察我国《刑事诉讼法》的发展历程,明显缺少反馈——修正机制,规范的改良修订是在理论证成基础上的简单"拿来主义",论证有余而实证不足,导致《刑事诉讼法》虽然具有理论上的自洽性但缺乏现实的操作性,在实践中遭遇难以适用的尴尬。刑事审判制度在 1996 年《刑事诉讼法》修改时因其大量吸收了英美当事人主义审判方式的做法而被寄予厚望,然而在其后十余年的运行中却效果不佳,甚至其中某些程序设计和制度安排饱受诟病。这种局面的出现绝不是我们的理论建构不够,相反,理论分析再多再精妙也只能是"看起来很美",制度完善更需要来自实践的经验。理论虽然也重要,但在现实经验面前,理论永远是灰色的。波斯纳对此曾提出告诫:"要测度法律解释及其他法律提议是否成立,最好是检验一下它们在事后世界的后果,但是,法律中有一种向后看而不是向前看的倾向,总想发现本质,而不是去拥抱经验的涌流。人们最不了解的就是法律的后果。"③实效评估是观察刑事审判制度微观运行的最佳窗口,它并不囿于对刑事审判原理和规律抽象的逻辑构建,而是进入到刑事审判制度运行的纵深,展现刑事审判运行实际的过程和具象的状态,在此过程中联系并考察影响刑事审判制度运行的各种体制、

---

① 王世杰:《北大社会学季刊》(卷 3 第 1 号)。转引自杨鸿烈:《中国法律发达史》(上),商务印书馆 1930 年版,导言,第 3 页。
② 柯华庆:《实效主义法学纲要》,载《法律与社会科学》2010 年第 7 期。
③ 〔美〕波斯纳:《法理学问题》,苏力译,中国政法大学出版社 2002 年版,第 583 页。

环境等主客观因素,由此可以进一步上升形成对刑事审判制度运行实效有解释力的理论框架,从而有助于刑事审判制度未来的改良。正如庞德在《社会法学的目的和范围》一文中所指出的:"法律的生命在于实施,因而迫切需要对怎样才能使大量立法发挥效能,司法解释有效运行进行认真的科学研究……社会法学家努力将法律制度、法律原理和法律体制作为社会现象来进行比较研究,并且结合法律与社会条件、社会进步的关系来评价它们。"[①]

二、刑事审判制度实效评估设计

(一)实效评估的对象和内容

在对法律制度实效作评估时,必须首先确定评估的对象和内容,以便在明确的场域范围内考察实效的有无以及程度,否则,评估很容易变成无的放矢的肆意评述。

1. 实效评估的制度对象确定。根据法律实效理论,实效评估的对象自然应当是实定法意义上的制度规则渊源。就刑事审判制度实效评价而言,凡是对刑事审判活动有约束力,应当在刑事审判活动中适用的相关法律规则均为刑事审判制度的规则渊源。《刑事诉讼法》无可争议的是其中最基本且重要的规则渊源。此外,在其他单行法律中,如《中华人民共和国法院组织法》、全国人大常委会《关于完善人民陪审员制度的决定》中也有涉及刑事审判制度的规则,它们当然也应被纳入实效评价的规则渊源范围。这里颇有争议的是司法解释是否属于实效评价的规则渊源。众所周知,除了《刑事诉讼法》的规定外,刑事审判活动中适用最多的是最高人民法院《关于执行〈中华人民共和国刑事诉讼法〉若干问题的解释》和其他司法解释。根据全国人大常委会《关于加强法律解释工作的决议》第2条的授权,以及《人民法院组织法》第32条的规定,最高人民法院有权在审判工作中对如何具体应用法律、法令问题进行解释,所作的解释为司法解释,等同于法律的地位,具有法律效力。但问题在于,最高人民法院的司法解释并未止步于法律的具体适用,而是事实上发挥着"准立法"的作用,对法律作出创设性或改变性的解释,因而引发争议并招致批评。对此,笔者认为,鉴于最高人民法院的司法解释是具有法律效力的授权解释,其属于实定法的范畴,其中涉及与刑事审判制度有关的规范应当纳入到实效评价的对象范围。但对司法解释

[①] Roscoe Pound, The Scope and Purpose of Sociological Jurisprudence, *Harvard Law Review*, 25 (1912), p.510.

应当从狭义上理解,仅限于对《刑事诉讼法》适用所作的解释,即上述《关于执行〈中华人民共和国刑事诉讼法〉若干问题的解释》,而对其他广义上所谓的司法解释,如与最高人民检察院等部门联合发布的规范性文件,又如为法院内部审判工作需要而制定、下发的在各级法院适用的规定、通知等,一律不视为实定法范畴,不予纳入实效评价的范围。由此,刑事审判制度实效评价的对象范围划定为《刑事诉讼法》中的审判制度、单行法中的有关刑事审判制度以及最高人民法院司法解释中的刑事审判制度。

2. 实效评估的制度内容划定。虽然已确定了刑事审判制度实效的评估对象,但其内容仍然异常庞杂。《刑事诉讼法》中的审判制度的法条条文,再加上其他法律中的相关规定,制度规则条文将多达数百条。这些制度规则都属于刑事审判制度的组成部分,都应当在刑事审判制度运行中被适用、执行而具有实效的可能,但很显然,企图将刑事审判制度的每一个条文内容都纳入实效评估的范围虽然在理论上可行,但事实上会因为极其浩大繁琐而变得不切实际。另外,这种做法也并无必要。虽然在一项规范制度的评价活动中,评估对象是既定的,但这并不是说该项规范制度的所有细节部分都可以并有必要进行评估。这里有一个量和质的关系问题。对刑事审判制度的实效评估是中观层面的评估,即对刑事审判制度的运行整体实效的评估,虽然刑事审判制度由若干部分制度、程序的数百条法定条文组成,但其中某一条规则或某一组成部分制度、程序的实效并不能绝对地影响到刑事审判制度的整体实效。当然,如果过多的法定规则条文实效欠缺,势必影响到刑事审判制度的整体实效。但应该承认的是,其中量变到何种程度便会引起质变,具体的数值可能无法估测。凯尔森对此也曾作过论述,其认为当单项规范失去实效的时候,整个规范的秩序并不因此而失去,如果一个法律秩序的诸多规范大体上具有实效,那么整个规范秩序就是有效的。[①] 凯尔森的这种观点虽具有合理性,但本书并不完全赞同,因为除了简单的质和量的比例关系外,还要考虑另外一个问题,即规则或组成部分在刑事审判制度中的属性和地位。如果一些属于刑事审判制度中关键性规则或主要构成部分的条款实效短缺,势必会极大地削弱刑事审判制度的整体实效。这就好比一辆车由上百个零部件组成,某个甚至某几个零部件的损坏一般不至于影响车辆的运行,但如果电瓶、刹车、发动机等关键零部件损坏,车辆会因此无

[①] See Hans Kelsen, *Pure Theory of Law*, transl. Max Knight, University of California Press, 1967, p.213.

法行驶。因此,在确定评价的对象范围时必须考虑规则在刑事审判制度整体运行中的性质、地位、价值以及适用频次。综合上述考虑,本书进一步划定如下刑事审判制度实效评估的内容范围:(1)在刑事审判制度的类型范围上,以公诉案件普通审程序的审判制度为评估内容。这主要是考虑到,公诉案件普通审程序,尤其是第一审程序是最典型、完整以及适用比例最高的刑事审判类型,集中性包涵了刑事审判制度的精神、原理和规律,将其作为评估对象具有重要意义,也能够充要地反映出刑事审判制度的实效状况。换言之,如果公诉案件普通审理程序的制度实效状况好,则可以说刑事审判制度整体具有实效,反之则不然。较之公诉案件普通审程序,自诉审、简易审程序、死刑复核以及审判监督程序都并非典型、完整或必经的刑事审判程序,不能体现刑事审判制度的本质特征,因而不纳入实效评价的范围。(2)将刑事审判制度分解为若干基本构成要素的制度规则作为内容进行实效评估。刑事审判是对国家追诉机构提请裁断的被告人刑事责任问题做出的权威判定的活动。因此,刑事审判制度的本质,是一种由法院代表国家通过独立地认定案件事实和适用刑事实体法,对被告人刑事责任问题作出最终和权威的确定的制度。[①] 因此,刑事审判制度应当具备如下若干基本构成要素部分:法定的审判组织制度,即法院通过一定的人员和组成对案件进行审理和裁判的组织形式;法定的基本审理方式制度,即刑事审判权的运用方式以及基本步骤、途径和流程;法定的庭审调查制度,即法庭审理中当事人出示证据以及法庭对证据的审查、认定制度;法定的定案裁判制度,即法院认定案件事实,并作出裁判的依据和准则。分解并作为实效评估具体对象的这四个部分制度规则构成了刑事审判制度的本质特征,并且在质上是刑事审判制度不可或缺的组成部分,在量上也能够覆盖刑事审判制度的绝大部分规则条款。

(二)实效评估的研究方法

在评估方法的选择上,本文采取了社会学研究方法,对刑事审判制度的实效这个法律问题进行实证调查。社会学实证调查存在事实描述和结论推论两个重要方面,本书关于刑事审判制度的实效评估是以"事实描述"为主行文,重在展现和描述刑事审判制度的实效样态。具体而言,本书综合运用了以下几种评估研究方法:

[①] 参见陈瑞华:《刑事审判原理论》,北京大学出版社2003年版,第3页。

1. 参与式观察法(participant observation)。这种方法在社会学中是被推崇的方法,即研究者深入到所研究的对象的群体和活动中,在实际参与研究对象的日常活动过程中进行观察和记录。和其他社会学研究方法相比,参与式研究的优点在于,研究者融入研究对象的真实环境中,成为"圈内人",能够获得有关研究对象的较深的内部结构和联系的材料。另外,参与式观察导致研究者把自己的看法和观点强加于研究对象的可能性最小,因为它常常是在没有先见的情况下进入的,因此,被誉为获得现实的真实图景的最好的方法。参与式观察又可分为"公开参与"和"体验式参与",前者是研究者虽然进入研究对象的实际环境,但角色是纯粹的观察者,后者是研究者不仅进入,而且作为研究对象的主体之一,亲历体验研究对象的过程和活动,很明显,体验式参与有利于获得更为直观的经验和材料。参与式观察法也存在局限:一是参与的机会,尤其是体验式参与的机会不容易获得,二是需要花费大量的时间。笔者在这方面颇为幸运,在 2009 年至 2012 年期间,笔者被安排前往法院系统挂职锻炼,并在不同省份的中级和基层两级人民法院的刑事审判庭从事审判工作。由于工作时间相对较长,使笔者得以零距离地参与到真实的刑事司法场景之中,亲自体验刑事审判的全部过程,对刑事审判的显性活动和内部运作能够作清晰的观察和详尽的记录。这无疑是体验式参与的绝佳机会,笔者能亲身感受纸面上的法如何成为行动中的法,以及静态法和动态法之间是否存在距离,存在多大的距离。

2. 抽样调查法。抽样调查是社会学实证调查中广受采用的一种重要方法,即从研究对象的全部单位中抽取一部分进行考察和分析,并用这部分单位的数量去推断总体数量的调查方法。笔者采取的抽样调查抽取法院已经审结的案件作为调查评估的基本素材。经过与 D 省 G 市中级人民法院有关领导和部门的协商并签署保密协议,笔者委托该市中级人民法院的法官帮助笔者抽取了 100 件案件。之所以选择该地法院的案件,纯粹是出于与该院相关人员的熟识,便于笔者顺利展开调查研究,并无其他特别意义。D 省 G 市地处我国沿海地区,辖区内有一个中级人民法院和三个基层人民法院。抽样的 100 件案件系该市 2005 年至 2010 年期间已审结的案件,其中,三个基层人民法院各抽取 20 件,共计 60 件案件,剩余 40 件案件均来自中级法院,抽样的 100 份案件均系采用普通程序审理的公诉案件。

3. 深度访谈法(in-depth interview)。此种方法属于实证调查中的定性研究,又被称作"无结构访谈"(unstructured interview),即并不依据事先设计的问卷和固定的程序,而是在一个访谈的主题或范围内,与被访者围绕该主题或范围进行一对一的自由而细致的交谈。深度访谈可以克服其他调查方法中信息分项固定化的弊端,在持续深入的访谈中能够获得刑事审判法律实效问题中敏感性、深层次、潜在性和关联性的定性信息,从而便于归纳和概括出结论。

4. 问卷调查法。这种方法是法律社会学实证调查普遍采用的最基本的方法,即运用统一设计的问卷向被选取的调查对象了解情况和征询意见。此种方法虽然工作量较大,但可以搜集、累积出相关目标问题的基本资料,另外,问卷调查法的可信度较高,能较为真实地反映调查对象对刑事审判实效问题的看法和观点。

5. 案例分析法(case analysis)。此种方法是法学研究中的基础方法,也是社会学实证调查的惯用方法,即将司法实践中出现的问题或现象作为案例加以研究分析。通过对刑事审判程序典型个案的分析,可以较为直观地观察到刑事审判程序的微观运作过程及其实效表现,另外,个案分析还可以为实效缺失和获得提供解释的方向和理据。

6. 文本分析法(text analysis)。文本分析是法学研究中,尤其在对法律制度或规则进行解读和阐释的重要方法。这里所说的文本分析法是将特定的刑事审判法律制度作为文本对象,根据研究需要分析其制度规则的立法意图、逻辑结构、适用规则、相互关系等。

当然,以上这些实证工具的运用也许并非是评价刑事审判法律实效的最佳方法组合,法社会学中肯定还有更好更多的方法适合研究这一课题,但笔者相信方法只是工具,正如法社会学家埃利希所言,"方法,如同科学本身一样,是没有止境的"①,只要能够借助有效的方法较为客观地展现刑事审判的法律实效状况,至于方法本身并非笔者关注和研究的重点。关于上述研究方法,还需要说明的,也即对可能招致质疑的解释的是,本书采用的实效评估方法是否足以支持普适性的结论。毋庸讳言,出于各种条件的限制,笔者并未在全国范围内展开调查研究,而只是以某市两级法院的刑事审判运行为调查对象集中性地运用上述各种方法进行法律实效评估,由此种调查方法所得出的评估结论在一定程度上不可避免地具有"抽样"(sampling)的意义,而该评估结论是否能够推演至我国刑事审判制度的整体实效,是一

---

① 〔奥〕尤根·埃利希:《法律社会学基本原理》,叶名怡、袁震译,中国社会科学出版社 2009 年版,第 58 页。

个必须说明的问题。对此可能的质疑,本书认为,首先,从个别推及一般,从经验上升抽象在社会学和法学研究中都是基本而普遍的规律。当年,我国著名社会学家费孝通先生在研究我国农村社会文化时就曾与英国社会学家埃德蒙·利奇(Edmund Leach)讨论过这样的问题,即在中国这样广大的国家,个别社区的微型研究能否概括中国国情? 费孝通先生认为,可以用微观社会学的方法去搜集中国各地农村的类型或模式,而达到接近对于中国农村社会文化的全面认识。① 在法学研究中,这种研究方法的运用也俯拾皆是,如苏力教授从电影《秋菊打官司》和《被告杠山爷》分析中国法治问题,强世功教授通过陕北某地的"炕上开庭"的收贷分析国家权力运作等。其次,我国司法权长期以来属于一体化体制,即地方各级法院在上级法院及最高人民法院的统一指导和监督下开展审判业务工作,法院系统整体的审判运作具有高度统一性。在这种高度统一的司法体制之下,各地刑事审判运行实际上是趋同的,不大可能出现截然不同的局面,这就使得通过观察一个地区法院的刑事审判制度实效而推知全国范围内刑事审判制度的整体实效成为可能。

第二节 审判组织规则的实效

一、审判组织的法定规则

法院审判案件,必须依靠某种具体的组织形式来进行,这种通过一定的人员及其组成对案件进行审理和裁判的组织形式就是审判组织。审判组织在刑事审判程序中发挥着重要作用,它代表法院行使审判权,并且直接与当事人及诉讼参与人发生诉讼上的法律关系。因此,"审判组织不仅是司法权的载体,而且也是司法制度的核心,是司法制度的各部分的交融点"②。《刑

---

① 费孝通说:"所以我在这里和 Edmund 辩论的焦点并不是江村能不能代表中国所有的农村,而是江村能不能在某些方面代表一些中国的农村。那就是说形成江村的条件是否还形成了其他一些农村,这些农村能不能构成一个类型? 如果承认中国存在着江村这种的农村类型,接着可问,还有其他哪些类型? 如果我们用比较方法把中国农村的各种类型一个一个地描述出来,那就不需要把千千万万农村——加以观察而接近了解中国所有的农村了。"参见费孝通:《人的研究在中国》,载费孝通:《学术自述与反思:费孝通学术文集》,三联书店1996年版,第128—133页。

② 姚莉:《法制现代化进程中的审判组织重构》,载《法学》2004年第5期。

事诉讼法》①第 178 条规定:"基层人民法院、中级人民法院审判第一审案件,应当由审判员三人或者由审判员和人民陪审员共三人组成合议庭进行,但是基层人民法院适用简易程序的案件可以由审判员一人独任审判。高级人民法院、最高人民法院审判第一审案件,应当由审判员三人至七人或者由审判员和人民陪审员共三人至七人组成合议庭进行。"第 180 条规定:"合议庭开庭审理并且评议后,应当作出判决。对于疑难、复杂、重大的案件,合议庭认为难以作出决定的,由合议庭提请院长决定提交审判委员会讨论决定。审判委员会的决定,合议庭应当执行。"据此,我国人民法院审理刑事案件的基本组织形式有独任庭、合议庭和审判委员会三种。其中,独任庭是由审判员一人开庭审判案件的组织形式,只有基层人民法院适用简易程序的案件可以采取独任庭审判。而对简易程序的适用,《刑事诉讼法》作出了并不宽松的限制,须是案件事实清楚、证据充分,被告人认罪、对起诉书指控的犯罪事实无异议,且对适用简易程序无异议。事实上,在 2012 年《刑事诉讼法》修订前,简易程序适用的范围更加狭窄。因而,独任庭在刑事审判程序中采用的整体比例不高,合议庭是大多数刑事案件采用的审判组织,而合议制中又有陪审员这一重要的组成形式。

(一) 合议庭制

合议庭是由数名审判员和人民陪审员集体审判案件的组织形式。《人民法院组织法》第 9 条规定:"人民法院审判案件,实行合议制。人民法院审判第一审案件,由审判员组成合议庭或者由审判员和人民陪审员组成合议庭进行……人民法院审判上诉和抗诉的案件,由审判员组成合议庭进行。合议庭由院长或者庭长指定审判员一人担任审判长。院长或者庭长参加审判案件的时候,自己担任审判长。"《刑事诉讼法》第 179 条规定:"合议庭进行评议的时候,如果意见分歧,应当按多数人的意见作出决定,但是少数人的意见应当写入笔录。"

"合议制"被认为集中了众人的智慧,体现了司法民主,因而是基本而主要的审判组织形式,也在世界各国通行采用。根据上述规定,我国合议庭的审判活动系由审判长主持,全体成员平等参与和共同决策的。平等参与是指合议庭成员审判地位的平等,在审理、评议和表决的各个阶段均享有平等的参与权利,尤其反对个别合议庭成员在对案件结局有重要影响的事务上

---

① 以下如无特别说明,《刑事诉讼法》均指 2012 年 3 月 14 日第十一届全国人民代表大会第五次会议审议通过的《中华人民共和国刑事诉讼法》。

享有更大的权力。共同决策是指合议庭成员对审理中的程序性事项、案件的事实认定和法律适用集体作出决定。合议庭在讨论决定案件时的决策采取的是"简单多数"规则,即案件的结论必须是在充分、真实地发表各自意见、看法的基础上,经讨论后作出的,若存在分歧,则实行少数人服从多数人的意见。这样的决策规则被认为是我国《宪法》规定的"民主集中制"的社会主义国家机构的根本组织原则在刑事审判程序审判组织制度中的体现。

(二) 陪审员制

陪审员制是指由非职业法官和普通公民参与审判的制度。陪审制被视为司法民主化的主要体现,甚至是司法独立的重要保障,因而既是一项政治制度,也是现代审判制度的重要组成部分。我国在 1954 年和 1979 年《宪法》中均规定了司法审判实行人民陪审原则,但陪审真正作为一项司法原则并贯彻却经历了一段曲折反复的过程。[①] 2004 年 8 月 28 日,全国人民代表大会常务委员会通过了《关于完善人民陪审员制度的决定》,将陪审制度化。尽管有一些学者认为立法对于陪审制度整体上显得较为粗糙,但该《决定》是我国首次以单行法律的形式规定陪审制度,并对陪审员审理案件的范围、人数、条件、任期、选任方式、经费保障、有关单位的义务等问题进行了较为全面的规定。

根据该规定,其中直接涉及陪审员参与刑事审判程序的规定包括两方面:一是将刑事审判中适用陪审员制的案件范围规定为人民法院审判社会影响较大的刑事案件或者刑事案件被告人申请由人民陪审员参加合议庭审判的一审案件。不难看出,陪审制适用的范围并未受到明确的限制,法律对陪审制的适用实际上持较为开放态度,鼓励陪审制在刑事一审案件中的适用。这是因为,陪审制被看作是职业法官审判制的有益补充,对司法运作具有积极意义。对此,有学者总结了我国陪审制的适用应当发挥三种司法功能:纠防司法专断,促进司法公正;在司法活动中体现社情民意与社会公平;提升司法权威与公信力。[②] 二是规定陪审员参与审判的方式为由人民陪审员和法官共同组成合议庭进行,合议庭中人民陪审员所占人数比例不少于三分

---

① 1979 年的《人民法院组织法》首次规定一审案件原则上必须采取陪审制,1979 年《刑事诉讼法》中也作出了有关陪审的规定,但 1982 年《宪法》却取消了陪审原则,《人民法院组织法》在 1983 年修订时也将原则上必须采取陪审制改为选择采取陪审制,之后,尽管在《刑事诉讼法》中仍然留有陪审制度,但在审判实践中,陪审制却已基本消亡。

② 刘计划:《我国陪审制度的功能及其实现》,载《法学家》2008 年第 6 期。

之一。陪审员除不得担任审判长外,与法官有同等权利;对事实认定、法律适用独立行使表决权,合议庭评议案件时,实行少数服从多数的原则,人民陪审员同合议庭其他组成人员存在意见分歧的,应当将其意见写入笔录,必要时,人民陪审员可以要求合议庭将案件提请院长决定是否提交审判委员会讨论决定。据此,陪审员并非类似英美司法中在法官不在场的情况下独立对案件作出判断后将结果不加解释地告知法官,而是与法官一道审理案件,共同讨论并作出决定。在此过程中,陪审员几乎拥有和法官同样的权利,《刑事诉讼法》第178条第3款对此也予以了确认。

(三) 审判委员会制

审判委员会是人民法院内部对审判工作实行集体领导的组织形式,其任务有三项:讨论疑难、复杂、重大案件,总结审判经验以及决定其他有关审判的重大问题。其中,讨论疑难、复杂、重大案件是审委会日常工作的重点,案件讨论范围是《刑事诉讼法》第180条、《人民法院组织法》第10条所规定。两部法律并未对疑难、复杂和重大案件的具体含义和范围予以明确,最高人民法院《关于执行〈刑事诉讼法〉若干问题的解释》(以下简称"法释[1998]23号")第114条对此作出了适用解释。根据该规定,对五种疑难、复杂、重大的案件,合议庭认为难以作出决定的,可以提请院长决定提交审判委员会讨论决定,包括拟判处死刑的;合议庭成员意见有重大分歧的;人民检察院抗诉的;在社会上有重大影响的;其他需要由审判委员会讨论决定的。从该规定不难看出,司法解释对审委会讨论决定的案件范围持谨慎态度,倾向于将案件范围作限缩性的理解和解释。原因在于,讨论决定个案并非审委会的其唯一职能,在严格意义上,审委会本身并不是审判组织,而是法院内设的议事机构,是"中国法院制度体系中一个颇具中国特色的制度"①。即使是讨论决定个案,审委会也并不亲临法庭审判,而只是在听取案情汇报的基础上以内部会议的形式讨论决定。这种定案方式从根本上违反了审判制度原理,导致审、判分离,侵蚀了法庭审判的自治性,审委会因此也广受批判,有学者甚至撰文直接批判审委会的存在是"正义的误区"②。司法解释并不主张过多的案件进入审委会还可以从法释[1998]23号第114条第3款得到佐证,该款规定:"对于合议庭提请院长决定提交审判委员会讨论决定的案件,院长认为不必要的,可以建议合议庭复议一次。"关于审委

---

① 苏力:《基层法院审判委员会制度的考察及思考》,载《北大法律评论》1998年第2期。
② 参见陈瑞华:《正义的误区——评法院审判委员会制度》,载《北大法律评论》1998年第2期。

会内部讨论的决定规则,法律并未明确规定,只有《人民法院组织法》第 10 条概括性规定为"实行民主集中制"。

二、审判组织规则的实效样态

(一) 合议庭"形合实独"

"形合实独"是指"在合议庭全体成员共同参与、集体决策的表象下是案件承办人一人唱'独角戏',并在很大程度上决定着案件的处理结果"[①]。原因在于,案件承办制的存在,使得本应由合议庭集体审判的案件被贴上了"你的""我的"和"他的"案件的标签,于是出现了"各人自扫门前雪,休管他人瓦上霜"的局面。法官们都顾及各自承办的案件,而对参加其他法官承办案件的合议庭并不热衷。实践中很多合议庭都是将案件分配给某法官承办后,随意或临时"拉壮丁"组成,即便组成人员固定化的合议庭,除了同时出现在法庭上,退庭后也是各办各的案件。法院系统内部形象地将案件承办制称为"一人承办,两人作陪,三人签名"。案件承办制使得审判组织中合议庭制的实效样态成为"形合实独"。

案件承办制是在审判实践中确定一名法官为案件的主要负责人,将案件的权、责、利集中于承办人一身的一种法院内部制度。其基本做法是,刑事案件移送到法院,法院受案后组成合议庭,合议庭审判长确定案件的承办人[②],相应的案件卷宗和材料交给承办人,在法院内部也简称为"分案"。这种始于 20 世纪 90 年代,以提高审判效率、加强审判人员职责为初衷的法院内部不成文制度得到了最高审判机构的认可,最高人民法院《关于人民法院合议庭工作的若干规定》第 10 条专门对此作出了规定。然而,案件承办制却已僭越了《刑事诉讼法》和《人民法院组织法》中的合议制制度规则,给合议制运行带来巨大冲击,直接导致合议庭的"形合实独"。

以笔者的亲身经历,深感案件承办制对于合议庭制的致命损害。案件自"分案"给承办法官后,该名法官便成了案件的承包人。开庭前的程序性工作,由承办法官带领书记员完成,其他合议庭成员并不参加。开庭前,如

[①] 左卫民、汤火箭、吴卫军:《合议庭制度研究——兼论合议庭独立审判》,法律出版社 2001 年版,第 78 页。

[②] 根据笔者在法院工作期间的实际调查了解的情况,大多数法院是由刑庭庭长根据法官的资历、特点、正在承办的案件数等综合情况选择确定案件承办人,案件承办人确定后,再行确定合议庭其他组成人员。

果合议庭其他组成人员因各种事务无法参与庭审，则会临时抽调其他法官。开庭时，除非承办人就是审判长，否则，先由审判长主持进入庭审，待公诉人宣读完起诉书，进入到证据调查环节后，便由承办法官"接棒"主持庭审。承办法官在庭审中一般会亲自对案件争议焦点、证据问题等重点庭审信息作记录，还会就有疑问的信息对被告人等诉讼参与人发问，而合议庭其他组成人员因其不是案件承办人，便不会做这些事情，他们像英美法官一样安静地坐在审判席上一言不发，但通过庭审，他们可以形成对案情和证据的初步印象。非承办人法官有时在庭审中还会带上自己承办的案件阅卷，对庭审过程几乎充耳不闻。甚至在案件较多的繁忙期，非承办人法官还会在两个同时开庭的案件中充任合议庭组成人员，待一个案件开庭几分钟后离场，进入到另外一个等待合议庭成员到齐后开庭的法庭中。庭审结束后，由案件承办法官起草审理报告，并提出裁判意见。待到合议庭合议案件时，由于非承办法官对案件只有初步的庭审印象且庭审间隔时间可能较长，因而采取的合议方式是，案件承办法官回顾案情和审理情况，尤其是分析公安机关的抓获经过和控方的关键证据，然后提出裁判意见。非承办法官如对案件有疑问可以向承办人提出，承办法官予以回答，最后表决形成合议意见。在合议过程中，除非发现案件可能存在定性错误，否则非承办法官一般不会提出与承办法官相左的意见。①

本书对作为评估样本的 D 省 G 市的抽样案件的所有合议笔录做了调查，结果显示在 100 个案件的评议过程中，非承办人的合议庭成员一般仅对承办法官的意见作附和性的认同表态，或作一些非实质性的补充说明，普遍缺乏论证和说理。具体的调查情况是：在这 100 件案件中，合议庭成员意见完全一致的为 89 件，基本一致的为 7 件，出现罪名认定或量刑意见分歧的仅为 3 件，出现罪与非罪认定意见分歧的为 1 件。其中，非承办人直接认可承办人意见的为 73 件，对所发表意见略加说明理由的 22 件，较充分展开讨论的仅为 5 件。

另外，在刑事审判实践中还有另外一种形式的案件承办制，即 1999 年由山东青岛市中级人民法院率先实行，随后全国其他一些地方法院效仿的

---

① 对此，笔者深有感受。在笔者初入法院，作为合议庭成员在他人承办案件合议时，每每追问案件和证据的细节问题并发表种种观点和意见，不久后就有资深法官"点化"我，建议在合议时不要对他人承办的案件过多"纠缠"，理由是这样做会让承办人觉得自己办案的能力和水平不被信任。

"主审法官制"。① 据笔者了解，D 省 F 市法院也在推行这一制度。具体而言，主审法官制是从法院内部遴选出审判业务骨干作为主审法官专司审判，并配备助理法官和书记员，主审法官享有决定庭审安排、签发法律文书、决定采取强制措施等权力，其审理案件不再由庭长、院长签发，主审法官在经济上享有比普通法官更丰厚的待遇。青岛市中级人民法院认为该制度有助于提高审判效率，保证司法公正和提高法官素质。② 有学者对此种制度也给予了认可和赞誉。③ 实际上，这种做法不过是案件承包的翻版，和案件承办制一样，看似使案件审理责任到人，并提高了审判效率，但却超越了法定的合议制规则，将案件的审判权实质化转移到某个法官手中，使合议庭名存实亡。

（二）陪审员"橡皮图章"

据资料统计，自 2005 年 5 月全国人大常委会《关于完善人民陪审员制度的决定》实施至 2011 年 12 月，全国陪审员人数达到 8 万余人，与基层人民法院法官数的比例超过二分之一，全国共计 120 余万件刑事案件中适用了陪审制，并且逐年增加的趋势明显。④ 一方面，陪审员人数总量以及陪审制使用率在不断增加，但另一方面，在适用陪审制的案件中，陪审员却未能真正有效地参与审判，"陪而不审"的现象普遍而突出。陪审员参与案件更多成为了司法民主的"橡皮图章"。

根据全国人大常委会《关于完善人民陪审员制度的决定》的规定，基层人民法院审判案件依法应当由人民陪审员参加合议庭审判的，应当在人民陪审员名单中随机抽取确定。中级和高级人民法院审判案件依法应当由人民陪审员参加合议庭审判的，在其所在城市的基层人民法院的人民陪审员名单中随机抽取确定。但陪审制的司法实践却并未遵照适用此规则，实际的做法是，法院将参加审判的陪审员予以固定，几乎所有需要由陪审员参与审判的案件，都由固定的几名陪审员轮番参与，甚至有些固定参审的陪审员成了专职陪审员，法院形象地称呼这些专职陪审员为"编外法官"。在 D 省 G 市，笔者在一次全市人民陪审员的学习培训课上做了调查，并向其中任期超过一年的 75 名人民陪审员发放调查问卷。问卷结果显示，选择自己经常能参加法院审判的人民陪审员（平均一年 10 次以上参加法院审判）有 18

---

① 参见凌翔：《青岛中院在全国率先推出主审法官制》，载《光明日报》1999 年 2 月 3 日。
② 参见任群先：《面对司法公正——主审法官制》，载《中国商法》1999 年第 5 期。
③ 参见贺卫方：《关于主审法官制》，载《南方周末》1999 年 3 月 26 日。
④ 牛建华：《回顾与展望——人民陪审员制度实践探索之观察思考》，载《法律适用》2013 年第 2 期。

名,占全员的 24%;选择自己偶尔能参加法院审判的人民陪审员(平均一年 3 次以上参加法院审判)有 22 名,占全员的 29.3%;选择自己从未参加法院审判的人民陪审员有 35 名,占全员的 46.7%。(见图 2-1)

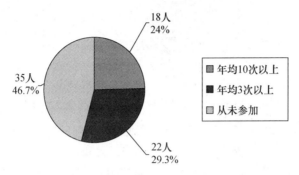

图 2-1 D 省 G 市人民陪审员参加法庭审判的情况

该市两级法院的刑事审判庭均固定安排了专职陪审员,一般情况下,需要有陪审员参与审理的案件均是由专职陪审员组成合议庭,除非案件较多,需要更多的陪审员参审,或者专职陪审员临时有事不能参审。在这些专职陪审员中,有的已较为资深,如该市中级人民法院刑一庭设定了两名专职陪审员,其中一名自 2006 年至 2010 年期间一直在从事这项工作,最多的时候一年内参与审理案件约 80 余件。另外,除了参与大量刑事案件的审判,专职陪审员还要参与一些程序辅助或司法行政工作,如文书送达、调查取证、文书打印、案卷归档,甚至兼做庭室司机。

较之参审陪审员随机抽取产生之规定的异化适用,陪审制的"橡皮图章"更主要表现在陪审员实质性参与审判规则流于形式。根据《关于完善人民陪审员制度的决定》和《刑事诉讼法》的相关规定,人民陪审员参加合议庭审判案件,对事实认定和法律适用独立行使表决权。人民陪审员同合议庭其他组成人员意见分歧的,应当将其意见写入笔录,必要时,人民陪审员可以要求合议庭将案件提请院长决定是否提交审判委员会讨论决定。按照法律规定,陪审员除了不能担任审判长以外,在案件审判上与法官基本同权。但实际上,陪审员的参审权在司法实践中几近虚设,较普遍的情况是陪审员只陪不审。在上述对 D 省 G 市履职一年以上的 75 名人民陪审员的问卷调查中,显示了这样的结果:

(1)在参与审判时是否实质性参与合议的问题上,有 12 名,即 16% 人民陪审员选择会积极主动展开讨论并发表意见;有 24 名,即 32% 的人民陪

审员选择偶尔讨论,有时发表意见;有 39 名,即 52% 的人民陪审员选择一般不发表意见。(见图 2-2)

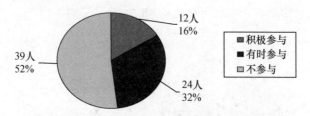

图 2-2　D 省 G 市人民陪审员实质性参与合议的情况

(2) 在自己与法官的认定意见不一致时的处理问题上,有 9 名,即 12% 的人民陪审员选择坚持独立发表意见;有 32 名,即 42.6% 的人民陪审员选择表达自己的意见,但定案意见仍由法官决定;有 17 名,即 22.7% 的人民陪审员选择将提请提交审委会讨论决定;有 17 名,即 22.7% 的人民陪审员选择无条件以法官意见为主。(见图 2-3)

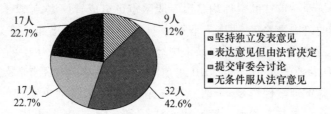

图 2-3　D 省 G 市人民陪审员参与合议与法官意见不一致时的处理情况

(3) 在是否知悉自己全部参审案件的判决结果的问题上,有 25 名,即 33.3% 的人民陪审员选择知悉所有参审案件的判决结果;有 39 名,即 52% 的人民陪审员选择知悉部分参审案件的判决结果,有 11 名,即 14.7% 的人民陪审员选择不知悉所有参审案件的判决结果。(见图 2-4)

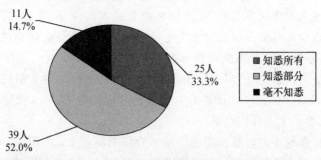

图 2-4　D 省 G 市人民陪审员知悉参审案件判决结果的情况

上述调查问卷在一定程度上体现了陪审制的运作情况,但其不能准确展现人民陪审员的参审实效,因为问卷更多地只是表现了答卷人的主观选择,当答卷人真正进入法院参审时未必会实际照做,尤其是其中有部分人并未真正参加过陪审。更为客观的数据还应当来源于有陪审员参与,并已审结案件的调查。在之前抽样的 100 件案件中,只有 35 件有陪审员参与审判,这一数字恐难以支撑对陪审员参审实效的调查。为此,笔者另行专门抽取了 2005 年至 2010 年期间的 65 件(中院刑一庭抽取 35 件,三个基层法院刑庭各抽取 10 件)均有陪审员参审的案件,合计 100 件均有人民陪审员参审的案件。笔者对这 100 件案件的合议笔录作了调查,结果显示:在 16 件案件中,人民陪审员就案件事实认定和量刑的法律适用与法官展开充分讨论并独立发表意见的案件。其中,还有 1 件是陪审员在被告人是否构成犯罪的认定上与承办法官意见不一致,两名陪审员认为指控被告人的证据不足以认定有罪,而承办法官认为可以认定。在 27 件案件中,人民陪审员就案件事实认定和法律适用与法官展开了较充分的讨论,如就证据的审查认证、部分量刑情节等问题,但陪审员未独立提出意见,而是附和承办法官的定案意见。剩下的 63 件案件,合议过程均以陪审员听取承办法官陈述为主,基本未展开讨论,陪审员更未独立提出意见,合议意见基本就是承办法官的意见。值得注意的是,在陪审员与法官展开讨论并独立发表意见的 27 件案件中,大多数均为兼职人民陪审员,其中与法官认定意见不一致的那件案件的两名陪审员均来自当地政府法制办,而在 63 件合议庭未展开讨论并以法官定案意见为主的案件中,几乎都是由专职人民陪审员参审。

(三)审委会扩权揽案

虽然审委会讨论决定个案的功能在一定程度上与审判原理相悖,但其可作为审判组织存在的性质在我国具有合法性,特殊之处在于,审委会仅能,也仅应就法律所规定的案件类型发挥审判组织作用。然而,在刑事审判实践中,法院却未能恪守规则本分,不断"扩权揽案",将大量法律规定之外的案件纳入审委会讨论、决定的范围,使法律所限定的审委会定案范围的制度规则形同具文。

前已述及,法律对审委会讨论决定个案的范围限定为"疑难、复杂、重大之案件",司法解释将其解释为"包括拟判处死刑的;合议庭成员意见有重大分歧的;人民检察院抗诉的;在社会上有重大影响的;其他需要由审判委员会讨论决定的"五种类型。对制度规则的突破是从最高人民法院开始,到地方人民法院,逐渐呈扩大之势。最高人民法院于2010年印发了《关于改革和完善人民法院审判委员会制度的实施意见》(以下简称"法发[2010]3号"),对应当提交审委会讨论决定的案件范围作了扩大解释,法发[2010]3号第9条、第10条规定,高级人民法院、中级人民法院和基层人民法院审理的下列案件应当提交审委会讨论决定:(1)本院已经发生法律效力的判决、裁定确有错误需要再审的案件;(2)同级人民检察院依照审判监督程序提出抗诉的刑事案件;(3)拟判处死刑立即执行的案件;(4)拟在法定刑以下判处刑罚或者免于刑事处罚的案件;(5)拟宣告被告人无罪的案件;(6)拟就法律适用问题向上级人民法院请示的案件;(7)认为案情重大、复杂,需要报请移送上级人民法院审理的案件。同时,第11条还规定,合议庭在审理下列案件时可以提请院长提交审委会讨论:(1)合议庭意见有重大分歧、难以作出决定的案件;(2)法律规定不明确,存在法律适用疑难问题的案件;(3)案件处理结果可能产生重大社会影响的案件;(4)对审判工作具有指导意义的新类型案件;(5)其他需要提交审判委员会讨论的疑难、复杂、重大案件。该条第2款甚至规定,合议庭没有建议提请审判委员会讨论的案件,院长、主管副院长或者庭长认为有必要的,得提请审判委员会讨论。很容易看出,法发[2010]3号在法定的提请审委会讨论决定的案件范围的制度规则之外另行增加了4种应当提请的情形和5种可以提请的情形,扩大了审委会作为审判组织定案的权力。更值得注意的是,法发[2010]3号甚至改变了法定制度规则中个案提请审委会的提请方式,即法院院长、分管副院长和庭长可以要求将合议庭未建议提请的案件提交审委会。虽然在正式制度规则中有兜底的弹性条款,即"其他需要由审判委员会讨论决定的案件",但绝不意味着法院可以对此条款随意扩大解释。所谓"其他需要",应当属于法定的"疑难、复杂、重大"案件。反观法发[2010]3号所列之情形,如"拟在法定刑以下判处刑罚或者免于刑事处罚的案件""拟宣告被告人无罪的案件"等,是否符合"疑难、复杂、重大"的立法意旨,明眼人自能分辨。法发[2010]3号在扩张审委会定案范围的同时,也留下了兜底的弹性条款,即第11条第1款第5项的规定,这为地方法院进一步对审委会扩权揽案提供了制度可能。很多地方法院根据法发[2010]3号并结合本地情况出台了地方法院的审委会工作制度,对审委会定案范围再次作了扩张性规定。以D省G市于2012年4月出台的《审判委员会工作规则(试行)》为例,该《规则》开篇第1条即规定:"审判委员会是本院的最高审判组织。"该《规则》第

3条规定了本院审理的下列案件应当提交审判委员会讨论决定的情形,另外又增加了3种情形:"死刑缓期二年执行的","涉外刑事案件"和"院长认为应当提交审判委员会讨论的"。该《规则》第4条规定了合议庭对下列案件可以提交审判委员会讨论的情形,该条另外又增加了2种情形:"合议庭与庭长或主管院长有较大分歧、经复议后仍不能达成一致的案件"和"省院发回重审案件,重审结果与省院指导意见不一致的案件"。如果认为审委会定案范围到此为止就低估了地方法院审委会"扩权揽案"的严重程度。据笔者调查,除了这些可以公开或半公开可查阅的地方性规则之外,还有一些未公开的地方法院内部规定继续扩张审委会的定案权,这些不足为外人道的内部规定或以"通知""办法""会议纪要"等形式内部发行,或以领导口头要求等形式形成惯例。如G市中级人民法院根据最高人民法院的部署和D省高级人民法院的要求,于2010年3月印发《重大敏感案件风险评估与审判处置办法》,其中将涉访涉稳、群体性、非法集资、非法融资、重大贪污渎职、省院交办督办、人大代表及政协委员关注、新闻媒体关注等案件列为重大敏感案件,并明确规定案件承办人及合议庭应当判断评估这些案件的社会风险以绝对是否应当提请审委会讨论决定的案件范围。此外,据笔者对一些资深法官的访谈了解到,还有诸如领导过问或其他特殊关系当事人案件、党委或政府关注等案件也形成了提交审委会讨论决定的不成文惯例。如此一来,在G市法院纳入审委会讨论决定的案件类型已多达近20种,远大于法定制度规则限定的案件范围。一些资深法官同时还向笔者透露,审委会定案范围实际上有两方面:一是正式法律制度中的规则和最高人民法院向全国下发的意见中的规定,这部分规则是全国法院通行遵守的。二是各地法院根据当地情况自行出台或约定俗成的规定,这部分规定则极不统一,标准多为自定,且越是基层法院,其标准越复杂。

第三节 审理方式规则的实效

一、审理方式的法定规则

审理方式是一个较抽象的审判理论概念,是指法院审判案件的方法和形式。审理方式的确立既决定了刑事审判的基本原则,又在很大程度上规定了具体的程序设计,还会直接影响到诉讼各方的权利行使和审判功能的发挥,并最终影响到案件的审判质量和效果。因此,审理方式在刑事审判制度中是一个基础而重要的问题。立法确立了刑事一审和二审的审理方式。

(一) 一审之审理方式

在刑事审判立法中,审理方式并不能由单个条文具体规定,而只能在立法的琐碎规定中进行概括和总结。《刑事诉讼法》第 181 条规定:"人民法院对提起公诉的案件进行审查后,对于起诉书中有明确的指控犯罪事实的,应当决定开庭审判。"据此,一审审理采取的是法官直接到庭,对案件进行开庭审理的形式。此外,《刑事诉讼法》从第 184 条至第 196 条分别规定了控、辩双方出庭,开庭诉讼查明,公诉人宣读起诉书,当事人陈述案情,公诉人、辩护人及审判人员讯问和询问当事人,审查核实证据,控、辩双方相互辩论,被告人最后陈述,法庭评议和法庭宣判。根据上述规定可以发现,《刑事诉讼法》对一审所确立的是一种"以法庭实体审理为中心"的审理方式,即由法官主持开庭,控、辩双方同时参与并向法庭举证、相互质证和辩论,由法庭认定证据和事实并作出最终裁判。事实上,以法庭实体审理为中心是我国《刑事诉讼法》在 1996 年修订时对刑事一审作出重大改革而确立的新型审判方式[①],在此之前,也即由 1979 年《刑事诉讼法》所确立的刑事一审审理方式是由法官在庭前阅卷并包揽证据调查的"庭前实体审"审理方式。从"庭前实体审"转变为"以法庭实体审理为中心",被认为更符合刑事审判原理,更体现刑事诉讼规律的审理方式。

(二) 二审之审理方式

二审是指第二审人民法院根据上诉人上诉或者检察院抗诉,就第一审法院未生效的裁判进行再次审理。二审虽不是每个案件必经的阶段,但作为当事人不服一审的救济途径以及审级制度的组成部分,在刑事审判制度中占据重要地位。相比第一审程序,法律对第二审审判方式的规定较为简单。1996 年《刑事诉讼法》第 187 条规定:"第二审人民法院对上诉案件,应当组成合议庭,开庭审理。合议庭经过阅卷,讯问被告人、听取其他当事人、辩护人、诉讼代理人的意见,对事实清楚的,可以不开庭审理。对人民检察院抗诉的案件,第二审人民法院应当开庭审理。"第 195 条规定:"第二审人民法院审判上诉或者抗诉案件的程序,除本章已有规定的以外,参照第一审程序的规定进行。"由此可见,1996 年《刑事诉讼法》中确立的二审审理方式

---

① 参见朗胜主编:《关于修改〈中华人民共和国刑事诉讼法〉的决定释义》,中国法制出版社 1996 年版,第 176—178 页。

是以开庭审理为原则,以事实清楚不开庭为例外。并且,开庭审理的具体程序方式基本同第一审程序。立法对二审审理方式的规定从理论上讲符合我国刑事二审的法律性质。《刑事诉讼法》规定,第二审人民法院应当就第一审判决认定的事实和适用法律进行全面审查,不受上诉或者抗诉范围的限制。这意味着虽然二审的审理对象是一审裁判,但其审理范围却比一审更宽,因而有必要采取与全面审查任务相适应的诉讼化的审判方式,即控辩审三方同时参与的开庭审理。虽然立法规定很明确,但长期以来,二审开庭率一直不高,大多数二审案件,甚至包括死刑二审案件都不开庭。为了缓解这一现象,在 2012 年《刑事诉讼法》修改时,增加了二审必须开庭的四种类型案件,即《刑事诉讼法》第 223 条第 1 款规定:"被告人、自诉人及其法定代理人对第一审认定的事实、证据提出异议,可能影响定罪量刑的上诉案件;被告人被判处死刑的上诉案件;人民检察院抗诉的案件;其他应当开庭审理的案件。"同时,该条第 2 款规定:"第二审人民法院决定不开庭审理的,应当讯问被告人、听取其他当事人、辩护人、诉讼代理人的意见。"即如果二审决定不开庭审理并不等同于可以完全采取书面审查,合议庭仍然要讯问当事人,听取当事人意见,在查清案件事实后才可以做出判决,这也被学者称为"调查讯问"审理方式。①

二、审理方式规则的实效样态

(一) 一审以庭后书面审理为主

法定以法庭实体审理为中心的审理方式意味着,在合议庭退庭评议之前,审判组织对刑事案件的查明、核实等全部审理活动都应直接在法庭上完成,审理活动结束后,审判组织旋即应当进入评议,直至得出裁判意见。裁判者对案件的认定和处理活动应主要集中于法庭审理,不得另辟蹊径采取其他方式。而事实上我国刑事一审实践中的审理方式却并非如此。长期以来,在合议庭评议之前,我国刑事一审存在两个阶段的两种审理方式,即开庭时的法庭审理和退庭后的书面审理。开庭时的法庭庭审由控、辩、审三方同时参与,而在庭审临末,被告人最后陈述之后,审判长几乎都会如此宣布:"控、辩双方对本案的陈述观点、提交的证据、形成的争点,法庭已经记录在案,合议庭将在评议后定期宣判,本案的法庭审理到此结束,现在宣布退

---

① 陈瑞华:《侦查卷宗裁判主义——对中国刑事第二审程序的重新考察》,载《政法论坛》2007年第 5 期。

庭。"退庭后,合议庭却并不立即开始评议,而是进入第二阶段审理过程,即案件承办人阅卷审理。待承办法官通过书面阅卷审理形成初步的处理意见并撰写出审理报告后,才会召集合议庭其他成员对案件进行合议。这种由承办人独自于庭后书面审理的方式,与法定以法庭实体审理为中心的审理方式截然相反。以笔者的刑事审判经历,所办理的所有公诉案件的一审普通程序,以及所见的其他法官的同类案件审理情况,无一例外地全部采用了这种庭后书面审理的方式。毋庸讳言,也无需对此多加佐证,对我国刑事审判实践稍有了解的人都清楚,这并非是某个法院的特例,而完全是我国刑事一审通行采用的审理方式。笔者不能排除公诉案件一审普通程序审理存在未有庭后书面审理而仅依靠庭审后当庭宣判的现象,但可以断言,那将是极少的比例。因此可以认为,我国公诉案件一审普通程序的审理方式呈现出的是法庭实体审理和庭后书面审理相结合的奇怪的实效样态,并且,后者是主要的审理方式。得出这种结论并不困难,只需将法庭审理时间和庭后书面审理的时间分配作对比便可发现问题。在时间的分配上,我国刑事一审开庭审理的时间十分短暂,而以庭后间接书面方式审理的时间耗费则数倍甚至数十倍于前者。美国是法庭审理为中心的典型国家,据美国学者在1995年所作的研究统计显示,美国联邦地区法院刑事案件个案庭审平均持续时间为3至4天,某些个案的庭审时间甚至会持续数周甚至数月。① 而据笔者的经验及观察,我国刑事案件一审开庭审理的持续时间大都以小时计,长则半天或一天。为了更清楚地证明这一点,本书采取案例分析法,选取中美两国各自刑事审判实践中具有近似性的两组典型案件,以审理的耗时分配情况作对比,以分析我国刑事一审庭审方式的实际侧重点。

第一组是案情并不算复杂的单个自然人犯罪案件——故意杀人案。所选案例是美国的"辛普森杀妻案"和我国的"杜培武杀妻案"。辛普森案的庭审从1995年1月24日开始一直持续至10月1日,历时256天。在1995年10月1日该案庭审结束后,陪审团随即进入封闭评议阶段,集中评议两天后,合议庭于10月3日上午十时许向法庭递交了最终的评议结果。② 在辛普森案中,庭审的耗时为256天,陪审图评议耗时为2天,开庭审理所耗时

---

① 〔美〕理查德·A.波斯纳:《联邦法院:挑战与改革》,邓海平译,中国政法大学出版社2002年版,第72页。

② See Alan M. Dershowiz, *Reasonable Doubts: The Criminal Justice and The O. J. Simpson Case*, Turtle Books, 1997, pp.11—19.

间占案件整体审判耗时的99%。至于我国的杜培武案,昆明市中级人民法院于1998年12月17日首次开庭,因杜培武当庭提出警方存在刑讯逼供以及辩护律师的质疑和反对,合议庭在开庭约4小时后宣布休庭并决定延期审理,并于1999年1月15日再次开庭审理,庭审持续约8小时后结束,该案于1999年2月5日宣判。在杜培武案中,庭审耗时约为12个小时,约占案件整体审判50天时间的1%。

第二组是案情重大复杂的共同犯罪案件——黑社会组织案。所选的案例是美国的"新泽西卢切斯黑帮案"和我国的"沙井新义安案"。20世纪80年代,美国联邦政府联合新泽西洲政府对新泽西州以杰基·迪诺西奥(Jackie Dinorscio)为首的最大的黑社会组织发起联合调查,该黑社会组织是素有恶名的美国五大家族之一(Five family)的黑帮——"卢切斯家族(Lucchese crime family)"的最大分支。经过扫黑行动,联邦政府逮捕并指控了包括杰基在内的该黑社会组织20名成员,指控了76项罪名。该案的审判轮流使用了8个陪审团(防止长时间的审判而可能导致的对陪审团行贿),庭审时间持续了21个月,8个陪审团轮流评议耗时共计30余天。① 该案中,庭审耗时占案件整体审判时间比例为95%。我国广东省"沙井新义安"涉黑组织犯罪案中,该组织是广东最大的涉黑组织,且有涉港背景。该案由深圳市中级人民法院于2012年开庭审理。通过公开资料显示及笔者的调查了解,该案被告人多达44名,涉及罪名23项,涉案宗数58起,其中命案2起,涉案金额数亿元,犯罪时间跨度长达20年,该案的判决书长达50万字,800余页。深圳市中级人民于2012年11月28日对这起超级复杂的案件开庭审理,持续开庭时间23天,并于2013年1月30日公开宣判。该案中,庭审耗时占案件整体审判时间比例为36%。②

为了进一步证实开庭审理在整个案件审理过程中所占的比重。笔者对抽样的100件案件作了详细调查比对。抽取的中级人民法院审结的40件案件,从受理案件至一审宣判的结案天数情况为:最短结案天数为35天,最长结案天数为108天,平均结案天数是76.5天。开庭审理耗时情况为:36

---

① See Book Llc, Lucchese Crime Family, General Books LLc, pp.54—80. State of New Jersey Commission of Investigation, The Changing Face of Organized Crime in New Jersey, May 2004, pp.117—121.

② 实际上这一比例存在高估,因为笔者通过访谈了解到,由于该案社会影响大,加之我国刑事案件一审时限的限制,该案庭审后,承办法官日夜加班加点阅卷审查,实际上缩短了庭后书面审理的时间。

件案件在 1 天之内开庭审理完毕;1 件案件在 2 天之内开庭审理完毕;另有 3 件案件也在 2 天内开庭完毕,但均为第二次补充开庭;开庭审理平均耗时为 1.1 天。如此,抽样的 40 件中级人民法院审结的案件中,开庭审理耗时占结案天数平均比例为 1.4%。抽取的基层法院审结的 60 件案件,从受理案件至一审宣判的结案天数情况为:最短结案天数为 22 天,最长结案天数为 85 天,平均结案天数为 50.3 天。开庭审理耗时情况为:58 件案件在 1 天之内开庭审理完毕;另有 2 件案件在开庭当天审理后又经过第二次补充开庭;开庭审理平均耗时为 1.03 天。如此,抽样的 60 件基层人民法院审结的案件中,开庭审理耗时占结案天数平均比例为 2%。(分别见表 2-1、表 2-2)

表 2-1 中级、基层两级法院开庭审理耗时情况

	抽样案件总数(件)	1 天内审理完毕(件)	2 天内审理完毕(件)	2 天内审理完毕(补充开庭)(件)
中级人民法院	40	36	1	3
基层人民法院	60	58	0	2

表 2-2 中级、基层法院开庭审理耗时与结案时间比例关系

	最短结案天数(天)	最长结案天数(天)	平均结案天数(天)	开庭审理平均耗时(天)	开庭审理耗时占结案天数平均比例
中级人民法院	35	108	76.5	1.1	1.4%
基层人民法院	22	85	50.3	1.03	2.0%

(二) 二审以不开庭审理为常态

立法确认了二审应当以开庭审理为原则,以讯问调查式审理为例外。然而事实上,我国二审法院对上诉案件大都以不开庭,即通过书面的、秘密的、单方面的方式进行审理,而很少举行由控、辩双方同时到庭的法庭审理活动,甚至死刑案件和有重大社会影响的案件,二审同样不开庭审理。对此现象早已有调查研究予以揭示,如一份于 2006 年公布的对全国范围内二审开庭情况所做的实地调研报告显示,覆盖华东、华中、华北、华南、西南、西北七个区域十余个省、自治区、直辖市的二审法院,刑事二审开庭率普遍很低,除了昆明市中级人民法院二审开庭率基本达到 30% 以上以外,其余的均未

超过10%,广东、福建两省甚至不超过1%。① 最高人民法院也对全国法院刑事二审开庭率作了调查统计,来自最高人民法院公布的权威统计显示,2007年至2011年期间,全国法院开庭审理的刑事二审案件占比15.33%。②

笔者在与D省G市中级人民法院法官走访交流的过程中进一步了解了刑事二审审理方式的实效状况。鉴于二审不开庭审理的现象长期普遍存在且饱受诟病。2006年9月,最高人民法院和最高人民检察院联合发布了《关于死刑第二审案件开庭审理程序若干问题的规定》,规定了四类死刑二审案件必须开庭审理:死刑立即执行案件、被告人或者辩护人提出影响定罪量刑的新证据,需要开庭审理的案件以及具有《刑事诉讼法》有关条文规定的开庭审理情形的死缓二审案件和人民检察院抗诉的死缓二审案件。某法官向笔者介绍,在2006年以前,二审开庭率也在逐年缓慢递增,但总量始终维持在较低水平。在该《规定》出台后,死刑案件二审审理方式得到了很大的回归和缓解。由于死刑案件基本实现全部开庭审理,致使整体二审开庭率有较大提升。因此,如果在省高级人民法院统计二审审理方式情况,开庭审比例可能会高于20%,这主要归功于对死刑二审案件一律开庭审的强制性规定。而如果在市中级人民法院统计,开庭审比例则应该在10%左右,因为除了死刑案件,其他二审上诉案件的二审开庭率仍不容乐观。

第四节 庭审调查规则的实效

一、庭审调查的法定规则

庭审调查是指在法官主持下,由控辩双方及其他诉讼主体的参与,通过当庭陈述、发问、举证、质证、辩论和认证等诉讼行为,查明案件的证据和事实。从庭审调查的涵义中可以看出,庭审调查是针对刑事案件证据和事实的查明,而证据和事实恰是控辩双方争议的焦点,也是定案裁判的基础。因此,不难理解在开庭、庭审调查、庭审辩论、被告人陈述、评议和宣判的刑事

---

① 以上数据来源于中国人民大学诉讼制度与司法制度改革研究中心2006年11月所作的《刑事二审开庭程序调研报告》,参见陈卫东主编:《刑事二审开庭程序研究》(附一),中国政法大学出版社2008年版,第250页。

② 参见李娜:《延长审限有望使二审开庭常态化》,载《法制日报》2012年4月6日。

审判五个步骤中,庭审调查是中承上启下的核心阶段。庭审调查又由三个重要的程序环节组成,即举证、质证和认证。

(一) 法庭举证规则

法庭举证是刑事审判制度所规定的控辩双方在法庭上提出、展示证据材料,并进行说明和论证的行为和方式。证据承载着案件事实,是认定案件事实的基础,庭审调查系围绕证据审查而展开,没有证据就没有对事实的正确认识和判断。刑事审判,"是以公诉机关或自诉人向法院提起控诉为前提,在控辩双方与法官三方的共同参与下,通过法庭上的听证和审理活动,由法院做出的一项有关指控成立与否的裁决"①。由此可见,在刑事审判中,围绕证据的调查,控辩审三方处于不同的地位,法官处于听证和审证的地位,通过举证提出主张和证据并进行论证是控辩双方的义务。

1. 法定举证主体。公诉机关代表国家对被告人提起指控,按照现代刑事审判制度的要求,其不仅要证明被告人的犯罪事实,还要证明被告人是如何实施的犯罪,犯罪情节轻重及所应承担的刑事责任;公诉方的指控均需要围绕证据进行,所有指控证据都需要在法庭上出示并说明,因此,公诉机关在庭审调查中是当然的举证主体。另外,虽然公诉案件由控方承担举证责任,被告人不得被强迫自证其罪,不负有举证证明自己有罪或无罪的义务,但辩方仍有权利提出对己方有利的主张和证据。换言之,举证对于辩方而言是一种诉讼权利而不是义务。我国《刑事诉讼法》确认了控辩双方的举证主体地位,如第 49 条规定,公诉案件中被告人有罪的举证责任由人民检察院承担;第 186 条规定,公诉人可以讯问被告人,辩护人经审判长许可,也可以向被告人发问;第 187 条规定,控辩双方均可以申请证人、鉴定人出庭作证;第 190 条规定,控辩双方均应当向法庭出示物证、证言笔录、鉴定人鉴定意见等证据;第 192 条规定,控辩双方均有权申请新的证人到庭,调取新的证据,申请重新鉴定或者勘验。

2. 法定举证对象。举证对象应是符合立法规定的证据类型,《刑事诉讼法》第 48 条第 2 款规定了八种证据种类,即物证,书证,证人证言;被害人陈述;犯罪嫌疑人、被告人供述和辩解;鉴定意见;勘验、检查、辨认、侦查实验等笔录;视听资料、电子数据。

---

① 陈瑞华:《刑事审判原理论》,北京大学出版社 2003 年版,第 6 页。

3. 法定举证顺序。在举证主体顺序上,《刑事诉讼法》采取了先控方后辩方的顺序,即首先是公诉人举证,其次是被害人及其诉讼代理人作补充性举证,再次是被告人、法定代理人和辩护人举证。在举证的证据类型顺序上,《刑事诉讼法》第186条规定,由公诉人就起诉书指控的犯罪事实讯问被告人开始庭审调查,此外,对其他类型证据举证的先后顺序并未作出明确规定。

4. 法定举证行为及方式。《刑事诉讼法》并未规定举证行为及方式,但司法解释对此作出了规定。最高人民法院《关于适用〈中华人民共和国刑事诉讼法〉的解释》(以下简称"法释[2012]21号")第203条规定:"控辩双方申请证人出庭,出示证据,应当说明证据的名称、来源和拟证明的事实。"由此,一个完整的举证行为应当包括三个部分:对证据名称和来源的说明;对证据证明对象的说明;证据的提出和展示。其中,证据的提出和展示即是举证的方式,《刑事诉讼法》根据不同证据的种类性质相应规定了其举证的方式,如对被告人、被害人的陈述采取由其陈述和接受讯问、询问的举证方式;对证人证言、鉴定人的鉴定意见采取传唤到庭陈述作证并接受询问的方式;对未到庭的被害人、证人的陈述,鉴定人的鉴定意见,勘验、检查笔录采取宣读的方式;对录音录像等视听资料采取播放的方式;对书证、物证等实物证据采取展示原物或复制件的方式。

(二) 法庭质证规则

法庭质证是指刑事审判庭审调查过程中,在法官的主持下,控辩双方对向法庭举出证据的真实性、关联性和合法性进行质询和答疑,以确定证据的证明资格和证明能力,供法庭决定是否采信的活动。质证与举证联系紧密但有所区别,举证的重点是控辩双方对己方所收集的证据的出示以主张己方观点,质证的重点是控辩双方对对方举证的质询及对己方证据的答疑。如果说举证具有对等性,即控辩双方均平等地出示证据,质证则具有对向性,即控辩双方均对对方的举证发起质询。

1. 法定质证主体及对象。《刑事诉讼法》第190条规定,公诉人、辩护人应当向法庭出示物证,让当事人辨认,对未到庭的证人的证言笔录、鉴定人的鉴定意见、勘验笔录和其他作为证据的文书,应当当庭宣读。审判人员应当听取公诉人、当事人和辩护人、诉讼代理人的意见。除此之外,刑事诉讼法并无对质证主体及对象的明确规定了。法释[2012]21号第218条规定:"举证方当庭出示证据后,由对方进行辨认并发表意见。控辩双方可以互相质问、辩论。"第219条规定:"当庭出示的证据,尚未移送人民法院的,应当在质证后移交法庭。"第220条第2款规定:"对公诉人、当事人及其法定代理人、辩护人、诉讼代理人补充和法庭庭外调查核实取得的证据,应当经过当庭质证才能作为定案的根据。"据此,质证主体就是举证的主体,质证的对象为控辩双方收集的并在法庭上所举出的证明案件事实的所有证据。

2. 法定质证方式及顺序。质证的基本方式是控辩双方当庭交互口头质询,根据不同证据的种类及其举证方式,《刑事诉讼法》规定了"辨认""对质""说明""异议""辩论"等质证方法。① 法释[2012]21号第218条规定:"举证方当庭出示证据后,由对方进行辨认并发表意见。控辩双方可以互相质问、辩论。"据此,质证的顺序应是在举证方举证后,对方即可对该证据发起质询,举证方可以答疑和说明,循此反复,形成质证。对于质证的证据类型顺序,立法并未明确规定,但结合上述规定,应当理解为按照举证方举证的顺序,即举证方的每一次举证,所举的每一个证据均需要当庭质证。

(三)法庭认证规则

法庭认证是指在刑事审判过程中,法官对控辩双方的举证以及人民法院依职权自行调查的证据,经控辩双方互相质证后,进行分析研判,去伪存真,按照法定的标准确认证据是否作为定案证据的活动。在举证、质证和认证三个庭审调查环节中,认证是关键一环。举证和质证的目的是为了得到法庭认证,举证和质证的作用和结果也体现于法庭认证,更为重要的是,法庭认证是认定事实之基础,是定案裁判之理据。

1. 法定认证主体及对象。法庭认证主体理所当然是裁判方,即主持庭审的合议庭。法庭认证的对象是案件中的证据材料。案件中的证据材料有两个来源:一是控辩双方搜集的,向法庭提交和出示的证据材料;二是法院依职权主动展开庭外调查所获取的证据材料。《刑事诉讼法》第48条第3款规定,证据必须经过查证属实,才能作为定案的根据。第53条第2款第2项规定,法庭认证的证据均应经法定程序查证属实。法释[2012]21号第63条规定,法庭认证的所有证据材料必须经过出示、辨认和质证,未经出示、辨认和质证的证据,不得认定为定案证据。

---

① 如《刑事诉讼法》第190条规定,控辩双方出示的物证应当让当事人辨认;第57条规定,人民检察院在法庭调查中应对其收集的证据的合法性加以说明。又如法释[2012]21号第199条规定,必要时可以传唤同案被告人等到庭对质;第205条规定,控辩双方可以对对方提出的证人证言和鉴定人鉴定意见提出异议等。

2. 法定认证内容。法庭认证的内容包括两个方面,即证据材料的证据能力和证据效力。证据能力又称证据资格,是指证据材料能否满足刑事诉讼对证据的基本要求,是证据材料的"准入资格"。证据效力又称证明力,是证据材料对案件中待证事实的证明作用和效果。对证据材料证据能力和证据效力的判断系通过对证据三种属性的审查而认定,即证据材料的合法性、关联性和客观性。①

3. 法定认证模式和方式。法庭认证的模式是依照认定证据规则的有无或是依照法定规则还是依据自由心证认证的侧重而划分形成的认证类型,认证模式可以分为"法定认证"模式和"自由认证"模式。② 法定认证模式尤其注重建立复杂严密的证据能力规则,并要求法官公开认证之心证的方式以限制法官对证据采信的随意性。我国的刑事审判制度中也有一些法定认证的要求,尤其是在 2012 年修订的《刑事诉讼法》中增加了对言词类非法证据的排除规则,但总体上,证据认定更多依靠法官的心证形成,因此,我国的法庭认证属于"自由认证"模式。认证方式是指法庭认定证据所采用的的方法和形式,可分为庭审认证和裁判认证。庭审认证是指在法官法庭审理过程中即对证据材料进行认证,又包括当庭认证和迟延认证;前者是法官对控辩双方举证、质证过的证据在法庭上当庭公开作出是否认证的决定,后者是法官不在庭审中予以当庭认证,而是另择日期召集控辩双方作出认证决定。裁判认证则是对控辩双方质证过的证据,法官不在庭审中作出采信与否的表态,而是在判决书中予以评价和确认。对此,《刑事诉讼法》和司法解释并未作出明确规定。

二、庭审调查规则的实效样态

(一) 单方选择性宣读式举证

《刑事诉讼法》未对举证的证据类型顺序作明确规定,但在刑事审判实践中,我国法院却形成了较为一致的做法,按照《刑事诉讼法》中庭审调查过程依次出现的法条条文顺序中的证据类型举证,即被告人陈述和辩解,被害人陈述、证人证言,鉴定人鉴定意见,勘验检查笔录,书证,物证,视听资料。

---

① 参见法释[2012]21 号第 104 条规定,对证据的真实性,应当综合全案证据进行审查。对证据的证明力,应当根据具体情况,从证据与待证事实的关联程度、证据之间的联系等方面进行审查判断。《刑事诉讼法》第 56 条规定,审判人员应对证据收集的合法性进行法庭调查。

② 参见何家弘主编:《刑事审判认证指南》,法律出版社 2002 年版,第 2—5 页。

从证据类型上看,即先举证言词类证据,后举证实物类证据。然而,刑事审判实践中的庭审举证呈现出以下几种异象:

一是双方举证变为控方单方举证。如前所述,对于指控被告人犯罪,控方承担举证责任,但这并不意味着辩方不能举证。相反,举证是辩方的诉讼权利,辩方可以在不承担自证其罪义务的前提下就反驳控方的指控而举证。此外,辩方还应对自己所提出的"肯定性辩护"(affirmative defense)举证。[①]但实际情况是,刑事审判中的辩方极少举证,本来应由控辩双方共同举证的庭审调查,演变为控方单方举证。在刑事庭审中,最常见的现象是,进入法庭调查举证环节后,控方在进行冗长的举证后,审判长示意辩方可以举证时,辩方通常的回答都是,"辩护人没有证据向法庭出示"。在笔者抽取的 D 省 G 市的 100 份案件样本中,仅有 12 件案件的辩方向法庭提交了证据,并且,证据多为被告人悔过书、被告人身份信息证明、赔偿被害人证明等证据材料,在证据种类上极为单一。

二是控方逐件举证变为选择性证据。每个单项证据材料都可能承载着案件事实的侧面,刑事司法中的案件事实系由一个个证据拼接组成。控方指控的犯罪要被法官认可,指控的每一个证据都应经过审查认定,这必然要求控方的举证并非只是向法庭展示证据的整体或部分印象,而是详尽列举每一项指控证据。在证据较多的案件中,这样的举证势必会带来庭审调查的迟延,但这正是公正的代价。如在美国辛普森案中,控辩双方共举证 1115 件,仅举证就耗时 133 天。我国刑事审判实践中的控方举证并非都是逐件举证,而是采取了一件一举证和选择性举证两种方式。一件一举证即是对每一件证据分别举证,此乃遵循举证之立法精神的方式,但这种方式只是在控方指控证据不太多时使用。如果控方指控证据较多,公诉人则会变换为选择性举证,即不再对每一件证据单独详尽举证,而是采取合并同类项的方法,将同一个来源的证据或同一个种类的证据合并宣读举证或者择证据之概要笼统地宣读举证。根据笔者的访谈发现,出庭支持公诉的公诉人一般会根据案情的复杂程度、指控犯罪的证据数量来事先决定举证的方式。因为在整个庭审过程中,庭审调查是耗时最长的阶段,而举证又是庭审调查中最耗时的环节。这里隐含着检察机关和法院的一种默契或共识,即都不太

---

① 参见万毅:《"幽灵抗辩"之对策研究》(上),载《法商研究》2008 年第 4 期。

愿意在庭审上耗费太多时间,希望能尽量压缩并控制庭审时间,速战速决。①而选择性举证又有三种具体方式:一是对同一被告人、被害人、证人等的多份言词证据,选择其中对控诉最有利的一份笔录进行宣读,其他证据则只宣读份数而不再逐一出示;二是对同一份证据采取摘要式宣读,即对内容掐头去尾,节选出其中指控性最强的部分内容予以宣读,其他细节部分或指控性不强的部分则直接忽略不再宣读;三是对若干内容大体接近的证言笔录,采取合并概括式宣读,即不再逐字逐句宣读证据的原始内容,而是将其中拟证明的事项作整体的概括和归纳,向法庭说明。

三是控方举证变为控方宣读证据。举证是对己方证据的提出和展示,如前所述,立法根据不同证据种类的性质规定了其向法庭提出和展示的方法。言词类证据的举证通常是提供言词证据的人亲自在法庭上向法庭陈述,实物类证据的举证通常是将证据实物当庭予以展示,只有当提供言词类证据的人确实无法出庭当庭作证,或者实物类证据不便移动或损毁灭失时,才允许由举证方在法庭上代为宣读言词证据以及将实物证据的复制件或照片在法庭上出示。这些举证方式的立法要求,其目的是力求将证据的原始内容、形式或面貌当庭展示,以避免因代为宣读、出示证据复制件等方式形成传闻证据和传来证据,进而影响证据的真实性和证明力。② 更为重要的是,对于言词类证据而言,如果提供证据的人不出庭的话,会导致举证方举证后,对方无法对言词证据形成质证,影响法官对言词证据材料的审查判断。然而在我国刑事审判实践中,控方的举证却以传闻证据为常态,以原始证据为例外,即控方所出示的证据,不论种类和数量,几乎都以公诉人当庭宣读的方式举证。公诉人在宣读起诉书,简单讯问被告人之后,便会开始冗长的宣读举证,言词类证言的提供者,包括被害人、证人、鉴定人、勘验检查笔录制作人等,基本都不出庭,他们的证言庭审全靠公诉人在法庭上代为宣

---

① 关于这一点的原因,笔者跟一些法官和检察官在访谈和聊天中得到的回答是,庭审牵动各方精力,除了公诉人和法官之外,还涉及陪审员、书记员、法警队,需要人、财、物的多种支持,耗时太长,各方都不太愿意。此外,庭审耗时长还可能在庭审期间增加被告人脱逃、当事人家属闹事等风险。而且,法、检两家也都认为,反正主要不是依靠庭审,而是依靠庭后的书面阅卷定案,没有必要在庭审这种形式化的过程中浪费时间。对此,笔者有亲身的经历。笔者在基层法院曾作为合议庭成员参加一宗地方人大听审的"刑事审判示范开庭审理"的案件审理。上午八点半正式开庭,到了举证环节,控方刚开始采取逐件举证的方式,可是由于证据较多,继续采取逐件举证的方式,庭审会持续到下午。经法、检双方领导商量,共同决定改变举证方式为一组一举,随即递纸条给合议庭示意休庭,待恢复庭审后,审判长宣布公诉人改变举证方式。

② 参见刘玫:《传闻证据规则》,中国人民公安大学出版社2007年版,第23、30页。

读,调查的举证环节几乎变成了公诉人一人宣读证据的过程,在举证较多时,还会由两名公诉人轮番宣读举证。在笔者抽取的 D 省 G 市的 100 份案件样本中,有 3 宗案件控方分别有证人出庭作证,另外还有 2 宗案件中控方分别有证人出庭以及有证据实物向法庭展示,而在其余案件中,控方均无例外地采取宣读的方式举证。①

(二) 单向笼统性形式化质证

质证与举证是联系紧密的两个行为,一方面,质证的证据对象来源于举证,另一方面,质证的过程和效果也受举证方式的极大影响。由于我国刑事案件庭审举证的异象,受其影响,庭审质证亦呈现出以下形式化的样态。

一是双向质证变为单向质证。质证是一种双向的证据调查行为,即控辩双方分别对对方的证据发起质询,通过对针锋相对的两方证据的质证展示案情。由于在举证环节中辩方极少举证,举证事实上成为控方的单方举证,这必然导致在质证环节中无法形成双向质证。辩方在庭审调查环节不是依靠提出的证据与控方展开对抗,而是只能在质证环节寻找控方的证据瑕疵,发起质询,攻击控方的证据体系。公诉人只需应对来自辩方的质证,而几乎无需为质询辩方的证据作任何准备。

二是交叉询问有名无实。我国刑事审判制度虽未明确规定"交叉询问",但实际上,如前所述,从立法规定的质证方式和顺序上看,我国庭审质证亦是采取交叉询问的方式。交叉询问被认为是调查证据,尤其是对言词类证据这种较之实物类证据真实性较低的证据类型的最重要的质证方式。由于控方言词类证据的提供人,如被害人、证人、鉴定人、勘验检查人几乎都不出庭,其言词证据由公诉人当庭宣读,致使辩方从公诉人宣读的证据材料中或者无法发现存在的问题,或者虽能发现,但无法向言词证据的提供者发起质询。以证人证言这种典型的言词证据为例,立法规定,对证人证言应当着重审查证人的内容是否为证人直接感知;证人作证时的年龄、认知、记忆和表达能力,生理和精神状态是否影响作证;证人与案件当事人、案件处理结果有无利害关系;证人证言有无以暴力、威胁等非法方法收集的情形等。因此,控辩双方对证人证言的质证往往围绕以下几个方面:证人与被告人的

---

① 上述 5 宗案件均系 G 市中级人民法院的案件。其中,3 宗有证人出庭作证的案件系该中院于 2008—2009 年所做的"刑事审判证人出庭作证调研项目"中的案件,另外 2 宗案件(分别为"爆炸案"和"故意伤害致死案")为当年在该地乃至全国产生重大影响案件,2 件案件均有媒体现场报道,其中 1 件案件由该中院院长任审判长参与审理。

关系;证人证言的来源及其合法性;证言的内容及待证明的问题;证人感知事实时的环境和条件;证人的感知力、记忆力和表达力;证人提供证言是否受到外界不良的影响;证人的年龄是否影响其作证;证人证言是否存在矛盾等。对这些问题的了解,需要控辩双方与证人之间展开深入的交叉询问而探究。在证人不出庭的情况下,交叉询问根本无法展开。

　　三是逐件质证变为笼统质证。质证是对控辩双方对证据围绕合法性、关联性和客观性通过交叉质询、辩论而形成,往往是在每一个证据的细微处发现问题而展开。因此,质证必须是有针对性地指向某件具体的证据展开深入的交叉询问。但由于控方常常采取选择性举证,即不再将单件证据的全貌一一展示,而是由公诉人归纳概括后简单宣读,这种举证方式缩短了举证耗时,但其致命缺陷是,每组举证中的单件证据及其细节均未能在法庭上展示,使辩方无法展开有效质证。这就好比本来应将每一件证据分别呈庭接受质证调查,但公诉人将其整体打包,放在一个大"口袋"中,只说明这个"口袋"里装的都是证明某个待证事项的证据,而辩方却无法看清"口袋"里的每件证据的具体面貌和细节。以笔者曾审理过的一宗案件为例,2010年笔者曾主审一起某国一男性黑人被指控故意伤害案。该案中控方主要证据为人证,具体为被害人陈述和现场目击证人的证人证言。在法庭举证环节,公诉人对3名表明现场目击被告人故意伤害的证人的证言及其辨认笔录采取概括宣读的方式予以举证,只说明3名现场目击证人均证实看到3名黑人男性与餐厅经理发生纠纷,在餐厅一楼门外,其中一名黑人男性与餐厅经理发生扭打,黑人男性将餐厅经理咬伤,公诉人未将各证人证言详细宣读,法警将3份证人对被告人的辨认笔录向辩护律师作了简单的展示,随后笔者示意辩护律师可以对控方证人证言进行质证时,辩护律师回答对公诉人的举证没有异议。庭审结束后,笔者在阅卷时发现控方证人证言存在两处重大问题:一是3名证人在案发当晚所处的地点是餐厅二楼靠窗的座位,这个位置距离一楼餐厅路边,即被告人咬伤被害人的地点的直线距离约20米,案发当晚已是晚上十时许,被告人又是黑人男性,目击证人何以在20米开外,隔着玻璃,于街边昏暗处能看清一名黑人男性的面目?(案发现场除了被告人之外,还有同行的另两名黑人男性)二是公诉人出具的3名证人对被告人的辨认笔录均为将被告人的头像混在12名白种人中予以辨认,这完全不符合辨认所要求的"同类混杂"规则。然而这两处重大的证据瑕疵,在质证环节,辩方律师都没有提出质疑。这里当然不能排除辩护律师责任心不强或辩护能力不足的因素,但公诉人笼统概括的举证方式遮蔽了证据的面貌和细节,导致辩方难以发现证据的瑕疵,而这无疑是最主要的原因。

(三) 庭审调查外的庭后认证

庭审认证是庭审调查的最后一个环节,是对经过控辩双方举证、质证后的证据材料在证据能力和证据效力上的认定,认证的结果意味着明确了控辩双方所提交的哪些证据即将进入法官裁判案件的采纳范围,哪些证据因其不合法或不具有关联性而被排除或不予采纳,并为案件最终定案裁判奠定证据基础。根据笔者参与司法实践的感受及所作的调查,我国的庭审认证的实际运作表现出如下两大特征:

一是庭审认证方式以庭后认证为主。虽然立法中未有明确规定,应当说,当庭认证是现代控辩式审判方式的内在要求,法官根据对控辩双方举证和质证的听证,当庭确认证据是否具有可采性,尤其是对不具有证据能力的证据当庭予以排除。有证据法学者也指出:"当庭认证是审判方式改革的要求和发展方向,法官当庭认证,可以提高审判决策过程的透明度,减少'黑箱操作',保证司法公正,而且有利于防止司法腐败和提高法官素质。"① 在1996 年《刑事诉讼法》改革审判方式后,我国刑事审判实务中倾向于提倡当庭认证,这可以从法院系统的内部规定中得以端详②,刑事审判实务中曾一度出现过当庭认证,并引发了一些关注和讨论。③ 但随着刑事案件的日趋复杂以及案件中证据种类和证据数量的增多,庭后认证已成我国刑事审判的

---

① 何家弘:《刑事庭审虚化的实证研究》,载《法学家》2012 年第 1 期。

② 我国在庭审改革过程中,首先在民事、经济类审判实务中提倡"当庭认证",参见最高人民法院《关于民事经济审判方式改革问题的若干规定》第 12 条规定。随后,将当庭认证推行至刑事审判中,参见最高人民法院《关于严格执行公开审判制度的若干规定》第 5 条第 2 款规定。

③ 有学者对当庭认证方式提出质疑和批判,理由是,证据认证应结合全案证据考虑,不便当即作出认证,参见许兰亭:《刑事一审程序理论与实务》,中国人民公安大学出版社 2002 年版,第 119—122 页。另外,经过当庭认证的证据很有可能在后续庭审中被发现并非真实,参见陈瑞华:《刑事诉讼的前沿问题》,中国人民大学出版社 2000 年版,第 377—379 页。甚至,有学者认为当庭认证是法官的恣意妄为,参见孙长永:《刑事庭审方式改革出现的问题评析》,载《中国法学》2002 年第 3 期。笔者认为这些担心大可不必,首先,当庭认证并非是指一证一认,而是要求法官在庭审过程中即对控辩双方质证过的证据作出认证,而不是等到在裁判中予以认定。刑事案件的证据纷繁复杂,证据与证据之间关联紧密,对证据的审查认定除了审查单项证据之外,还必须结合全案证据审查认定,当庭认证当然要求法官结合全案证据认定证据。另外,当庭认证属于庭审调查环节中的证据认证方式,法庭调查中的认证只是解决证据的可采信问题,即证据是否具有证据能力而被"采纳",这一过程的重点与其说是认证可以采纳的证据,不如说是将不具有证据能力的证据当决定不予采纳并予以排除。至于有可采性的证据,最终能否被法官"采信"作为定案的证据,不是在庭审认证中解决的问题,而是要通过进一步的庭审辩论后,待法官最终定案判决时作出决定。

主流认证方式。在笔者抽样 D 省 G 市的 100 件案件中,法官对证据当庭予以认证的仅有 22 宗,占 22%,而剩下的 78 宗案件都是采取庭后认证的方式。(见表 2-3)

表 2-3　抽样案件审判当庭认证与庭后认证的比例情况

	在 G 市抽样案件	当庭认证案件	庭后认证案件
数量(件)	100	22	78
所占比例	100%	22%	78%

而在当庭认证的 22 宗案件中,针对证据的认证内容有具体认定的有 18 宗,包括认定证据具有"合法性"的有 11 宗,认定证据具有"关联性"的 5 宗,证据具有"真实性"的有 9 宗。(见表 2-4)

表 2-4　抽样案件审判当庭认证证据的内容情况

	有具体认定内容的案件			无具体认定内容的案件
	含"合法性"认证证据	含"关联性"认证证据	含"真实性"认证证据	
件数	11	5	9	4
	18			4

另外,在法官有当庭认证的 22 宗案件中还有 6 宗案件的辩方提出质疑的部分证据未能被法官当庭认证。可见在刑事审判中,法官不仅少有当庭认证,且当庭认证的证据大部分都是控辩双方不存争议的举证;对存在争议,有质证的证据,法官仍然未能当庭认证。大多数的案件,特别是控辩双方有争议的证据,法官当庭或者不置可否,或者表示"控辩双方对证据的争议法庭已经记录在案,待合议庭评议后确认",而留待庭审结束后,经过庭后审查才作出最终的认证。并且,法官最终对证据的认证,特别是针对哪些证据予以排除或者不予采纳的结果不会再召集控辩双方予以告知,而是简单载明于裁判书中。

二是庭审认证的范围和依据以案件卷宗为主。庭审认证是对控辩双方在法庭上举证、质证之证据的认定,根据立法的规定,其认证的证据范围应严格限定在控辩双方当庭提交的,且经过质证的证据之内。控辩双方未当庭提交或者未经质证的证据,不得被认定为定案证据。但是,在实际刑事审判运作中,法官在庭后对证据的认证却并非以庭审中的举证和质证的证据为认证对象,而是以控方移送的所有案件卷宗中的证据为认证对象。这将导致两种违背认证规则的危险:其一是认证的证据范围超出了举证、质证的证据范围,导致一些控方未在庭审中出示的、未经质证的证据进入认证的范围,最终被认证作为定案的证据;其二是认证证据的依据并非是控辩双方在庭审中的提出的质证理由,相反,庭审笔录中记载的控辩双对证据的质证只是认定控方案件卷宗中证据的一个印证参考。换言之,控辩双方关于证据的质证对法官认定证据形成心证的实际作用并不大,法官认定证据并不以质证为审查的依据基础。有学者曾就此直言,中国的刑事法官即使在证人出庭作证的情况下,仍然可能拒绝采纳证人当庭所作的口头证言,而坚持将侦查卷宗中所记载的证言笔录作为定案的根据。[①] 由于我国刑事判决书的说理并不充分,并不详细载明法官认定控辩双方证据的心证过程,因此在抽样案件中难以调查具体有多少案件存在法官认证证据的范围超出了庭审举证和质证的范围,但从另外两点上,笔者坚信这一结论的真实性:一是控方在法庭上大都采取概括选择式举证,譬如有五份证人证言,控方可能在说明5名证人的身份后只概括宣读其中的一份,而将另外四份予以简略。严格意义上,被简略的四份证人证言并未经过完整的举证和质证,而法官在庭后阅卷时却极可能将被简略的四份证人证言中的部分或全部予以认证作为定案证据。这实际上就是法官的认证超出了庭审举证和质证的范围。二是笔者曾就此现象与法官们展开讨论,法官们的说法很一致,即法官在庭后阅卷时不会仅以法庭上控辩双方的举证和质证的证据,而是以案件卷宗中的所有证据为审查认证的范围,只要能被用来作为定案的证据,即使控方未在法庭上提出,或未经充分举证和质证,法官同样会将其认证并作为定案证据使用。

第五节 定案裁判规则的实效

一、定案裁判的法定规则

定案裁判是法院对刑事案件中被告人刑事责任的实体问题作出具有法律效力的决断结果。在阶段上,定案裁判是指法院对刑事案件的审理活动结束后到裁判作出前这一过程。在审理阶段,法官通过立法规定的审理制度和程序掌握了案情,并获得了经过初步认证的能够证明案件事实的证据,

---

[①] 参见陈瑞华:《刑事诉讼的中国模式》,法律出版社 2010 年版,第 192—194 页。

而对于案件事实的最终定性和进入采纳范围的证据的证明效力的认定和采信,并得出关于被告人刑事责任的结论均在定案裁判阶段完成。刑事审判制度关于定案裁判的规则可以分为定案和裁判两方面来考察。

(一)审理定案规则

这里的定案指的是对刑事案件作出结论或决定的过程。刑事审判制度对于定案的规定包括了定案主体和定案方式。

1. 法定定案主体。《刑事诉讼法》第3条规定,"审判由人民法院负责",《人民法院组织法》第2条规定,"审判权由地方各级人民法院、军事法院等专门法院和最高人民法院行使"。立法规定清楚地传递了这样的信息:审判权归属法院,法院是法定的审判主体。法律对于审判权规则并没有问题,法院的产生和存在的本质功能是解决纠纷,包括解决国家与刑事被追诉人之间关于刑事责任的争端。因此,法院理所当然地行使审判权。但必须明确的是,此种立法规定是在国家权力形态的高度就法院整体作为一个国家机构所拥有的的权力而作出的规定。事实上,众所周知,法院这样一个庞大的机构系统,无论是最高级别的法院还是最低级别的法院,都不会也无法作为一个具体的审判组织审判个案。个案的审判必须由法定的法院内部的审判组织来完成,也即法官个人或者多名法官组成的群体或者陪审团等组织。根据《刑事诉讼法》第178条、《人民法院组织法》第9条的规定,我国刑事审判制度中法定的个案的审判组织包括独任法官、合议庭以及一种特殊组织——审判委员会。审判组织代表法院对具体的刑事案件进行审理,按照法定的审判程序并根据审判的过程作出定案的结论。对此,法释[2012]21号第178条第1款明确规定:"合议庭审理、评议后,应当及时作出判决、裁定。"因此,在刑事案件中,具体行使审理权的主体并非法院整体,而是法定的审判组织。此外,审判组织还是刑事审判中的定案主体,对刑事案件享有定案权,并且,定案权不得由审判组织以外的任何个人和机构分割,这是审判行为基本原理和规律决定的。

2. 法定定案方式。《刑事诉讼法》第195条明确规定:"合议庭进行评议,根据已经查明的事实、证据和有关的法律规定,作出判决。"法释[2012]21号第240条规定:"合议庭评议案件,应当根据已经查明的事实、证据和有关法律规定,在充分考虑控辩双方意见的基础上,确定被告人是否有罪、构成何罪,有无从重、从轻、减轻或者免除处罚情节,应否处以刑罚,附带民事诉讼如何解决,查封、扣押、冻结的财务及其孳息如何处理等,并依法作出判决、裁定。"

（二）证据裁判规则

这里所说的裁判是指法官对案件进行审理之后,在定案过程中适用实体法和程序法规范作出最终裁判决定。

《刑事诉讼法》第6条对法院进行刑事诉讼,审判刑事案件作出了总体性的要求,即"必须以事实为依据,以法律为准绳"。刑事案件的事实隐于证据之中,无论是控辩双方所主张的案件事实,还是法官裁判所认定的案件事实都是证据表现出来的事实。刑事诉讼中的证据和事实联系紧密,互为表里,前者是后者的表现形式,后者是前者的内容承载。因此,《刑事诉讼法》第53条第1款规定:"对一切案件的判处,都要重证据,重调查研究。"法释〔2012〕21号第61条规定,"认定案件事实,必须以证据为根据",第64条还具体规定了应当运用证据证明的案件事实,并规定认定被告人有罪和对被告人从重处罚,应当适用证据确实、充分的证明标准。对于最终裁判决定,《刑事诉讼法》第195条要求法院根据已经查明的事实、证据和有关的法律规定,区别情形分别作出以下判决:"案件事实清楚,证据确实、充分,依据法律认定被告人有罪的,应当作出有罪判决;依据法律认定被告人无罪的,应当作出无罪判决;证据不足,不能认定被告人有罪的,应当作出证据不足、指控的犯罪不能成立的无罪判决。"此外,《刑事诉讼法》第53条第2款规定"证据确实、充分"定案标准的具体要求是:"定罪量刑的事实都有证据证明;据以定案的证据均经法定程序查证属实;综合全案证据,对所认定事实已排除合理怀疑。"《刑事诉讼法》第225条第1款也相应地规定了第二审程序定案裁判的情形:"第二审人民法院对不服第一审判决的上诉、抗诉案件,经过审理后,应当按照下列情形分别处理:原判决认定事实和适用法律正确、量刑适当的,应当裁定驳回上诉或者抗诉,维持原判;原判决认定事实没有错误,但适用法律有错误,或者量刑不当的,应当改判;原判决事实不清或者证据不足的,可以在查清事实后改判,也可以裁定撤销原判,发回原审人民法院重新审判。"

根据上述一系列规定可见,刑事诉讼立法基本体现了"证据裁判"的精神和形式要求,即要求法官应当依据证据认定犯罪事实,裁判的形成必须以达到一定要求的证据为依据;没有证据不得认定犯罪事实,不得作出不利于被告人的裁判决定。

二、定案裁判规则的实效样态

（一）行政审批定案

在刑事司法实践中，案件并非由合议庭定案，合议庭合议只是完成了定案的第一道工序，即形成初步定案意见，案件定案最终还要经过法院内部的行政化流程。合议庭的定案权实际上被侵蚀和分割，刑事案件在一定程度上呈现出审理和定案相分离的状态。行政化定案方式由来已久，主要表现为庭院审批定案和汇报请示定案两种方式。

庭院审批定案，是指法院的院长、副院长、庭长、副庭长在不参加刑事案件庭审的情况下，对由法官负责审理的案件定案结论进行逐级审查批准，并对法官的裁判文书进行审核签发的方式。据笔者了解，庭院审批定案在法院内部没有任何成文的制度依据，却早已成为全国法院奉行的定案方式。最高人民法院的高级大法官早年就曾撰文批判这种不成文的做法："现实中，庭长、院长对审判工作的组织、协调、指导、监督的职责往往被浓缩或异化为对案件的把关权和对裁判文书的审核签发权。这种做法，事实上将庭长、院长的管理、监督权变成了不具有正当程序的审批权，变成了个人凌驾于审判组织之上的法外特权。"① 如今，庭院审批的定案方式依然大行其道，未见任何改变。并且，据笔者的审判经历和走访调查了解到，基层人民法院和中级人民法院在庭院审批上的环节和重点有所不同。基层法院刑庭的庭长、副庭长一般不审批承办法官所办的案件，刑庭法官承办的案件形成合议意见后一般直接由承办法官会同刑庭庭长直接向分管刑事审判业务的副院长汇报案件，由副院长决定。因此，基层法院刑事案件实质的定案权不在刑庭而在分管刑事审判业务的副院长。而中级人民法院刑事案件的定案权则更多在刑庭庭长，其运作大致如下：案件承办法官经过庭后阅卷审理撰写案件审结报告并提出定案处理意见，随即召集合议庭其他成员合议，一般来说，合议庭会形成以承办人的意见为主的定案意见。② 定案意见经合议庭中的副庭长或审判长签字同意后，由承办法官将案件审结报告连同所有案件

---

① 江必新：《论合议庭职能的强化》，载《法律适用》2000年第1期。
② 但不排除这种情况，即刑庭的审判长（很多中级法院的审判长是固定的，相当于副庭长）或副庭长是合议庭成员时，承办法官在合议时还会更多地考虑审判长或副庭长提出的意见（以量刑意见为多），并对定案意见作出修改。反之，如果案件承办法官就是审判长或副庭长本人，合议庭的其他法官一般都会同意承办法官的定案意见，不会再提出其他意见。

卷宗材料报送刑庭庭长审批。① 除非案件重大复杂或社会影响较大,庭长审批过的案件一般即可签发判决书,不再报送分管刑事审判的副院长。行政审批定案方式的存在,甚至使得业经合议庭开庭审理并提出裁判意见的案件有面临着被改变甚至被推翻的可能。

汇报请示定案,是指下级法院在审理过程中,就案件的实体处理以口头或者书面形式向上级法院请示,由上级法院答复的定案方式。和庭院审批一样,汇报请示的产生也没有明文规定,但也早已固化为全国法院办案的一种方式和惯例。② 有资料显示,新中国成立之初,人民法院系统内部即产生了案件报告请示的做法,按照最高人民法院当时的解读,这种做法对于"密切上下级关系,交流经验、正确处理重大或疑难问题、避免错误缺点,以及提高干部和改进工作,都有很大的好处"③。在当时,请示汇报多是向地方各级法院就个案的处理向最高人民法院法院的请示,为了规范这种做法,最高人民法院自20世纪50年代起先后发布了十余个内部规范性文件④,确定了地方法院向最高人民法院报请案件的若干条规则。⑤ 而现在汇报请示的多是向上级法院,即二审法院的请示。当然,向上级法院就定案的汇报请示并非经常性的现象,按照某法官对笔者的说法,汇报请示案件有务实和务虚两种功能。务实是指某个个案确实存在拿不准、吃不透的地方,如某些情节能否认定、某条法律的适用是否准确等问题,通过向上级法院汇报和请示,获得定案的建议或信心。务虚是通过一来二往的汇报和请示,和二审法院形成良好融洽的上下级审判关系,有利于工作开展。

---

① 据笔者了解,大多数中级人民法院刑庭庭长是不承办具体案件的,庭长主持全庭工作的最主要职责就是审批、签发刑庭所有法官承办的案件。
② 参见苏力:《送法下乡:中国基层司法制度研究》,中国政法大学出版社2000年版,第74页。
③ 参见何帆:《改革案件请示做法的路径》,载《法制资讯》2009年第5期。
④ 如《最高人民法院关于改进案件请示工作的函》(1958年9月19日)、《最高人民法院关于改进解答问题工作的通知》(1964年9月11日)、《最高人民法院办公室关于请示问题的通知》(1973年11月7日)、《最高人民法院关于报送民事请示案件有关问题的通知》(1985年3月28日)、《最高人民法院关于报送请示案件应注意的问题的通知》(1986年3月24日)、《最高人民法院经济审判庭关于请示问题应当注意的事项》(1990年10月)、《最高人民法院关于行政案件如何向上请示及加强调研工作的通知》(1990年11月17日)、《最高人民法院关于报送刑事请示案件的范围和应注意事项的通知》(1995年11月30日)、《最高人民法院关于审判工作请示问题的通知》(1999年)等。
⑤ 具体包括:(1)只能就法律适用问题请示,不能就事实问题请示;(2)报请的案件证据问题由请示的法院负责,案件事实必须清楚;(3)报请案件必须经过审委会讨论并形成倾向性意见;(4)请示报告中要反映出各方面的意见;(5)必须逐级报请,不得越级请示;(6)请示的案件必须是适用法律存在疑难问题的重大案件;(7)答复请示必须采用书面形式。

（二）定罪倾向裁判

立法规定实行"证据裁判",即要求法官根据刑事案件的证据作出相应的裁判。但这一立法要求在我国刑事审判运作中未被很好地贯彻和体现,相反,刑事审判呈现出"有罪化"裁判的倾向。

"无罪判决"是刑事审判的一项重要指标,不但与社会公平正义、人权保障和程序公正紧密联系,同时也是观察法院"证据裁判"实效的一个窗口。[①]当然,在刑事审判中无罪判决并非越多越好,但是长期过低的无罪判决率多少可以反映出刑事司法的有罪化裁判倾向。根据统计数据显示,二十余年来,我国刑事审判无罪判决率呈现出极其低迷的走势。1988年时,我国刑事无罪判决率是0.75%,到1996年《刑事诉讼法》第一次修改时,无罪判决率有所下降,1997年的无罪判决率0.43%。自1997年起,无罪判决率开始提升,到2002年时达到1.8%的历史高位。随后,无罪判决率开始持续大幅下降,到2005年时骤降至0.26%,2008年时是0.14%,2010年是0.10%。[②]这一数据大大低于国外主要法治国家的无罪判决率。根据Mike P. H. Chu提供的数据,意大利的无罪判决率为22.3%(1994),美国为11.8%(1998),英国为9.7%(1994),加拿大为5.5%(1994),德国为3.1%(1994),连素以"精密司法"著称的日本也以0.2%(1992)的无罪判决率高于我国。[③] 并且,在上述全国法院所作出无罪判决率数据中绝大多数是自诉案件,公诉案件的无罪判决率更低,约占无罪判决总数的四分之一。根据各年度《中国法律年鉴》的数据显示,2006年至2010年全国公诉案件的平均无罪率仅为0.032%,即每一万名被提起公诉的被告人中仅有三人可能被判无罪,而2010年度公诉案件的无罪率竟然只有0.017%。当然,无罪判决率极低存在很多可能,如专门机关证据意识和办案能力加强,指控质量和效果提升的结果。另外有一个可资解释的原因是,一些本应判决无罪的案件被检察院

[①] 参见2006年11月7日肖扬在第五次全国刑事审判工作会议上的讲话:《全面加强刑事审判工作为经济社会和谐发展提供有力司法保障》。

[②] 以上数据采自历年《中国法律年鉴》和《最高人民法院工作报告》。

[③] 参见Mike P. H. Chu, Criminal Procedure Reform in the People's Republic of China: The Dilemma of Crime Control an Regime Legitimacy, 18 *UCLA Psc. Rasin L. J.* 157, 2000:164,转引自李昌盛:《缺乏对抗的"被告人说话式"审判:对我国控辩式刑事审判的实证考察》,载《现代法学》2008年第6期。

以"撤回公诉"的方式消化了。① 但是毋庸讳言,刑事审判未能完全贯彻"证据裁判"的制度规则要求,而对刑事案件作"有罪化"处理无疑是一个重要原因。

"有罪化"裁决的典型表现就是"疑罪从轻"。根据证据裁判的立法要求,在证据上有疑问,未能达到法定证据要求和标准的案件应当作出无罪判决。然而,法院面对疑罪时,大多数情况下都会作出"从轻"的有罪化裁判,即认定有罪,但在量刑上轻判,而很少直接作出无罪判决。即便在二审,这一在制度设计上定位于对一审纠错的程序中,面对一审中的证据疑问,也极少直接改判无罪,而是更多地采取发回重审的变相有罪化处理方式。对于有罪化裁决的经验结论,我们可以轻易地从见诸报章的大量生动案例中得到证明:"孙万刚杀人案""赵作海案""佘祥林杀妻案""杜培武杀妻案""胥敬祥抢劫案""陈建新等人抢劫案""杨志杰案""张高平、张辉叔侄奸杀案""邓海生虐杀儿童案"等。这些案件的共同之处是,法院在审理中已经发现控方指控证据的问题,却并未遵循证据裁判的要求作出适当的裁判,而是都选择了有罪化的裁判。② 根据笔者对法官的访谈,发现有罪化裁决还表现在法官的自我定位和对控方证据的青睐。不少法官持有这样的观念,认为刑事法官不仅是刑事案件的裁决者,还是社会治安的维护者,法官对打击犯罪负有部分责任,有义务帮助控诉方完成对犯罪的指控。法官们当然不希望"错判一个",但更不愿意"放纵一个"。另外,长期的刑事司法经验告诉法官们,除非有压倒性的不利被告的证据,否则检察官不会起诉。因此,法官们对检察官指控犯罪的普遍信赖,他们更愿意相信所有的刑事被告人都是有罪的,控方证据更容易获得法官的认定和接受。

---

① 撤回公诉是检察机关避免法院无罪判决的一种"和谐"方式。据法律年鉴的数据显示,2009 至 2010 年我国公诉机关撤回公诉的比例约 0.17%,虽然不算高,却是公诉案件无罪判决率的 10 倍。

② 参见姜英爽:《孙万刚:正在狱中绣花,接到无罪判决》,载《南方都市报》2004 年 6 月 25 日;朝格图:《赵作海:命就像是一根草》,载《南方周末》2010 年 5 月 13 日;《浙江 5 人疑坐冤狱 17 年调查:不排除刑讯逼供》,载《法制日报》2013 年 5 月 8 日;冯雷锋:《缺直接证据,法院一审判死缓》,载《南方都市报》2011 年 9 月 3 日;于扬:《河南男子含冤入狱 13 年,获国家赔偿 52 万余元》,载《大河报》2009 年 12 月 18 日。

第三章 我国刑事审判制度实效短缺的现象分析

第一节 刑事审判制度实效短缺的特征及效应

一、刑事审判制度实效短缺的特征

(一)违反刚性义务

刑事审判制度是"一套'操作规则',它为'司法工匠'们设定技术规范,指示他们如何对刑事案件这一特殊工作进行加工制作"①。埃利希也指出:"审判制度如同所有的社会规范一样,也是一种行为规范,只是审判制度针对的对象是裁判者,即是对人的行为作出裁判的裁判者的规则。审判制度包含了裁判所基于的一般命题,也由此建立了这样的要求,该命题不仅对于具体案件有效,而且对于每一种类似或相同的案件都是有效的,它使得以有限的方法来预先裁判成为可能。"②因此,刑事审判制度是国家精心设计,指引和约束司法官员裁判刑事案件的具有"刚性"的制度规范。申言之,作为一种重要的司法制度,刑事审判制度不仅仅是实现国家刑罚权的工具,实际上在其繁密的技术性、规则性的制度条文背

---

① 左卫民:《刑事程序问题研究》,中国政法大学出版社1999年版,第7页。
② 〔奥〕尤根·埃利希:《法律社会学基本原理》,叶名怡、袁震译,中国社会科学出版社2009年版,第89页。

后,蕴含了对国家经由刑事审判这种方式而追究犯罪和恢复秩序的过程中同时追求公平正义和权利保障的价值安排。刑事审判制度是要以其法律的刚性力量来实现对国家司法权追诉犯罪的刚性规制,而这正是现代刑事审判制度的精髓所在。因此,在刑事审判制度中,对主要适用对象——法院在审判行为的规范上大多采取以"应为"的义务模式为主的规定[①],如《刑事诉讼法》第 178 条规定:"基层人民法院、中级人民法院审理第一审案件,应当由审判员三人或者审判员和人民陪审员共三人组成合议庭进行。"在法院审判规则上,刑事审判制度大多采取以"命令"和"强制"的义务性规则为主的内容,如法释[2012]21 号第 179 条规定:"开庭审理和评议案件,必须由同一合议庭进行。合议庭成员在评议案件的时候,应当表明自己的意见,如果意见分歧,应当按多数人的意见作出决定,但是少数人的意见应当写入笔录。"正如德国刑诉法学家罗科信所言,刑事诉讼法中的程序和制度是被告人的权利大宪章,也是司法官员的义务法。[②] 公权主体的行为造成刑事审判制度实效短缺,意味着法院、检察院的诉讼行为违反了刑事审判制度的规定,其行为具有违法性。一般而言,在刑事诉讼活动中,以公安机关的程序违法行为最遭人诟病,如刑讯逼供等非法收集证据的行为直接侵犯了被追诉人的合法权益,具有明显的违法性。但在刑事审判中,司法权主体"润物无声"的背离制度刚性的行为,其违法性在某种程度上危害更大。

(二)违法主体特定

刑事审判是刑事诉讼活动中解决被告人刑事责任的核心阶段,刑事审判在法院进行,并由法院最终作出裁判,但这并不意味着刑事审判是法院单方面实施职权的活动,相反,在刑事审判中,所有的刑事诉讼主体和诉讼参与人都悉数进入其中,形成多方参与的格局。控、辩、审三方在法官主持之下共同参与并确定被告人的刑事责任,这是刑事审判的一个基本特征。[③] 因此,作为在刑事审判活动中适用的规范,刑事审判制度约束的是刑事审判中所有参与主体的诉讼行为,包括国家权力机关、当事人及其他诉讼参与人。当然,作为刑事诉讼制度的一部分,刑事审判制度和刑事诉讼法一样,主要

---

① 行为模式是指法律规则中规定适用对象如何具体行为的部分,是法律规则的核心部分。在法理上,法律行为模式规定分为三类:可为模式、应为模式和勿为模式。前者是权利模式,后两者都属于义务模式。

② 参见〔德〕克劳斯·罗科信:《德国刑事诉讼法》,吴丽琪译,台北三民书局 1998 年版,第 131 页。

③ 参见陈瑞华:《刑事审判原理论》,北京大学出版社 2003 年版,第 10 页。

的规范主体对象是公权机关,即法院、检察院(某些情况下也包括公安机关)。但从刑事审判制度运行的情况来看,造成实效短缺的主体并非是所有诉讼主体和参与人,而是公权机关。刑事诉讼中代表国家司法权的法院和检察院,未能很好地按照立法规定及其目的去适用刑事审判制度。尤其是法院,通过前述的调查和分析,可以发现,导致刑事审判制度实效短缺的最主要主体正是作为刑事审判立法的解释者,刑事审判制度的主要适用者和刑事审判程序的主导者的法院。审判组织、审理方式、庭审调查和定案裁判,刑事审判制度中最主要和重要的组成方面,在相当的程度上都未获得法院的良好遵守。本应最坚定捍卫制度和规则并正确地执行和实施,法院在宣称自己生产公正、维护社会秩序的同时,却几乎全面地背离了自身应当严格遵守的最大的法律,这不能不说是一种令人错愕和遗憾的景象。这种错愕和遗憾来源于我们对法院和法官的理解和期待。早在中世纪,诉讼程序就被认为是"为了告诉法官的良心"而设计[1],法院的存在根据就是适用法律,法官被认为是最具有规则意识的群体,正因为如此,西方人才认为法官违反程序滥用职权的可能性极小。[2]

(三)违法行为隐秘

法律实效反映法律运行的实际状态,一般而言,如果某部法律或某项法律制度缺乏实效,即使在深层次上,法律的实施未达到其预期的目的不进行专门评估或将难以评价,那么在浅层次上,法律的适用对象违背法律规定的现象相对而言比较容易观察。比如观察到犯罪行为损害了刑法的实效,违约行为降低了合同法的实效。可观察和可评估是法律实效的特点。刑事审判制度则不然,其实效短缺的现象具有极强的隐秘性,不通过深入的考察和研究很难发现。在表面上,刑事审判制度的内容似乎都得到了遵守和实施,但实质上,法院却不动声色地以"移花接木"的方式背离了立法规定。如在审判组织方面,出现在法庭上的是符合立法规定的合议庭,但实际上,由于案件承办制存在,除了承办法官外,合议庭的另外两名成员已形同虚设。另外,在庭审结束时,审判长宣布的是"待合议庭合议后另行宣判",但其实案件并不由合议庭决定而是提交审判委员会讨论决定。如在审理方式上,经过法庭调查、控辩辩论,正式的法庭审理结束后,审判长宣布退庭,没有人会

---

[1] 参见〔美〕哈罗德·J.伯尔曼:《法律与革命——西方法律传统的形成》,贺卫方、高鸿钧、张志铭、夏勇译,中国大百科全书出版社1991年版,第304页。

[2] 参见宋冰编:《程序、正义与现代化》,中国政法大学出版社1998年版,第12页以下。

想到,法官根本不依靠庭审定案,而是抱着公诉人的案卷卷宗回到办公室里开始阅卷审理这一事实上的刑事审判方式。又如在定案裁判上,等待判决结果的当事人不会想到合议庭评议的定案意见,还要经过庭长、院长的审批,甚至还要请示上级法院,每一次审批和请示都有可能改变合议庭的定案意见。在判决最终出来之前,合议庭的定案意见处于随时可更改的状态,死刑立即执行或者缓期执行,有期徒刑 5 年还是 7 年也许就在庭长或院长的一念之间被改变了。或许法院意识到自身是法律制度的维护者,是公平正义的生产者,因而非常注重对可见的程序形式的遵守和规范,如在法庭上对当事人的权利告知,如对检察院补充侦查后提交的证据进行补充开庭调查,尤其是对判决书结构格式和措辞用语统一性的规范要求更是达到了相当的高度,这当然是令人欣慰和赞许的现象,但于法庭之外,刑事案件在法院系统内部运行的隐秘过程中,刑事审判制度的实效悄无声息地降低了。

(四)破坏制度规律

刑事审判制度是法院审理刑事案件,解决被告人刑事责任所依据和遵循的一系列规程和准则。经过漫长的进化和发展,现代刑事审判制度中的内容绝非一般性的办事规程。"法庭审判作为在特定时空按照特定程序进行的诉讼活动,有保障真实和保护人权的一系列制度保障,依靠庭审机制确定案件的事实并决定案件的实体处理,是现代刑事诉讼合理性的一般要求。"[1]如英国学者达夫教授所言,刑事审判是一项理性的事业,其不仅需要像道德批判一样建立理性的论证和辩论过程,还须尽力说服那些其行为受审查的人接受裁判结论的正确性和公正性。[2] 这就涉及刑事审判制度的结构原理和操作原理问题,现代以理性为基础的刑事审判,发展出了一整套"标准性构成要素",如审理的方式和结构,调查的步骤和流程,裁决的方式和规则等。这些标准性要素蕴含了人类对刑事审判基本原理和规律的认识,属于公理化原则,具有普遍适用的意义。刑事审判要有效而正当地发挥其应有的功能,有赖于遵照一系列刑事审判制度运行。法院违反立法规定的行为是刑事审判制度实效短缺的主要原因,但这种反制度的行为不仅具有违法性,更是对刑事审判制度的内在原理和秩序造成严重的破坏。如案件承办制,陪审员怠于行使权利轻易地使合议原则和陪审原则形同具文;公诉人宣读式举证使得辩论质证原则完全落空;法官庭后阅卷审理使得审判

---

[1] 龙宗智:《刑事庭审制度研究》,中国政法大学出版社 2001 年版,第 28 页。
[2] See R. A. Duff, *Trial and Punishment*, Cambridge University Press, 1986, pp.110—114.

公开原则、直接言词原则和集中审理原则通通流于形式;庭院审批定案,过多的案件流入审委会讨论决定伤及审判独立,并使得审理和裁判相分离;下级法院向上级法院请示汇报个案使得二审终审制形同虚设;疑罪从轻的处理方式使得证据裁判和有利被告原则归于消亡。凡此种种不一而足,法院反制度的行为严重冲击并消解了刑事审判制度所规定的一系列基本原则、基本制度。表面上的审判行为似乎符合立法规定的步骤、手续和流程形式,而实际上的内部运作却轻易而彻底地背离了刑事审判的制度理性,解构了刑事审判制度的内在规律和原理。

二、刑事审判制度实效短缺的效应

法律实施追求其实效最大化,实效短缺势必影响法律功能的发挥。不同法律的实效短缺所产生的的影响也有所不同。如实体法和程序法在实效短缺的影响表现上即存在区别,后者实效短缺的消极影响将大于并波及前者。按照"新分析法学"代表人物哈特对法律规则划分为"首位规则和次位规则"的理解,程序法规范属于次位规则,即为承认和执行首位规则而确立的方法手段。[①] 程序法规则的失范不仅降低自身的实效性,还将对实体法的实现带来消极影响。作为调整刑事案件审理活动的法定制度,刑事审判制度是典型的程序法规范,其内容、性质和功能决定了当其实效短缺时所带来的消极影响是多方面的。不过,黑格尔曾言,凡是现实的东西都是合乎理性的(存在即合理),任何事物都利弊交织,有其两面性。[②] 刑事审判制度实效短缺是一种人为导致的现象,其中必然包含着"理性经济人"的选择。因此,刑事审判制度实效短缺具有正负两方面效应。[③]

(一) 实效短缺的负效应

1. 损害制度正当性。公正是法律制度的最高价值追求,对刑事审判而言,公正更是其生命所在。刑事审判的公正除了表现为实体结果的公正外,更体现在制度安排的正当性上。现代刑事司法理论认为,刑事审判制度安

---

① H. L. A. Hart, *The Concept of Law*, Oxford University Press, 1961, pp. 89—96.
② 参见〔德〕黑格尔:《小逻辑》,贺麟译,商务印书馆1981年版,第43页。
③ 美国社会学家罗伯特·默顿(Robert Merton)认为任何一个社会文化的要素相对于社会文化体系而言都可能有正效应(Function)、负效应(Dysfunction)和非效应(Non-function)。正效应即有助于一体系之顺应或适应的功能;反效应即削弱一体系之顺应或适应的功能;非效应则是于一体系无关的功能。参见黄瑞琪编译:《现代社会学结构功能论导读》,台湾巨流出版公司1984年版,第67页。

排应当满足基本而普适的正当性要求。这种正当性要求的内容是,在刑事审判结构上,采取控诉方和辩护方位于诉讼两造,法官则不偏不倚地居中裁判,即确立"法官中立""控辩平等";在刑事审判方式上,采取公开审判程序,控辩双方共同参与,法官亲临法庭,控辩双方面对法官直接以言词的方式陈述案情、展示证据,证明观点,即确立"审判公开""直接言词""辩论质证"和"集中审理";在裁判方式上采取法官通过庭审中控辩双方提交的证据以及相互质证辩论形成的心证作出裁判,即确立"证据裁判"。刑事审判制度失去这些正当性要求就如同人失去了魂魄和信仰,将异化为简单粗暴的对被告人治罪的步骤和流程。因此,遵守法定的刑事审判制度,并维护其制度正当性是司法机关的天然职责和坚定目标,此亦被联合国文件所确认:"刑事审判司法机关应不偏不倚,以事实为根据并依照法律规定来裁决其所受理的案件……司法机关独立的原则授权并要求司法机关确保司法程序公平以及各当事方的权利得到尊重。"①我国刑事审判制度立法已初步体现了上述现代刑事审判制度的正当化要求,然而,我国司法机构却未能遵循立法规定,反而于立法规定之外采取了背离刑事审判制度正当性要求的一系列诉讼行为。

2. 贬损司法公信力。司法公信力是指社会公众从意识、观念上对司法的认同和信服程度,司法机构具有公信力意味着当事人内心和社会公众舆论相信司法过程和定案结论的公正性,并接受裁判。司法公信力是司法机构赖以生存的基础,也是获得司法权威的前提。司法公信力的树立有多方因素,如司法是法定的解决社会争议的终极机构,司法判决依靠国家强制力执行等。但除了源于立法保障外,司法公信力的树立还有一个重要的来源,即对司法制度的遵守和维护。在最终的裁判结论作出之前,当事人和社会公众据以感受和认识司法公信力的唯一渠道便是司法审判的过程以及司法机构的行为。"程序公正给当事人一种公平待遇之感。它能够促进解决,并增进双方之间的信任,没有信任,这种制度将无以复存。"②如果司法机构恰当遵守刑事审判规则并维护其制度正当性,当事人在司法过程中将得到体面而公正的对待,当事人将建立对司法机构的信赖并有助于其接受哪怕最终对其不利的裁判结果。对此,美国政治哲学家罗尔斯早已论述,只要这种正当的程序得到人们恰当的遵守和实际的执行,由它产生的结果就会被认

---

① 联合国第 40/146 号决议:《关于司法机关独立的基本原则》,第 2、6 条。
② 陈光中、肖沛权:《关于司法权威问题之探讨》,载《政法论坛》2011 年第 1 期。

为是正确和正当的。① 相反,如果司法机构破坏规则,违反制度,将对当事人和社会公众带来极大的心理冲击,导致当事人和社会公众对司法审判产生不信任感并拒绝接受裁判结果。

3. 损害实体公正。公正确定被告人刑事责任的前提是准确认识刑事案件的事实真相。因此,探求事实真相是刑事审判活动的基本任务,只有在事实真相被揭示的情况下,法官对刑事实体的适用才有了具体的事实情景。在此意义上,刑事审判制度是"引导刑事实体法从抽象走向具体,从理想规范走向现实适用的桥梁和中介"②,是实现实体公正的工具和保障。现代刑事审判制度中很多原则的确立、规则的设计,其基本功能便是力求探知案件的事实真相,典型的如法庭调查规则,通过控辩双方的举证向法官提示案情,通过双方的质证使法官辨识真伪,通过相互辩论逐步揭示事实真相。又如合议制、陪审制和评议表决规则,通过集合大多数人的经验和智慧,对案件事实形成高度一致的认识从而达到准确定案的目的。因此,刑事审判制度中包含了探知案件事实真相的机制,是人类在刑事司法领域对如何认识事物所能做到的精心设计。虽然这种制度设计几乎完全不能保证法官能够完全认识到案件的客观事实,也不能保证法官能认识到所有案件的事实真相,但它是迄今为止人类结合自身认识能力的理性设计,在绝大多数情况下,这种制度设计可以保证法官十分接近事实真相并作出公正的裁判。司法机关如果违背刑事审判制度,尤其是背离其中关于认识事实真相的机制规则时,将面临极大的实体公正的风险。对此,最高人民法院大法官撰专文论述:"从现在已发现的冤假错案看,多少都存在突破制度规定,或者公然违背法定程序的地方。"③

4. 阻碍制度变革。早在 20 世纪 80 年代,我国就开始了以强化庭审功能、扩大审判公开、加强律师辩护、建设职业化法官队伍为重点内容的审判方式改革和司法职业化改革。2004 年以来,我国又启动了统一规划部署和组织实施的大规模司法改革,从司法规律和特点出发,完善司法机关的机构设置、职权划分和管理制度,健全司法体制。从 2008 年开始,我国又启动了新一轮司法改革,司法改革进入重点深化、系统推进的新阶段。④ 然而,我们

---

① 〔美〕约翰·罗尔斯:《正义论》,何怀宏等译,中国社会科学出版社 1998 年版,第 82 页。
② 陈瑞华:《刑事审判原理论》,北京大学出版社 2003 年 2 版,第 16 页。
③ 沈德咏:《我们应当如何防范冤假错案》,载《人民法院报》2013 年 5 月 6 日。
④ 参见中华人民共和国国务院新闻办公室:《中国的司法改革白皮书》,2012 年 10 月发布。

看到,在刑事审判制度不断完善的过程中遭遇了实效短缺,其根本表现是刑事审判实践仍然因袭传统思维,沿袭传统方式。有学者曾深刻指出,实体真实探知主义、非诉讼化裁判方式和行政化审批制度一直以来是我国刑事审判制度运行的三个传统。① 这种传统司法思维和方式使实践与立法背离,降低制度实效,并成为刑事司法制度发展的最大阻碍。传统刑事审判的很多内容甚至"是建国初期乃至解放前革命根据地的法院的做法的延续"②,这些观念和方式具有强大的运行惯性和组织规训力,使进入司法系统的法官们潜移默化地形成"政治"人格,消解并拒斥以"技术理性"为制度特征和以"司法"人格为职业特征的现代刑事司法。

(二) 实效短缺的正效应

1. 制度创新的可能。法律世界里不存在能够完美实施的制度。这一方面因为制度立法的固有缺陷,"任何一个时代,一个国家不可能有资格做到使法典都具有优良的品质,它总会有一些缺陷"③。另一方面,即使立法者在设计制度规范时精心打磨的良好品质,也不能保证其得到良好实施。"但社会不是以法律为基础的。那是法学家们的幻想。相反地,法律应该以社会为基础。"④制度的疏漏和操作性危机给司法带来了困难,也给司法寻求制度外解决方式提供了机会。实效短缺并不意味着审判活动因此无法进行,而是法院和法官们未遵守或者未完全遵守立法规定,而在立法制度之外自行"创造"出另外一套方式和规则行事。严格意义上,在法定正式制度之外"另起炉灶"的做法当然突破了立法刚性约束力,是一种应当批判的违法现象,但同时也应当承认,司法实践中的一些制度外的做法有时也对正式立法制度起到了拾漏补遗的作用,是正式制度创新的一种可能的动力。"历史的经验已经反复地证明,理论上很完美的制度并不一定可以付诸实施,而行使有效的制度却未必是事先设计好的。"⑤如1999年北京市海淀区人民法院试行的刑事案件普通程序简化审理方式;2001年山东省济宁市中院及全区12个基层法院对可能被判处3年以下有期徒刑的刑事案件适用简易程序以提升审判效率;2001年安徽省高级人民法院试行《关于刑事案件庭前证据

---

① 参见陈瑞华:《中国刑事司法制度的三个传统》,载《东方法学》2008年第1期。
② 左卫民:《刑事程序问题研究》,中国政法大学出版社1999年版,第200页。
③ 〔德〕萨维尼:《论立法与法学的当代使命》,许章润译,中国法制出版社2001年版,第119页。
④ 《马克思恩格斯全集》(第6卷),人民出版社1961年版,第291—292页。
⑤ 陈卫东:《法制与选择》,载《中外法学》1993年第4期。

展示制度和普通程序简易化的若干意见》,对《刑事诉讼法》中适用普通程序的案件简化了庭审中的部分程序和某些环节。① 2001 年山东寿光市人民法院创设了刑事庭前会议制度,即法院在开庭审理前根据个案情况召开一个由公诉人、辩护律师及其他诉讼参与人参加的庭前会议;2008 年江苏无锡市惠山区人民法院与该区公安、检察机关联合会签"关于认罪轻案办理程序实验方案",试行被告人认罪轻案的刑事审判程序。这些刑事司法实践中的做法的合理性和效果值得商榷和检验,但其中至少包含了司法系统对制度创新和完善的一种朴素初衷和探索追求。

2. 提升司法效率的可能。司法机关所获得的司法资源总是有限的,当完成法定职责和任务的资源不足,甚至面临较大的资源缺口时,基于提升效率的考虑,司法机关通常会对司法资源进行内部的再分配。波斯纳法官早已注意到了这一点,如他所述:鉴于公共机构在法律实施中网网站有垄断地位,法律实施机构决定将其资源集中于何处的程序就显得非常重要了……司法机构也会像一个理性最大化者一样行事,会对其资源不同用途的预期成本与预期收益作出比较。② 在繁重的司法任务和紧张的司法资源的双重压力下,如果法定正式制度未能给司法机关提供一种更加富有效率的方式,司法机关则很有可能被制度"倒逼"而采取背离制度的方式,此时最可能出现两种情况:一是对法定制度规则的敷衍或折扣执行,二是在法定正式制度之外创造出低成本运行的非正式制度。尽管这无疑是损害法制的行为,所带来的危害显而易见,但无论如何,司法机关以他们的方式提升了司法效率,消化掉了所有的案件,使繁重的司法任务和紧张的司法资源之间的缝隙得到了形式上的弥合。

第二节 刑事审判制度实效短缺的类型化分析

一、刑事审判制度实效短缺的表现类型

按照制度规范被遵守、适用的程度和情形标准,可将刑事审判制度实效

---

① 耿玉基:《我国刑事审判程序简易化的规制及其实证研究》,载安徽省高级人民法院编:《程序公正与诉讼制度改革》(2003 年)。
② 参见〔美〕波斯纳:《法律的经济分析》,蒋兆康译,中国大百科全书出版社 1997 年版,第 316 页。

作类型化划分。

（一）规则过度适用

过度适用型是指刑事审判制度中的某些规范内容在司法实践中的适用实际超过了立法规定的强度或限度，从而影响了制度实效。较之法律概念和法律原则，法律规则是法律规范三要素中具有确定性、逻辑性和适用性的要素，在法律规则内部，通常也具备其具体适用的一系列要素。作为恰当地为实现控辩双方实体权利和行使国家刑事司法职权提供必要的方式、程序和秩序的法律规范，刑事审判制度中的很多规则明确了其适用的对象、范围、方式和条件，司法机关只有遵循规则要素适用规则，相关的制度才能获得最佳实效。而在刑事审判制度运行中，一些制度内容被人为地超出立法规定的要素强度或限度适用，此时，规则条文虽然被适用，但却未能被恰当地遵守，呈现出扩大或拉伸的"过度适用"的状态，制度实效因而受到负面影响。典型的例子如刑事审判组织中的审判委员会制。根据《刑事诉讼法》第180条和《人民法院组织法》第10条的规定，审委会被赋予作为审判组织发挥职责的权力，并将其适用对象和范围规定为"讨论决定重大、疑难案件"。最高人民法院在其制定的司法解释中对立法规定的"重大、疑难案件"作出了具体解释，规定了包括拟判处死刑在内的五种情形可以提交审委会讨论决定。按照《刑事诉讼法》和司法解释的规则要素，法院审判委员会讨论、决定个案不能超出五种案件的范围，即便司法解释规定的五种情形中的最后一种属于兜底的"弹性条款"，即"其他需要由审判委员会讨论决定的"，司法机关也应当严格而恰当地遵循立法中对审委会讨论决定具有"重大、疑难"性质的个案的规定。然而，在司法实践中，最终进入审委会讨论决定的个案却远超过了立法规定的五种情形，甚至包括信访案件、维稳案件、涉黑案件、职务犯罪案件、关系案件、适用缓刑案件、拟判处无罪案件等多达十几种情形的案件类型，这些案件都已常规化和制度化地进入审委会讨论、决定的范围。立法规定的审委会讨论决定个案的适用情形在实践中被极大地扩张和拉伸，制度规则被过度适用。

（二）规则折扣适用

折扣适用型与过度适用型相反，是指刑事审判制度中的某些规范内容在司法实践中未得到全部的适用，而只得到部分的适用，立法设定的刑事司法权利、义务部分转化为现实法律关系，导致制度实效受损。折扣适用型出现的主要原因是，刑事审判制度对司法机关设定了当为某种诉讼行为的职责或义务,而司法机关怠于履行或者部分履行职责或者选择其中对自己有利的部分履行,致使制度规则被遵守和适用的程度很低,制度实效因此被削弱。折扣适用型在刑事审判制度实效中有多种表现。例如在二审审判方式方面,根据《刑事诉讼法》的规定,刑事二审应采取以开庭审理为主,以不开庭审理为辅的审理方式,为此,刑事诉讼法还明确列举了包括被告人被判处死刑的上诉案件在内的若干种应当开庭审理的情形,同时规定了对决定不开庭审理的案件,应当采取"调查讯问"的审理方式。然而司法实践中法院选择采取开庭审理的二审案件却为数不多,除了死刑案件和检察院抗诉的案件外的大多数案件,法院都选择对自己有利的不开庭审理方式,且不开庭审理的案件中的少部分还未遵守调查讯问规则,致使立法对于二审审判方式的规定的适用被大打折扣。又如在定案裁判方面,《刑事诉讼法》第195条明确规定,对于一审裁判,当证据不足不能认定被告人有罪的,应当作出证据不足、指控的犯罪不能成立的无罪判决。然而法院在遇到证据不足不能认定被告人有罪的"疑罪"案件时,却很少按照法律规定作出无罪判决,而是采取"打折扣"的方式,作出留有余地的疑罪从轻的处理。在二审中也是如此,《刑事诉讼法》第225条第3款规定,二审中遇到原判事实不清楚或者证据不足的,可以查清后改判,也可以撤销原判,发回重审。而二审法院实际的做法大多是发回重审,很少选择查清改判。

(三) 规则象征适用

象征适用型是指刑事审判制度中的某些规范内容看似得到遵守和适用,但遵守和适用实际上是表面化和形式化的,刑事审判制度规范中的权利义务未能实质转化为现实的法律关系,制度实效落空。象征适用型产生的主要原因是司法机关对刑事审判制度规范的"阳奉阴违",即对某些制度规范明面上遵循,却暗地里违反,制度规范的适用实际上是在"走过场"。象征适用型是一种危害很大的实效类型,一方面,刑事审判制度设定的权利义务关系在司法机关对制度规范的象征性适用中被消解于无形,另一方面,司法机关对制度规范的象征适用往往具有迷惑性和隐秘性,即司法机关外在行为看起来在遵循制度,却通过看不到的隐性行为背离制度。象征适用型实效的典型表现是司法机关在刑事司法的显性运作中对刑事审判制度中的步骤化、程式化的条文予以遵守,而后通过内部隐性运作对刑事审判制度中核心性和实质性规则予以违反。象征适用型在我国刑事审判制度运作中是多发常见的实效类型,如审判组织制度中的合议制和陪审制,根据《刑事诉讼法》第 178 条第 3 款以及第 179 条的规定,人民法院审判第一审案件,由审判员组成合议庭或者由审判员和人民陪审员组成合议庭,陪审员与法官有同等权利。合议庭成员在评议案件的时候对事实认定、法律适用独立行使表决权,表明自己的意见,并实行少数服从多数的原则,按多数人的意见作出决定。这些规定是关于刑事审判组织形式的标准化、程式化规范,从表面上看,司法机关在每一起刑事案件审判中都遵守了这些规定。然而,这些程式化规范所蕴涵的实质化要求,即刑事案件应当由组成的合议庭审理,合议庭所有组成成员都应实质性地参与审理并作出判断,却在看不到的刑事审判内部运作中被违反。法庭上的三个合议庭成员中的一名是案件的"承办者",该名法官才是对案件负责的实质审理者,而合议庭其他组成人员,其他两名法官对案件几乎没有实质性审理作用,陪审员则更是合议庭组成的摆设和陪衬。又如一审的审理方式,立法规定刑事一审审判方式采取"直接言词"式审判,合议庭应根据庭审对案件作出评议和裁判。对此,法院在表面上同样遵循了立法的相关规定,并将直接言词开庭审判的步骤和程序都予以完成,但实际上熟知刑事司法的人都明白,几乎所有刑事案件的开庭审判都是形式化庭审,开庭的意义只是为了完成并符合刑事审判制度的程序化要求,案件真正的审理并不在庭审而是靠法官在退庭后的阅卷审理。又如庭审中的举证和质证,最高人民法院司法解释规定所有证据均应当当庭展示并说明证据的名称、来源和拟证明的事实,所有证据均应经过控辩双方质证。然而,在实际的庭审调查中,举证和认证的立法规定同样也只是得到了形式上的遵守,控方并未将所有指控证据当庭展示,而只是采取书面宣读的方式予以列举,并且,指控证据也并未逐一举证和质证,而是采取"打包"的方式将同类证据分组概括式地宣读、举证并质证,完全背离了立法关于举证和质证内在的程序性要求。凡此种种,不一而足,正如何家弘教授所言:"刑事庭审中的举证是虚的,质证是虚的,认证也是虚的,裁判也是虚的,刑事庭审虚化已经到了相当严重的程度。"①

(四)规则不予适用

不予适用型是指刑事审判制度中的某些规范未被遵守和适用,或者被遵守和适用的比例极低,制度立法所设定的权利义务未转化为现实的法律关系,制度未产生实效。不予适用型是刑事审判实效最差的一种类型,意味

---

① 何家弘:《刑事庭审虚化的实证研究》,载《法学家》2011 年第 6 期。

着某些规范几乎停留在纸面上而无法在司法实践中运行,呈现出"法律失败"的状态。不予适用型实效的表现是司法机关对某些制度规范的漠视和排斥并对其不予适用。当然,绝对地不予适用的情形可能并不存在,但刑事审判实践中的确有些规范被遵守和适用的比例极低,以至于几乎无法产生实效。如在庭审举证方面,最高人民法院司法解释根据不同证据的种类性质相应规定了其举证的方式,其中言词类证据要求除无法到庭外,作出言词证据的人均应亲自出庭作证。但这些规定几乎未能在刑事司法实践中适用,除了被告人陈述外,其他的言词类证据的提供者,包括被害人、证人、鉴定人、警察,几乎从不出庭,他们的证言被公诉人以书面证言宣读的方式展示。言词证据举证规范适用比例极低,以至于一些地方法院在布置法庭陈设时不设置单独的证人席,如果偶尔有证人出庭作证则临时添加。

二、刑事审判制度实效短缺的行为类型

刑事审判制度实效短缺是如何产生的?换言之,上文分析的刑事审判制度规则被过度适用、折扣适用、象征适用和不予适用的四种情形在实践中具体如何实现。通过进一步的分析,本书认为,刑事审判制度实效短缺主要有以下四种表现方式。

(一)规则附加

规则附加是指司法机关在适用刑事审判制度的过程中,在立法规范的基础上,另行人为地额外添附一些规定。规则附加通常见于司法机关对立法规范中制度适用的对象、范围、条件等要素的部分或全部增添新的要素内容。这种增添改变了立法的制度设计,是对立法"画蛇添足"的行为。在规则附加后,刑事审判制度的相关规则往往会表现出过度适用的状态,在一定程度上影响实效。当然,司法机关不会随意地制度附加,一般而言,制度附加均是有利于司法机关审判职权的扩充。换言之,作附加之后的制度规则将更有利于司法机关的权力发挥或对司法过程的掌控。以审判委员会为例,前已述及,立法对审委会作为审判组织形式讨论决定个案只限定于"重大、疑难"案件,最高人民法院的司法解释对此作了列举式的具体解释,然而,在此基础上,最高人民法院又以内部发文的形式对应当提交审判委员会讨论决定的案件范围另行作了附加规定。[①] 根据该内部文件第 9 条、第 10

---

① 参见最高人民法院 2010 年印发的《关于改革和完善人民法院审判委员会制度的实施意见》。

条的规定,审委会应当讨论决定个案的情形至少被扩充了四种:(1)本院已经发生法律效力的判决、裁定确有错误需要再审的案件;(2)拟在法定刑以下判处刑罚或者免于刑事处罚的案件;(3)拟宣告被告人无罪的案件;(4)拟就法律适用问题向上级人民法院请示的案件。同时,第11条还扩充了四种可以提交审委会讨论决定的案件范围:(1)合议庭意见有重大分歧、难以作出决定的案件;(2)法律规定不明确,存在法律适用疑难问题的案件;(3)案件处理结果可能产生重大社会影响的案件;(4)对审判工作具有指导意义的新类型案件。第11条第2款甚至还改变了立法关于合议庭提请审委会讨论决定案件的规则:合议庭没有建议提请审判委员会讨论的案件,院长、主管副院长或者庭长认为有必要的,得提请审判委员会讨论。除此之外,一些地方基层法院内部更进一步在内部形成了提交审委会讨论决定个案的成文或不成文制度,如当前地方政府关注的案件、涉及信访或维稳的案件、有领导批示或打招呼的案件、职务犯罪案件等。这些对正式制度另行附加的规定大大扩张了审委会讨论决定个案的范围,致使正式制度被严重过度适用。

(二)规则替换

规则替换是指司法机关不按立法规范中的制度规则,而是另行形成成文或不成文的内部制度并按内部制度规则进行刑事审判相关活动。与规则附加不同,规则替换不是在正式制度规则基础上作添附和增加,而是另行制定出一套内部制度规则并运行,是对正式制度规则"偷梁换柱"的行为方式。之所以说规则替换是一种偷梁换柱的方式,是因为规则替换通常在正式制度的外衣下进行,换言之,规则替换并非说被替换的正式制度规则不再适用,而是对正式制度规则"阳奉阴违",即只遵从正式制度规则形式化的"皮囊",而将其内在实质性规则予以替换。因此,在规则替换后,相关规范的内容通常会呈现出象征适用的实效状态。这在刑事审判实践中有很多例子,典型的如合议制。合议制是集合众人经验和智慧裁断案件的制度,也是我国刑事审判的最主要的组织形式,然而现实中的合议制早已"名存实亡",原因就在于在合议制的表象下,法院实际运行的是一系列内部制度,如"案件承办制""主审法官制""审判长选任制"。[①] 明面上,合议制似乎得到了遵守和适用,但这些内部制度的出台和运行暗地里架空了合议制,看起来由三个

---

① 参见法释[2002]25号、法发[1999]28号及2000年7月11日最高人民法院审判委员会第1123次会议通过的《人民法院审判长选任办法(试行)》。

合议庭成员出庭"共同审理"并合议的案件实际上被内部制度改为"承包制",即由其中"一人办理"并负责,合议庭其他组成人员不再参与案件的实质审理,合议制的适用因此已完全被法院内部制度替换而仅具有程序化的象征意义。除了法院内部发布的成文制度之外,法院内部早已形成的一些不成文的惯例性制度也对正式制度形成了替换,如于20世纪70年代左右在法院内部形成了案件审批制、庭后书面审理制,对正式制度中的合议庭定案规则以及随后立法确立的直接言词的审理方式形成了巨大的冲击。法院不依靠正式的直接言词式庭审而是仍然沿袭庭后书面阅卷审理的方式,合议庭的评议意见也并非定案结论,而是要通过内部从庭至院的一系列行政审批定案。在内部惯例制度的影响下,正式制度规则难以被真正适用,始终处于被替代运行的悬浮状态。

(三)规则曲解

规则曲解是指司法机关在刑事司法过程中未遵循相关刑事审判制度规则的立法初衷,对其作出了不当的、歪曲原旨的适用,立法预设的权利义务未能如期实现,实效因此受损。法律是对相关社会生活有意识的规范和调整,精心设计的法律制度并非只是机械的条文,其中蕴含了立法者明确的意旨和目的,因此,法律不仅要被遵守,还需被以恰当的方式遵守才能获得实效。刑事审判制度亦是如此,虽然其中大多数条文是关于刑事审判活动如何进行的程式化规范,但这些规范却承载了刑事审判得以正当和秩序地进行的价值追求,如果它们未能被恰当地遵守,刑事审判制度将蜕变为没有价值灵魂的干瘪之物,制度实效也将无法获得。规则曲解即是未恰当遵守法律的表示方式,相关的刑事审判制度虽然得到了司法机关的适用,但这种适用并不符合或者不完全符合制度立法的初衷和目的,甚至与之相悖。制度曲解可能出于司法机关未能很好地理解立法的意图和目的,但这种情况不应出现,也似乎难以自圆其说,没有哪个机构或群体比专门化的司法机关和职业化的司法人员对刑事审判制度的理解更深刻和准确了,他们甚至被赋予了对法律作出适用性解释的权力。而且,司法机关内部有一套自下而上的请示和批复程序可以解决较少出现的难以清晰而准确适用规则的情况。因此,规则曲解更多的原因是司法机关对刑事审判相关制度规则人为异化和扭曲,是一种明知而为的"断章取义"。规则曲解既可以造成规则的象征适用,如庭审调查中的举证和质证,最高人民法院司法解释的规定是,控辩双方应当庭出示证据,并说明证据的名称、来源和拟证明的事实。举证方当庭出示证据后,由对方进行辨认并发表意见,控辩双方可以互相质问。立法确认了举证和质证的必要性,并规定了举证和质证的内容,但未明示举证和质证的具体行为方式。结合证据属性规律和调查需要,对证据逐件进行举证和质证而非盲目、随意地举证、质证,才符合立法的本意并达到证据调查的效果。有着丰富实务经验的司法机关显然深谙此理,遗憾的是,他们并没有遵循法律意图选择最适当的方式。在目前大多数的刑事庭审中,公诉人都不采取一证一举,而是采取一类证据或一组证据一举的方式,作为庭审主导者的法官也默许公诉人采取曲解立法本意的方式举证,相应地,质证也不会采取一证一质的方式,而是一类或一组证据一质。曲解立法本意的举证和质证行为瓦解了制度实效,造成庭审调查的虚化。此外,规则曲解还可能造成规则的折扣适用,如二审审理方式的规范适用上,根据《刑事诉讼法》第231条、第232条以及第233条第2款的规定,二审是对第一审判决认定的事实和适用法律进行全面审查,参照第一审的程序规定进行,如果法院决定二审不开庭的,应当采取调查讯问的审理方式。立法虽然允许二审可以不开庭审理,但结合立法确定的二审程序的性质以及审判规律,显然不开庭审理是例外,立法本意仍是大多数案件应当开庭审理,即以开庭审理为主,以不开庭审理为辅。然而,司法机关对大多数二审案件不开庭审理已是常态,这完全扭曲了制度本意,背离了制度目的,导致二审开庭审理规范的适用被大打折扣。类似的例子还有二审裁判,立法规定,如果原判决事实不清或者证据不足的,二审可以在查清事实后改判,也可以裁定撤销原判,发回重审。立法赋予了二审一定的自由裁量权,本意在于二审可以根据个案情势考量,能查清改判则当改判,需要发回重审以便对一审法院起到监督和指导作用则发回重审。但实践中的二审法院却未遵循立法意图,而是在绝大多数情况下将案件发回重审,而极少直接改判,致使二审改判的规则适用被大大压缩。

(四)规则搁置

规则搁置是指司法机关将刑事审判制度中的某些规范束之高阁,长期弃置,致使其无法被适用或者适用率极低。规则搁置是刑事审判制度实效中比较极端的表现方式,意味着司法机关对正式制度中的某些规范持顽固的拒斥态度,虽然只有少数规则被搁置,但对于被搁置的制度规则而言,其几乎完全失去实效。另外,由于刑事审判制度的组成部分之间是具有紧密关联的制度系统,因此,长期被搁置的制度规则势必会影响其他部分并导致刑事审判制度整体实效削减。规则搁置的表现有:庭审调查中的举证,公诉人几乎从未遵循言词证据的举证规则,被告人以外的其他言词证据提供者几乎从不出庭作证,他们的言词证据全部由公诉人代为宣读,这使得立法中的言词证据举证规则形同虚设,并因此对质证和认证产生恶性循环的影响;交叉询问难以形成,控辩质证变得弱化甚至虚化,质证不力,无法当庭认证,法官不得不更多依靠庭后的阅卷加以弥补,一系列的不良影响随之产生。

第四章　我国刑事审判制度实效短缺的原因解析

第一节　刑事审判的制度缺陷

一、刑事审判的制度结构分析

（一）既有法律规范理论之局限

法律具有规范性，它规定或指导着人们的行为，影响他们关于行为的选择或决定，因而属于英国学者黑尔所说的"规定语言"[①]。法律规范(legal norm,又称"行为规范")，即关于人们行为或活动的命令、允许和禁止的规范，既是法律的外在表现，也是被适用的主体性规范。对于法律规则的规范结构，我国法理学上在不同时期提出了不同的理论，如假定、处理和制裁的"传统三要素说"，行为模式和法律后果的"两要素说"以及假定、处理和法律后果的"新三要素说"。这些不同版本的界说其实并无本质区别，它们基本上都是秉承了凯尔森的规则结构分析模式。必须承认，凯尔森是事实上的法律规则规范分析理论的开创者，嗣后各家论说也均系在凯氏基础上的继承性或批判性的发展。为便于理解这种传统法律规则规范结构理论的来源及其在刑事审判法律制度规则中的局限，在此必须简要地寻根溯源，对其理论形成作必要

---

① 〔英〕理查德·麦尔文·黑尔：《道德语言》，万俊人译，商务印书馆2004年版，第5页。

的交代。

　　法律发达史历经千年,但对法律规则的研究却始于晚近,伴随"分析实证主义"法学派的兴盛而展开。[①] 该学派奠基人奥斯丁认为,实在法最为本质的特征乃是它的命令性,法律是主权者的一种命令。按照奥斯丁的理解,法律是一种"命令性规范",即强制某个人或某些人必须为某类行为或不为某类行为才是法律规则的性质。虽然奥斯丁的命令规范理论在其生前并未产生多少波澜,但后来的情况表明,来自英国、美国、奥地利、澳大利亚等国的一大批法学家深受其影响,法律规则结构理论几乎以其理论为原点展开,凯尔森便是其中的代表者。凯尔森对法律规范中陈述性和规定性作了区分并将其分为"命令规范""允许规范""授权规范"和"克减规范"四种,但其进而认为,授权规范不是一种独立的规范形态,允许规范分为积极允许和消极允许,前者只是事实而非法律形态,后者实际上是克减作用,可将其归入克减规范。[②] 在对待"允许""授权"性质的规范的态度上,凯尔森与奥斯丁可谓是殊途同归,即否认其法律规范的性质或至少不认为成其为独立的法律规则[③],凯尔森甚至更为彻底地提出,只有那些"某事应当是或应当发生,尤其是指人们应当以一定的方式行事"的规则才是法律规范。[④] 但与奥斯丁不同的是,凯尔森在承认法律规范"强制性"的同时,提出"制裁"才是法律规则所具有的规范结构特点。凯尔森认为,法律规范的特点就是通过一种强制性命令对逆向而为的行为进行制裁的方式来规定某种行为,这种制裁是外在的制裁,是强制剥夺生命、自由、财产或实施某种其他被有关个人

[①] 实证主义法学兴起于19世纪中叶的法学运动,该运动反对19世纪前以形而上学理论为基础的法学方法流派,反对先验的思辨,认为法学应当是在"给定事实"内的"科学"研究,这场运动被冠以"实证主义"(positivism)的名字。由此,实证主义逐渐展开了对作为现实存在的法律现象的研究,如"法律概念""法律规则"等,其中又以"分析实证主义"(analytical positivism)为甚。正如朱利叶斯·斯通所言,分析实证主义主要关注乃是分析法律术语,探究法律命题在逻辑上的关系。参见〔美〕E.博登海默:《法理学:法律哲学与法律方法》,邓正来译,中国政法大学出版社2004年版,第120—123页。

[②] See Hans Kelsen, *Pure Theory of Law*, transl. Max Knight, University of California Press, 1967, pp.71—75.

[③] 奥斯丁较早便承认存在"允许"类别的法律规则,但其认为这类授予权利的规则要么暗含着设定一个相对义务或一个与权利有关的义务,它依附于义务,不可能独立存在。因此,不管法律规则表述是"禁止"还是"许可",其深层形态或结构都属于"命令规范"。参见〔英〕约翰·奥斯丁:《法理学的范围》,刘星译,中国法制出版社2002年版,第36页。

[④] Supra note 2, p.4.

认为是灾祸的措施。① 基于这种观点,"制裁"被凯尔森视为法律规则的要素或必备条件,从而在规则的规范结构上占据主要地位,法律规则的规范结构因此被凯尔森认为是"次要规范"(secondary norm)的行为情形和"主要规范"(primary norm)的制裁后果的结合,即"义务——制裁"结构。② 在凯尔森的基础上之后,另外一些分析实证主义学者,如前述提及的斯堪的纳维亚学者罗斯以及英国学者哈里斯等也提出了一些法律规则规范结构模式或种类,在根本上没有脱离以"命令"或"义务"为核心的法律规范理论思维。③

法律规范理论在之后仍然不断发展,一些重要理论和观点被提出并受到关注,如德沃金将法律规则和法律原则作出了区分④,但在法律规则规范结构理论方面,当属凯尔森的分析模式影响最为深远,上述当前我国法学界存在的三种法律规则要素说即是在西方理论基础上的发展。但如果将这种理论用来分析诸如刑事审判这种程序法领域的制度规则,其局限性立刻显现出来。无论是两要素还是三要素,都明显地针对实体法,尤其是刑法,而对于程序法律规范几乎无法适用。以目前在法学界占主流的"行为模式+法律后果"为例说明⑤,与这种规则结构最相符的就是刑法规范,如《刑法》第338条规定:"违反国家规定,排放、倾倒或者处置有放射性的废物、含传染病病原体的废物、有毒物质或者其他有害物质,严重污染环境的,处3年以下有期徒刑或者拘役,并处或者单处罚金;后果特别严重的,处3年以上7年以下有期徒刑,并处罚金。"在刑法条文中可以轻易地找到这种规则结构,刑法学者甚至将其直接表述为刑法分则的条文结构:"刑法分则条文通常由罪状(假定条件)与法定刑(法律后果)构成。"⑥但在刑事程序法律制度中则很难找到符合这种规则结构的条文。例如,《刑事诉讼法》第178条第1款规定:"基层人民法院、中级人民法院审判第一审案件,应当由审判员三人或者由审判员和人民陪审员共三人组成合议庭进行。"又如《刑事诉讼法》第190条规定:"公诉人、辩护人应当向法庭出示物证,让当事人辨认……审判

---

① See Hans Kelson, *Pure Theory of Law*, transl. Max Knight, University of California Press, p. 33.
② Ibid.
③ See Alf Ross, *Directives and Norms*, Routledge & Kegan Paul Ltd., 1968, p. 78; J. W. Harris, *Law and Legal Science: An Inquiry into the Concepts Legal Rules and Legal System*, Clarendon Press, 1979, p. 93.
④ 〔美〕罗纳德·德沃金:《法律帝国》,李常青译,中国大百科全书出版社1996年版,第217页。
⑤ 参见张文显:《对法律规范的再认识》,载《吉林大学社会科学学报》1987年第6期。
⑥ 张明楷:《刑法学》(第2版),法律出版社2003年版,第507页。

人员应当听取公诉人、当事人和辩护人、诉讼代理人的意见。"不难发现,刑事程序法律规则并没有传统法律规范中诸如"行为模式""法律后果"或者"假定""处理"等要素,规则的规范结构更不是这些要素的简单相加。

对于刑事审判制度的规则结构,并无专门的分析,现有的理论都是从刑事程序法制度规则整体出发的观点。就国外的研究而言,继凯尔森之后,对法律规则有更进一步的分析,并且触及程序法规则的当数哈特和塞尔。两人都在不同程度上放弃了由奥斯丁开创并被凯尔森所发展的主权命令的立法者模式,而是以"日常语言哲学"的新的范式进入对规则结构的分析。哈特首先提出了"规则"(rule)的观念,将其与凯尔森的规范(norm)理论予以区分,认为法律是一种规则,规则的观念与规范不同,它不是为认识上的方便而设计的一个逻辑观念,而是来自于人们的生活实践。① 哈特在其名著《法律的概念》一书开篇即强调:"本书的核心论题之一就是,如果不去鉴别两种不同类型的陈述所具有的决定性差别,我们就既不能理解法律,也不能理解其他形式的社会结构。"②哈特所说的两种不同类型的陈述就是他提出的两类规则——第一性规则和第二性规则。第一性规则是设定实体性责任的规则,而第二性规则是设定责任的方法。关于第一性规则的结构,哈特认为适用于刑法,也即默认了按照凯尔森的法律规范结构的论述。哈特重点对第二性规则展开了论述,认为其具体分为三种:"承认规则",用以弥补第一性规则的不确定性;"改变规则",用以弥补第一性规则的僵化性;"审判规则",用以弥补第一性规则的社会压力的无效性。③ 哈特否认了凯尔森的规范结构对第二性规则的适用性,但同时又并未提出第二性规则的规范结构。在某些法学家看来,哈特提出了一个区别于凯尔森的法律规范的第二性规则的集合体,但哈特对其的论述含混而复杂,哈特的著名论断"法律是第一性规则和第二性规则的结合"的意义在于提出了法律的主要特点和分析的方向。塞尔提出了"调整性规则"和"构成性规则"的观念,使程序规则在性质以及与所规范的行为之间的关系上区分于实体规则。并且,塞尔还试图进一步勾勒构成性规则的内部结构,他用比哈特更为明显而成熟的"日

---

① 两者的核心区别在于,凯尔森以一个自在独立的规范世界为分析对象,并以规范逻辑来观察、评价社会生活是否符合规范世界的要求;哈特以一个先在的人的行动世界为前提,以人们在生活中自然形成的规律性特征为根据,以生活中的规则性行为来评价制定和认识的规则是否符合行为活动的特征。
② [英]H. L. A. 哈特:《法律的概念》,张文显等译,中国大百科全书出版社1996年版,序言。
③ 同上书,第83—100页。

常语言哲学"对此进行了举例分析:调整性规则一般采用命令式(imperative)的陈述,如"切食物时应当右手拿餐刀",而构成性规则除了命令式陈述外,还可能采取另外的极其特殊的、以至于难以被认为是规则的表述形式,如"足球球员用手以外的任何部分将球送进对方的球门,算作射门并得分",该规则并非命令式陈述。塞尔就此提出,调整性规则的表述形式为"做某事"(Do X)或者"如果做某事"(If do X),而构成性规则可能采取"X 算作 Y"(X counts as Y)或者"在情况 C 中,X 算作 Y"(X counts as Y in context C)的形式。① 如果说哈特的第二性规则中提出了程序规则模糊的形象,那么塞尔对构成性规则的论述则将这一形象描绘得更为清晰,尤其是构成性规则的提出可谓是赋予了程序规则区别实体规则的特有属性。② 但颇为遗憾的是,论述至此也戛然而止,两位学者并未提出适合程序规则的规范结构。然而,我们所认为的遗憾却并非是西方人的遗憾,即使在分析实证主义法学的全盛时期,法律规范理论的重心也从未指向程序规则。这也许并非是因为西方不重视刑事程序规则的规范性,而是规范性在西方刑事程序规则中历来不是问题。西方刑事程序制度历史久远,甚至先于实体规则产生,在长期的发展和积累中,现代所谓程序规则的规范性要素早已自然地融入其中。正如徐朝阳先生所言:"尝考各国法律发达之迹,程序法常先实体法而发生……刑事诉讼法之发生亦先于刑法。盖国家组织既经成立,虽文化幼稚,法制未备,国家依其公力而匡正之,是则诉讼之所由起焉。因诉讼审理及裁判之惯行,形成程序法。"③这也正解释了为何在西方刑事程序发达史中留下论述的多是自然法和社会法学者,而分析法学者则论述寥寥。我国却不得不重视刑事程序制度的规范性,我国刑事程序制度的形成历史和西方不同,且一直属于"外源性"的发展逻辑,规范性要素及其结构未能在实践中自发生成,只有事先加以专门研究并合理地在制度立法中予以体现方能有益制度实施并获得实效。

国内刑事诉讼法学界在 20 世纪后期长期更为关注刑事程序法的目的、

---

① See John R. Searle, *Speech Acts: An Essays in the Philosophy of Language*, Cambridge University Press, 1969, pp.34—35.

② 塞尔发现并提出构成性规则并非针对法律规则,而是对以语言形式表述的所有社会规则,甚至塞尔的研究重点并非指向规则本身,作为日常语言哲学的代表性学者,塞尔致力于研究语言的意义与使用的关系,语言与行动的关系。因此,在塞尔关于调整性规则和构成性规则的举例分析中甚至没有一个法律规则例句,但这并不妨碍构成性规则观念赋予程序规则的重大意义。

③ 徐朝阳:《中国诉讼法溯源》,台湾商务印书馆 1973 年版,第 1 页。

价值、功能等基本原理问题,积累到一定程度后,近十余年来,学界转而关注程序设计和制度安排,刑事审判制度一直是其中的重点,而对刑事程序规范理论问题则长期脱离于学界的关注,罕有人涉及。从笔者掌握的资料看,到目前为止,只有锁正杰博士在其出版的博士论文著作《刑事程序的法哲学原理》中对刑事程序法规范问题作过集中论述。锁正杰博士较早意识到了该问题的重要性,"我们已经发现,在目前的法理学或法哲学著作中,虽然刑事程序开始引起越来越多的人的注意,但对刑事程序的结构并没有成体系的理论研究。在刑事诉讼法学界……这些研究并没有与法哲学的这些范畴建立起明确的和一致的联系。更为重要的是,关于刑事程序规则的研究还几乎是一个空白"[1]。正如锁正杰博士所言,无论是法理学界还是刑事诉讼法学界,长期以来都忽略了刑事程序法的规范问题,因而该问题在法理学法律规范理论和刑事程序法理论中都长期缺位,最终造成我国刑事诉讼法立法文本的随意性,刑事程序规则要件不齐,体系结构不备,从而直接影响刑事程序制度的适用和实施,导致制度实效的降低。对此,陈瑞华教授曾提出尖锐的警告:"假如不找到刑事诉讼立法的主要问题和缺陷,而仅仅靠着频繁的修改立法和制定新的规则,我们真的能解决中国刑事司法中的问题吗?还可以进一步地追问:在刑事诉讼立法中继续采取扩大外延、建立新规的立法方式,而不去研究刑事诉讼的立法技术问题,那么,这些新确立的规则是否真的能得到有效的实施?"[2]随着《刑事诉讼法》的两次修改,《刑事诉讼法》文本问题虽然已逐步引起关注,但作为智识支持的刑事程序规范理论仍然缺乏积累和推进,在锁正杰博士之后,除了几篇零散的论文对此稍有触及,似乎再无人对此展开集中性的论述。锁正杰博士对此所作的开创性的研究中从现在来看,也还存有若干未尽的遗憾之处,如未对传统法律规范结构为何在刑事程序规范中不具有解释力作出有力的论述;将刑事程序规范分为实体性规则和实施性规则的界定值得进一步商榷;对刑事程序规范的体系结构尚未触及等。而这些问题恰是刑事程序规范理论中基础而重要的问题,更事关包括刑事审判在内的刑事程序制度的规范性及其实效问题。

传统法律规范理论无法对刑事程序规则作出解释的根本原因在于,传统法律规范理论是针对实体法的规范分析,或者明确说,主要是对刑法的规范分析,这从凯尔森在论述其主要规范和次要规范理论时全是以刑法规则

---

[1] 锁正杰:《刑事程序的法哲学原理》,中国人民公安大学出版社2002年版,第33页。
[2] 陈瑞华:《刑事诉讼的立法技术问题》,载《法学》2005年第3期。

为例展开分析便可窥见一斑①,而作为实体法的刑法与刑事程序法存在巨大差异。具体而言,有两方面差异,一方面,在规则性质上,刑法规则是对已存在的行为("行为模式"或者"假设")所作的"调整",从而对该行为作出一种法律上的评价("法律后果"或者"处理""制裁")。而刑事程序规则是为达到某种目的或效果而事先规定的,对在一定的情形或条件下要求特定对象作出某些行动或从事某些行为的指引或约束。两种规范在规则与行为的先后顺序以及规则和行为的逻辑联系上完全不同。对此,可按照"日常语言学派"的代表人物②——美国哲学家约翰·塞尔(J. R. Searle)提出的规则理论予以分析。塞尔在分析规则与行为之间的关系时提出将"调整性规则"(regulative rules)和"构成性规则"(constitutive rules)予以区分。其中,调整性规则主要针对事先存在的行动(pre-existing activity),因此这种行动与相关的规则之间是相互独立的;而构成性规则是以该规则的规定作为产生某种行为方式的前提条件,换言之,构成性规则是组织人们按规则规定的行为去活动的规则,其不但调整而且构成了某种行为,因此这种行为和规则之间是相互依赖的。③例如,在"此处禁止倾倒垃圾,否则罚款100元"的规则中,规则和规则所调整的行为本身是相互独立的,即使不存在规则本身,也仍然会出现有人在此处倾倒垃圾的行为,也正因为如此,规则得以确定而清晰地描述(给出行为预设)并评价(给出法律后果)这个行为,这就是调整性规则。而在诸如"对局首先由执白棋一方先走棋,双方轮流走棋,直至对局完成"的国际象棋规则中,规则无法与规则中规定的行为截然分离,因为规则本身就是在构建行为,这就是构成性规则,此时,预先假设行为加上对行为的评价的结构就不再能适用了。另一方面,刑法规则和刑事程序法规则在单元组成上也迥然不同。刑法规则几乎自身便是一个独立单元,"行为预设"加"法律评价"的结构非常清晰且能够单独而完整地适用。反观刑事程序规则则大不相同,以《刑事诉讼法》第178条第1款为例说明,该条旨在确定基层人民法院、中级人民法院审判第一审案件的审判组织问题,虽然规定

---

① 参见〔奥〕凯尔森:《法与国家的一般理论》,沈宗灵译,中国大百科全书出版社1996年版,第67—68页。
② 日常语言学派又名"语言分析学派",于20世纪30年代中叶出现于英国并盛行于50年代。被视为是广义的第三代实证主义。参见陈四海:《从实证主义走向日常语言哲学:美国哲学在二十世纪中期的转向》,载《河南师范大学学报》(哲学社会科学版)2012年第6期。
③ See John R. Searle, *Speech Acts: An Essays in the Philosophy of Language*, Cambridge University Press, 1969, pp.33—34.

了"应当由审判员三人或者由审判员和人民陪审员共三人组成合议庭进行",但仅有此条还不足以能够完全解决审判组织的问题,还有一些事项未能确定,如审判员和陪审员的组成比例如何?三人共同主持庭审还是由一人主持?陪审员在合议庭中和审判员是否具有同等职权?合议庭内部对案件如何表决?这些问题还需要结合其他规则才能完整地解决。因此,刑事程序规则大多不是一个独立的单元,不能单独地适用。申言之,如果仅对某一条刑事程序规则作规则结构的分析是"只见树木不见森林",得出的结论没有意义。因此,要分析刑事程序制度的规则结构,不能单独分析某一条规则,而必须先了解不同规则所构建的行为之间的联系,从而发现规则与规则之间的关联及其程度,要放弃传统的条文分析法,而将系统论引入对刑事程序法的规范分析。

(二)刑事审判制度的系统结构

较之实体法制度,程序法制度的一个显著特征是系统性,这并非是指文本制定上的系统性,而是指程序法本身就是复杂的制度系统。程序法制度的系统性特征尤其在刑事审判制度中表现的非常明显。乍看刑事审判制度,似乎是一堆无章可循却隐约牵连的纷繁条文,实际上作为刑事程序法律规范的核心部分,刑事审判制度内部有前后衔接、联系紧密的系统结构。以系统论的视角透视刑事审判制度,其内部是由若干制度和程序子系统组成的。若干制度或程序的子系统处于刑事审判制度的不同层次,解决不同方面的问题,子内部还可能存在若干更小的组成部分。子系统之间并非杂乱无章,而是规律性的彼此联系、相互作用,从而组成了具有特定结构和功能的刑事审判制度体系。从刑事审判活动的性质和任务出发,我们可以将刑事审判制度分为三大子系统:审判组织、开庭审判和定案裁判。

审判组织解决"谁来审理"的问题,法院作为司法机构不可能以整体参与个案的审判,多方参与的刑事审判活动必须有具体而权威的程序主持者和听审决断者,即形成案件审理的人员组织形式。审判组织制度内部又根据案件的性质、复杂程度,确定了合议制和独任制两种审判组织形式。为在刑事司法中反映普通公民的常识和价值观,体现司法的民主性和自治性,合议制除了职业法官组成外还安排法官和陪审员共同组成的形式,这又将涉及陪审制在合议制中的嵌入。此外,对少数疑难、复杂,合议庭难以判决的案件,需要提交审判委员会集中讨论决定,这又涉及合议制和审委会制的衔接。

开庭审判解决"如何审理"的问题。刑事案件的审理必须以某种方式进行并以某种步骤和流程推进,以便利益冲突的控辩双方均能参与并陈述,并尽可能使裁判者通过听审接近对案件事实的认识。开庭审判包括程序性准备和法庭审判,后者是核心部分。法庭审判的主要程序即是通过设置举证和质证程序而展开的庭审调查和辩论。双方通过证据提出、展示和说明的举证程序支持己方的主张和陈述并向裁判者提示案情,在此基础上进一步通过对相互的质疑、询问、评价、辩论的质证程序表明己方主张和陈述的真实性和证明力并向裁判者逐步揭示案情。

定案裁判解决"如何决断"的问题。裁判者最终要对案件作出决定性的结论,以确定指控的犯罪是否成立,被告人是否应负刑事责任。定案裁判通过认证和裁判制度实现。裁判者在听审后对控辩双方的经过举证、质证并内心确信的证据作出认证以认定案件事实,在此基础上,通过一定的决定机制和规则形成定案结论并作出裁判。

可以看出,刑事审判制度是一个制度系统,内部由三大制度子系统构成,各个子系统内部还包含若干更具体的子制度和子程序,子系统及其包含的子制度、子程序都有其设置目的,彼此间相互依存、相互联系、相互作用、相互影响,各自发挥自身的功能并共同服务于整个刑事审判制度体系。审判组织制度确保一个稳定的人员组成形式持续地主持审理,听审控辩两造。庭审调查和辩论通过举证和质证程序确保控辩两造以展示证据,陈述观点并交互辩驳的方式实质性地参与审理并影响裁判,并向裁判者充分揭示案情供其认定裁断。裁判者通过听审,在对控辩两造的举证、质证予以认证的基础上认定事实并作出最终裁判。三大子系统及其相互间的协调、衔接,刑事审判制度完全具备并表现出了系统的典型基本特征:整体性、关联性、结构性、平衡性。这正如系统论创立人贝塔朗菲的经典描述:"系统是一个有机的整体,它并非各个部分的机械组合或简单相加,系统中各要素不是孤立地存在着,每个要素在系统中都处于一定的位置上,起着特定的作用,要素之间相互关联,构成了一个不可分割的整体。"[①]子系统适当运行及相互间正常配合才能实现刑事审判制度的整体功能,明白这一点也就不难理解为

---

① See L. von Bertalanffy, An Outline of General System Theory, *British Journal for the Philosophy of Science* 1, 1950, pp.139—164.

何卢曼将司法正义理解为"法律系统的适当的复杂性"(adequate complexity)①。相应地,只要有哪一个子制度和子程序的的运作发生问题,不仅会影响它所在的子系统的运行,还会产生"传递效应",殃及与之联系的其他子系统并最终使整个刑事审判制度的运行受损,降低整体制度系统的实效。在我国刑事审判制度实效中很容易找到这样的情况,譬如在审判组织制度中,合议制是我国刑事案件审判最主要的审判组织形式,与合议制这个子制度存在关联的有另外两个子制度,陪审制和审委会制。陪审员进入合议庭参与案件审理涉及陪审制和合议制的有效配合,如果陪审制产生了问题,陪审员无法完全履行职责并实质性地参与审判,势必会对有陪审员参与的合议庭造成严重损害。少数案件合议庭作出评议意见后还要经审委会讨论决定,这涉及合议制和审委会制的衔接,如果审委会的权力扩充,讨论决定个案的范围增大,势必会侵蚀合议庭的职权。又如庭审举证,该程序属于庭审调查和辩论制度设置的一个重要程序,举证程序的实效发生问题会产生一系列的连锁效应,控方背离立法本意采取宣读式举证,举证程序因而虚化,辩方难以对控方虚化的举证发起有效的质疑和询问,控辩质证也因此无法实质性展开,举证和质证均被虚化,致使庭审调查和辩论这个子系统的运行趋于形式化,这又导致裁判者难以根据庭审调查和辩论对证据作出认证并认定案件事实,裁判者不得不在退庭后展开书面阅卷审理以自行调查核实证据并认定事实,审判方式也因此而异化,最终导致整个刑事审判制度受到沉重的打击。

(三)刑事审判制度的规范结构

对刑事审判制度的规范分析当然须建立在对实在制度的观察基础之上,但也正是这种分析实证的方法给结论形成带来不小的麻烦。主要的原因在于,分析实证的对象应当尽量扩大,如综合各国刑事审判制度进行分析所得出的结论才更有共性和说服力,但和犯罪行为规定趋同化的实体规范不同的是,各国的刑事审判规范虽然在基本流程和现代性原则上相近,但在具体的制度和程序上却可能迥异。因此,这也注定了对刑事审判制度的规范分析只能是一种具有基本解释力的框架分析,而无法保证所提出的规范结构或要素在任何一种刑事审判制度中,或者对刑事审判制度中的任一具体制度和程序都完全适用。在此基础上,笔者提出,刑事审判制度可分为两

---

① 参见〔德〕卢曼:《法的社会学观察》,土方透译,密涅瓦书房2000年版,第61页。转引自季卫东:《宪政的规范结构——对两个法律隐喻的辨析》,载《二十一世纪》2003年12月号。

大类：实施性规范和保障性规范。

所谓实施性规范，是指规定刑事审判中的具体制度或程序及其如何进行的规则群。如上所述，刑事审判制度是个系统体系，由若干制度系统组成，而制度系统内部又包含了更具体的制度或程序及其他们之间的组合关系。即使在一个最具体意义上的制度或程序，也难以仅靠一条规则能够实现，而必须是数条规则组成的规则群，这个规则群即是实施性规范。实施性规范内部的规则群又可分为两类：主规则和要件规则。主规则是概括性规定该具体制度或程序的基本法律关系。主规则通常位于刑事审判规范中某具体制度或程序条文部分的首条，并以言简意赅的方式表明该具体制度或程序的基本权利义务及其行为。主规则的语式表述通常为"（某）甲,（对于）乙,（当为）丙"，即采取"主体＋对象＋行为"三大要素相加的结构。比如在审判组织的"合议庭制"的规则，《刑事诉讼法》第178条至180条均是合议庭制的实施性规则，其中，第178条第1款即是主规则："基层人民法院、中级人民法院审判第一审案件，应当由审判员三人或者由审判员和人民陪审员共三人组成合议庭进行。"在该主规则中，"基层和中级人民法院"是主体要素，"第一审刑事案件"是对象要素，"由审判员三人或者由审判员和人民陪审员共三人组成合议庭进行"则是行为要素。又如《刑事诉讼法》第193条规定："法庭审理过程中，对与定罪、量刑有关的事实、证据都应当进行调查、辩论。"该条即是"调查与辩论"程序的主规则，只不过该主规则未直接言明"主体"要素，但通过"法庭审理中"的表述，调查和辩论的主体其实不言自明。主规则通常确定了制度或程序的基本行为，也即"要做什么"，但仅有主规则还无法使制度或程序自行实施和适用，对于"如何做""怎么做"以及"做到什么程度"之类的问题还需相关要件规则加以解决。因此，要件规则是规定具体制度或程序如何展开和进行的若干规则，其主要功能是按照具体制度或程序的目的延伸、分解并细化主规则中的"主体""对象"和"行为"三大要素，使制度和程序能够顺利进行。要件规则通常包括了各方主体，对象范围以及行为的进行方式、情形条件、步骤环节、先后顺序、程度标准、时间期限等一系列要素内容。仍以上述"合议庭制"为例说明，主规则规定了基层和中级人民法院审判第一审刑事案件应采取合议庭制，但对合议庭如何组成，内部职责和分工，对采取合议庭制审理的要求，合议庭遇到疑难案件难以下判时如何处理等问题由一系列要件规则展开规定。如《刑事诉讼法》第178条第3款规定了陪审员的职权："人民陪审员在人民法院执行职务,同审判员有同等的权利";该条第 5 款规定了合议庭的组成人数的要求:"合议庭的成员人数应当是单数";该条第 6 款规定了合议庭中的审判长及其选任:"合议庭由院长或者庭长制定审判员一人担任审判长。院长或者庭长参加审判案件的时候,自己担任审判长";第 179 条规定了合议庭内部的评议规则:"合议庭进行评议的时候,如果意见分歧,应当按多数人的意见作出决定,但是少数人的意见应当写入笔录。评议笔录由合议庭的组成人员签名";第 180 条规定了合议庭对疑难案件难以下判时和审委员的衔接:"合议庭开庭审理并且评议后,应当作出判决。对于疑难、复杂、重大的案件,合议庭认为难以作出决定的,由合议庭提请院长决定提交审判委员会讨论决定。审判委员会的决定,合议庭应当执行。"需要指出的是,要件规则的具体内容并无整齐划一的组成,而要视其所属的制度、程序的目的和需要而配置。特别需要注意的是,"行为"要素需要延伸和细化的要件最多,这是因为刑事审判制度属于典型的塞尔所言的"构成性规则",刑事审判活动中的所有诉讼行为均依靠规则构建并指引,要件规则的精细化和严谨性程度决定了诉讼行为的规范性和操作性程度。此外,要件规则中的行为如何构建以及如何进行还通常包含和体现刑事审判制度对行为的诉讼化要求和标准。因此,如果说主规则是检视刑事审判制度中有无某项具体制度或程序的依据,那么要件规则才是判断该项制度或程序是否具备操作性,是否符合刑事审判的诉讼化要求以及能够有效实施的标准。

所谓保障性规范,是指在刑事审判制度中规定的确保实施性规范得以适用的规则群。实施性规范确定刑事审判中某项制度或程序展开和进行的秩序,但精心的行动设计也难免在实施中遇到困难、障碍甚至遭到人为的违反,对实施性规范增添一道防护和屏障,保证实施性规范能够顺利实现即是保障新规范的存在的意义。保障性规范发挥功能的基本方式是对某些在实践中可能出现障碍和遭到破坏的实施性规则提供弥补、救济措施或采取必要的强制约束甚至惩罚措施。根据保障方式的不同,保障性规范可分为"救济规则"和"制裁规则"。救济规则是刑事审判制度所规定的,当法律未被遵守或未被适当地遵守,以致程序正当性有受损之虞时所采取的补救措施的规则。刑事审判活动中的诉讼各方均应按照实施性规范做出相应的行为,任何主体对实施性规范的违反均可能导致公正审判受到损害而须采取相应的补救措施以恢复秩序。刑事审判规范中存在针对不同诉讼主体不遵守程序的救济规则。其中,最被熟知的莫过于对证人拒绝出庭作证的救济,即"证人强制出庭作证规则"。法律规定庭审调查需要证人亲历法庭接受证言的审查,证人无正当理由拒绝出庭将导致证人证言调查的困难,而建立强制证人出庭的规则无疑是对此种情况的补救。除了证人之外,刑事审判规范中还有对公权主体违反规则的救济,公权主体违反审判制度或程序的利益受损方是当事人,因此,此种救济规则的通常方式是赋予当事人提出异议或申诉的权利和渠道。如针对在庭审调查与辩论中检察官对被告人指控犯罪的举证及证明的方法有违背程要求之不当,一些国家和地区规定,当事人可以当庭对控方之举证及其证明的范围、方式、顺序和方法之不当向法庭提出异议,法庭当作裁断,如果确存在不当的,将宣布控方违规举证无效,剥夺其违规的程序利益并命其更正。[①] 此外,还有对法官违反制度或程序的救济规则,不过,此种救济规则的特殊性在于,为保持审判持续进行,尤其是法官在庭审中的权威性,对法官违背程序的救济不会也无法在庭审中进行,而是待审判程序结束后,以当事人上诉或者申诉的形式予以实现。比如包括我国在内的大多数国家的刑事审判规范中都规定,在一审程序结束后,当事人可以就法官在一审程序中违反程序的行为寻求上诉。有些国家或地区还建立了更彻底的程序救济途径,规定当事人可以对一审或上诉审中的程序违法行为上诉至最高法院,上诉一旦被认定,违反程序的裁判将会被撤销或宣告无效。[②] 有救济规则说明存在违反制度或程序规则的行为,对该行为主体便有相应的惩罚性措施。因此,制裁规则即是对违反刑事审判规范的诉讼主体采取惩罚性措施的规则。针对违反刑事审判规范的不同诉讼主体,制裁的措施和方式不一样。如对不出庭作证的被害人、证人、鉴定人等诉讼参与人,采取罚款、司法拘留或采取对其作出的证言不予采纳的制裁。[③] 此外,对违反审判规范的公权机关诉讼主体,尤其是法官,也有相应的制裁规则,只不过因为他们的公职身份,对他们违法行为的处理需要一整套规则体系。

---

① 参见我国台湾地区"刑事诉讼法"(2009年修正)第161—2条,《法国刑事诉讼法》(2000年)第316条。

② 如我国台湾地区刑事审判制度列举规定了针对诸如审判组织不合法、证据调查违法、作出判决的法官未参与庭审等14种法官违反审判制度或程序的行为,以及14种情形之外法官违反审判程序并可能影响公正审判的行为,当事人可向"最高法院"上诉寻求救济。参见我国台湾地区"刑事诉讼法"(2009年修正)第379条、第380条。如法国规定当事人对上诉法院预审法庭的裁定,以及重罪案件、轻罪案件与违警案件的终审判决,有违反法律之情形时(包括程序违法),可以向最高司法法院提出非常上诉。参见《法国刑事诉讼法》(2000年)第567条。

③ 参见《刑事诉讼法》第187条第3款、第188条第2款;我国台湾地区"刑事诉讼法"(2009年修正)第178条、第204—3条;《法国刑事诉讼法》(2000年)第326条第2款。

因此，针对他们程序违法的制裁措施一般不直接规定在刑事审判制度中，而是另行体现在司法人员行为准则类的规范中，但这类规则对保障司法人员遵守审判制度和维护制度正当性起到了巨大作用。以美国为例，在《1980年司法行为及无能力履行职务法》第 6B 条规定，任何人认为法官在审判中存在违背程序、滥用职权或偏见行为均可以向上诉法院提交书面投诉，上诉法院的首席法官将对投诉予以审查，如投诉成立则会展开调查，如确认法官确有违背职业准则的不当行为则可以采取诸如责备或申斥、命令在一定时间内不予分派案件，甚至要求主动退休或弹劾。[1]

二、制度缺陷对制度实效的影响

（一）系统结构紊乱导致制度内部冲突

刑事审判制度是一个由若干个大小的子制度和子程序组成的规范体系，且一定的审判模式对制度和程序的配备及其内在结构有着相对稳定固化的要求，只有当这些子制度和子程序齐备且相互适配才能彼此衔接组合进而形成一个有机的制度系统。相反，如果审判模式所要求的某些子制度和子程序不具备，或者子制度和子程序之间存在排斥和冲突，良好的系统体系是无法形成的，刑事审判的运转则会变得困难重重，法律实效也将大打折扣。我国刑事审判制度长期以来即存在子制度和子程序缺失，子制度或子程序之间无法兼容等系统紊乱的问题，是造成法律实效低下的制度缺陷之一。

当前我国刑事审判的模式是在 1996 年修改《刑事诉讼法》时参照英美对抗制审判模式所确立的，重点是重置控、辩、审三方职能，削弱法官直接实施证据调查的职能，改为由控、辩举证和质证主导证据调查。然而，立法只给刑事审判制度套上了对抗制的皮囊，却抛弃了对抗制审判核心的制度和程序系统。详言之，庭审调查是对抗制审判的基本必要制度，但该制度的本质要求在于控辩双方将其证据直接当庭展示并接受对方质询，双方通过围绕证据的激辩推进法庭对证据作出判断并最终形成对事实的认定。因此，对抗制审判庭审调查制度的核心是有没有建立两个子程序：控辩双方直接当庭展示证据的举证以及控、辩双方对证据展开充分辩论的质证。我国刑事审判制度在吸收对抗制时肯定了控辩双方在庭审调查中的主体作用，也试图构建举证和质证程序，这从当时确立的制度规则中可以看出，如立法规

---

[1] See Judicial Conduct and Disability Act of 1980, 28. U.S.C. § 372(c), 6B.

定,控、辩双方应当向法庭出示物证;证人、鉴定人应当作证;控辩双方可以对证据发表意见,询问证人、鉴定人以及互相辩论。但在这些表面规定之下,立法并未建立起有关举证和质证的实质性程序系统,如立法未建立人证出庭作证制度而是允许其不出庭并由控辩双方代为宣读人证,也并未建立控辩双方对证据的交叉询问程序。关键性程序的缺失使庭审调查程序形同虚设,控辩双方未能展开对抗,证据调查制度呈空转状态,证据审查认定的目的根本无法达到。问题还不止于此,制度系统之间的相互作用是会传递的。法庭对案件作出裁判必须完成证据调查判断并形成对事实的认定,正式的庭审调查程序已呈空转之势,而法官的职权又被立法削弱,表现为法官在开庭前无法接触全案证据,无法在庭前对案件作出实体性审查,此时便形成一个尴尬局面,即在庭审结束时证据审查任务实际没有完成,法官还无法对证据作出判断,更无法对事实形成认定,但是继续通过庭审获得对证据的调查既无可能也无必要,因为从根本上讲,缺乏关键性程序的庭审调查制度无法完成证据审查任务,于是法官只能寻求退庭后抱着案卷回到办公室通过阅卷并结合庭审再一次对证据进行审查,这就延伸出了我国刑事审判独有的一种方式——庭后书面审理。1996年以前,法庭在庭前对案件进行实体审查的做法并未通过修订法律得到扭转,而是改头换面,不在庭前而是在庭后出现,最主要的原因就在于庭审调查制度中关键性程序的缺失。①

刑事审判体系的系统紊乱还表现在将具有不同目的或分属不同审判模式的制度和程序生硬地拼凑组合,导致制度和程序之间相互拒斥冲突,甚至造成某些制度被另外的制度侵蚀。比如在上述庭审调查制度中,既确立了控、辩双方可以举证,对证据发问并互相辩论这样的对抗制调查机制,同时又规定控、辩双方的举证、发问和辩论均须向法庭申请并经法庭允许,并且法庭可以随时制止控、辩双方的举证、发问和辩论。实行对抗制庭审的国家均规定除非有故意叠床架屋、拖延诉讼之嫌,控、辩双方的发问和辩论得不受干扰地充分进行。而我国立法缘何设置此种繁复且矛盾的程序?这大概是因为立法当初引进对抗制审理,却又担心控、辩双方在法庭上反复立证、审证从而造成庭审迟延,因此规定由法官对其加以限制和管束。然而,法官的这种主导性职权给本已脆弱的庭审调查造成再一次的打击。因为法官也

---

① 当然,在当时的各方面条件下,人证的强制作证和交叉询问实际上是难以建立的。因此,应当建立和应当何时建立是两个问题。此处,本书仅就事论事,从刑事审判制度的文本性出发寻找影响制度实效的原因。

十分清楚,控、辩双方的对抗难以实质性展开,为了节约庭审时间,法官便不支持控、辩双方在庭审调查时过多纠缠,经常打断或制止双方,尤其是辩方的发问和辩论。这种情况还有更糟糕的例子,如合议制,1996年刑事审判制度改革时的一个重点目标就是加强合议庭职权,但事实上合议制却是刑事审判中法律实效极低的制度,其受到了来自我国审判传统中三种成文和非成文制度的夹击:案件承办制、审委会制和案件审批制。这三种制度早期形成于我国刑事审判传统之中并一直沿用,其存在不与现代刑事审判精神和原理相容,并直接与合议制运行相冲突,表现为案件承办制排除了承办人以外的合议庭成员对参与案件实质性审理的动力和责任,审委会和案件审批制侵蚀了合议庭的独立运作并分割了其定案裁判权。虽然一再招致批判,但传统制度却一直被保留或默许,未被立法禁止,令合议制只能在夹缝中艰难运行。① 这些制度与制度间牵强的组合,程序和程序间奇怪的配置使得我国刑事审判制度成为一种不伦不类的"四不像"制度。这好比将不同规格和型号的零件硬性地组合拼凑成一部机器,这部机器的运行状况和效果可想而知。也正因为此,有学者从审判模式的角度指出,我国目前的刑事审判"是一种具有中国特色的混合式庭审方式。它是中国传统和固有的制度因素、现代职权主义以及当事人主义三大要素的糅合。……上述三种因素虽经糅合仍具有机制性冲突……这种机制冲突不仅是法律精神不协调这样的'软冲突',而且有程序与制度之间直接矛盾这样的'硬冲突'"②。

(二) 实施性规范残缺使制度操作混乱

刑事审判的主要制度规则应载于刑事诉讼法之中,此亦国际之通例,然而作为指引刑事审判活动的专门法,我国刑事诉讼中刑事审判部分却在实施性规范上有残缺,此亦影响刑事审判法律实效的制度缺陷之二。

长期以来,我国立法机关在立法工作中普遍奉行"立法宜粗不宜细"指导思想③,认为法律需简明扼要,通俗易懂,主要是作出原则性的规定,不能

---

① 传统审判制度的存在自有其存在的理由和根据,并非立法一纸禁令就能取消,从根本上还与我国刑事审判的体制性和资源性矛盾有关,对此本书在本章将另有详述。

② 龙宗智:《刑事庭审制度研究》,中国政法大学出版社2001年版,第120—121页。

③ "宜粗不宜细"是学界对我国总体立法指导思想的概括,官方的正式文件和讲话中并无此种提法,但提到"法律不宜太细"。如1985年1月23日,第六届全国人大常委会委员长彭真同志在省、自治区、直辖市人大常委会负责同志座谈会上强调:"我们这样一个大国,各地政治、经济、文化发展很不平衡。因此,法律只能解决最基本的问题,不能规定得太细,太细了就难以适用全国。为了因地制宜地解决问题,一个法律制定出来以后,一般还需要制定实施细则,做出具体规定。"参见《彭真文选》(一九四一——一九九〇年),人民出版社1991年版,第505页。

太繁琐，至于一些具体问题或细节，可以留待另行制定实施条例或细则，或者由执法者根据特定情形去确定具体的实施措施。应当承认，这种立法指导思想在特定的历史时期是条件所限和形势所迫，注重立法的速度和框架，不过分拘泥于细节，使立法的效率有所提升。但问题是并非所有法律的制定都是宜粗不宜细，如刑事程序法属于典型的"构成性规则"，也即由规则生成行为，无规则即无行为，规则的精细化和规范化程度决定了诉讼行为的操作性和确定性程度。因此，在立法时应针内部不同制度和程序运行的需要制定完备的实施性规范，使诉讼行为得到清晰的指引和明确的要求。尤其是刑事审判制度，涉及对被告人确定刑事责任的程序和标准，并聚集了刑事诉讼中的各方主体，诉讼行为较多、类型复杂且相互交织，制度和程序运行的生命力就在于规则的精确细腻，立法一旦疏于粗略，不仅会对规则的理解产生障碍，更会使诉讼行为无所适从，流于随意。因而刑事审判应有良好齐备的实施性规范加以构建和指引，然而，受"宜粗不宜细"立法指导思想的影响，我国《刑事诉讼法》中有些制度和程序只有主规则而没有要件规则，或者有要件规则但不齐备，导致刑事审判中的某些诉讼行为因缺乏必要的行为规则而具有随意性。

以 1996 年《刑事诉讼法》中的"法庭调查与辩论"部分为例说明。法庭调查与辩论是刑事审判活动中各方主体诉讼行为最密集交织的部分，也是最能体现规则规范性的部分，然而立法却通常只有程序主规则而没有相关的程序要件规则。如"证人作证规则"，1996 年《刑事诉讼法》第 156 条规定："证人作证，审判人员应当告知他要如实地提供证言和有意作伪证或者隐匿罪证要负的法律责任。公诉人、当事人和辩护人、诉讼代理人经审判长许可，可以对证人、鉴定人发问。审判长认为发问的内容与案件无关的时候，应当制止。"该条是对关于证人证言调查的主规则，然而，对于调查证人证言，仅有此条规定显然不够，至少还应涉及如下问题：证人作证的权利义务告知；控、辩双方证人作证的先后次序；一方提请若干名证人作证的先后顺序；控、辩双方向证人诘问的先后顺序；哪些属于"与案件无关的发问内容"及如何发现、确定和处理这些内容等。换言之，在证人作证的主规则之外还需要有对调查证人证言的一系列要件规则，而这些要件规则在《刑事诉讼法》中并未规定。类似的情况，关于调查物证和书证，也只有一条主规则，即 1996 年《刑事诉讼法》第 157 条规定："公诉人、辩护人应当向法庭出示物证，让当事人辨认，对未到庭的证人的证言笔录、鉴定人的鉴定结论、勘验笔录和其他作为证据的文书,应当当庭宣读。审判人员应当听取公诉人、当事人和辩护人、诉讼代理人的意见。关于法庭辩论也只有一条主规则,即1996年《刑事诉讼法》第160条规定:"经审判长许可,公诉人、当事人和辩护人、诉讼代理人可以对证据和案件情况发表意见并且可以互相辩论。"然而,相应程序的要件规则在《刑事诉讼法》中几乎均未规定,甚至有些子程序连主规则都没有,如对录音、录像等视听资料证据的调查。另外,有些子程序在主规则之外有要件规则,但要件规则简陋残缺。如1996年《刑事诉讼法》第159条规定:"法庭审理过程中,当事人和辩护人、诉讼代理人有权申请通知新的证人到庭,调取新的物证,申请重新鉴定或者勘验。"此条是关于当事人及其辅助诉讼人申请新证据的主规则,该条第2款同时规定了关于申请处理的一条要件规则:"法庭对于上述申请,应当作出是否同意的决定",但仅此一条要件规则并不足以实施该主规则,仍有诸如相关权利主体如何申请,应具备什么条件,提供哪些材料;法庭对调取新证据的申请如何裁决,标准是什么;法庭对申请是否当庭裁决;法庭如果不同意申请是否给予相关权利人救济的机会;如果法庭同意申请,如何延期审理,延期审理的时间等问题均不得而知。即使在2012年《刑事诉讼法》再次修订时,立法观念和技术仍然未有改变,新增加的程序仍然沿袭此种只有主规则而无要件规则的立法模式,典型如"召开庭前准备会议"规则,仍然只有一条主规则,即《刑事诉讼法》第182条第2款规定:"在开庭以前,审判人员可以召集公诉人、当事人和辩护人、诉讼代理人,对回避、出庭证人名单、非法证据排除等与审判相关的问题,了解情况,听取意见。"至于庭前会议如何召开,处理哪些事项,会议如何进行,讨论的事项如何处理等问题,均无相关要件规则。

必须说明,《刑事诉讼法》中实施性规范的残缺不意味着刑事审判制度中就完全没有相应的实施性规范,事实上,有关制度和程序的实施性规范大多留待司法解释予以补充,虽然司法解释中规定的实施性规范亦存在要件规则不齐备的现象。但这些要件规则在《刑事诉讼法》还是在司法解释中出现,意义完全不同。众所周知,《刑事诉讼法》属于"法律保留"的范围,并且属于"绝对保留"事项,只能够以法律的形式予以规定,除了最高立法机关,其他任何机构不得分享对刑事诉讼制度的立法权。[①] 要件规则是刑事审判制度中细化和延伸主规则并使主规则得以适用的必备规则,其和主规则一

---

① 参见《中华人民共和国立法法》第8、9条。

起不可分割地构成了刑事审判制度的实施性规范,将要件规则与主规则人为割裂载于另外的文本之中,既违反了法律保留原则,又违背了刑事审判制度的规范性规律。另外,关键问题是,这种立法模式还会直接产生三个不良的后果:一是造成司法解释的效力位阶实际凌驾于《刑事诉讼法》之上。大量制度和程序的要件规则规定于司法解释之中。对此可将《刑事诉讼法》和司法解释中有关审判制度的条文数作对比说明问题:1996年《刑事诉讼法》中审判篇条文数是60条,而最高人民法院司法解释中的审判篇条文数是201条;而2012年修订的《刑事诉讼法》和司法解释中这一数量是69条和216条,可见司法解释中的适用规则始终是正式立法条文的三倍多。由于《刑事诉讼法》中的刑事审判规范大多只有主规则而无要件规则,其实际已成为一堆难以适用的具文,审判实践对司法解释的依赖程度远高于正式立法,效力位阶实际已凌驾正式立法之上。在此基础上可能造成第二个问题,即司法解释的具体规定违背正式立法相关规则的初衷,形成"二次立法",使正式立法中的相关规则的预期目的或效果难以实现,从而削弱制度规则的法律实效。如1996年《刑事诉讼法》第162条(2012年《刑事诉讼法》第195条)第2项规定,"依据法律认定被告人无罪的,应当作出无罪判决",同条第三项规定,"证据不足,不能认定被告人有罪的,应当作出证据不足、指控的犯罪不能成立的无罪判决"。应当说,从《刑事诉讼法》相关规定来看,这两种无罪判决在法律效力上并无不同,一旦判决生效后,均不得重新起诉和受理。然而法释[1998]23号第117条(法释[2012]21号第181条)第3项却规定:"对于根据《刑事诉讼法》第162条第(3)项规定宣告被告人无罪的,人民检察院依据新的事实、证据材料重新起诉的,人民法院应当依法受理。"又如1996年《刑事诉讼法》第162条(2012年《刑事诉讼法》第195条)规定:"案件事实清楚,证据确实充分,依据法律认定被告有罪的,应当作出有罪判决;依据法律认定被告人无罪的,应当作出无罪判决;证据不足,不能认定被告人有罪的,应当作出证据不足,指控的犯罪不能成立的无罪判决。"由此可见,我国的刑事判决只有两种:有罪判决和无罪判决。但法释[1998]23号第176条(法释[2012]21号第241条)第6、7项分别规定:被告人因不满16周岁或者是精神病人,在不能辨认或者不能控制自己行为的时候,造成危害结果,不予刑事处罚的,应当判决宣告被告人不负刑事责任。这实际上是在正式立法规定的判决情形之外又增加一种"不负刑事责任的判决"的判决形式。第三个不良后果是给非正式制度的出台和运作留下了文本空间。正式立法文本将要件规则留待司法解释完成,实际上是将构建相关制度和程序内部行为规则的权力拱手让给了司法机关,司法机关通过技术性手段可以在正式文本之外对相关规则不断地进行扩大化或利己性的解释,这给非正式文本的出台并取代正式立法文本而运行留下了巨大隐患。甚至从某种程度上可以说,实施性规范的残缺是正式立法自掘坟墓的行为。以审判委员会讨论决定个案为例说明。1996年《刑事诉讼法》第149条规定:"对于疑难、复杂、重大的案件,合议庭认为难以作出决定的,由合议庭提请院长决定提交审判委员会讨论决定。"然而,立法并却未对"疑难、复杂、重大"的案件范围这一重要的要件规则作具体规定。最高人民法院法释[1998]23号第114条对此作出了解释,规定包括拟判处死刑在内的四种情形属于"疑难、复杂、重大"的情形,但该条第1款第5项同时作出了弹性的兜底规定:"其他需要由审判委员会讨论决定的。"该项规定实际上是在司法解释之外对纳入审委会讨论决定的案件范围留下了再次解释的机会。果然,最高人民法院在法发[2010]3号文件第9条、第10条中再次对提交审委会讨论决定的个案范围进行了扩大解释,将法释[1998]23号中原来规定的四种情形扩充到了十二种。另外,地方法院根据法释[1998]23号第114条第1款第5项的弹性兜底条款还增加了"其他需要由审判委员会讨论决定的"的地方性内部规定,导致进入审委会讨论决定的个案多达几十种,最终致使提交审委会讨论决定为常态,合议庭评议判决为例外。

(三)保障性规范不备使制度刚性缺乏

保障性规范的作用在于确保制度能得到有效的适用和实施,且当出现制度未被适当遵守,甚至被人为破坏的时候能及时修复、弥补并在必要时对相关主体实施制裁。因此,保障性规范是制度和程序运行的一道防线,在刑事审判活动中并非必会适用,但其如果缺乏或不完善,后果很明显,将导致违背制度和程序的行为无法得到纠正。我国刑事审判制度的保障性规范不完善,是造成其法律实效降低的制度缺陷之三。

首先,保障性规范不完善主要表现在救济规则的不完善。此种救济规则并非是针对相关权利人受到侵害的权利,而是对因诉讼主体未遵守或未适当遵守规则的行为而使相关制度和程序的运行受到损害时的救济。如证人不出庭作证并未直接损害到任何诉讼主体的权利,但伤及法庭调查的程序利益,并可能损害审判的公正性,因此,强制证人出庭即是对证人拒绝出庭作证时的程序救济。前已述及,1996年《刑事诉讼法》在引进对抗式庭审式改革审判方式时未建立强制证人作证规范,导致证人出庭作证的立法规则成为具文,此亦救济规则缺乏导致程序运行失效的典型例证。这一情况在 2012 年新修订的《刑事诉讼法》中得到了一定程度的改观,新法确立了关键证人强制出庭作证的救济规则。① 此外,梳理我国刑事审判制度,还有以下几条救济规则:《刑事诉讼法》第 203 条规定,"人民检察院发现人民法院审理案件违反法律规定的诉讼程序,有权向人民法院提出纠正意见";第 227 条规定,"第二审人民法院发现第一审人民法院的审理有违反有关公开审判的规定的,违反回避制度的,剥夺或者限制了当事人的法定诉讼权利并可能影响公正审判的,审判组织的组成不合法的以及其他违反法律规定可能影响公正审判的情形之一的,应当裁定撤销原判,发回原审人民法院重新审判";第 242 条规定,当事人对违反法律规定的诉讼程序,可能影响公正审判的生效判决可以申请重新审判。根据上述立法规定,发现我国刑事审判中的救济规则存在四方面问题:(1) 救济规则针对的主体主要是法官。毋庸置疑,法官是审判程序的主持者和主导者,具有对审判程序发号施令的权力,谨防法官滥用权力违反程序规定,并建立救济规则实属必要。然而,我国现实的刑事审判实践中,违反程序的公权主体不仅仅是法官,也包括公诉人。并且,较之法官相对中立的诉讼地位,具有强烈控诉倾向和进攻性诉讼行为的公诉人更容易不遵守或者违反制度和程序,而审判制度中却缺乏防范公诉人程序违法的救济规则。(2) 救济规则的启动主要依靠专门机关的职权。现有救济规则除了上述当事人对生效裁判中的程序违法可以申请再审外,对于正在进行尚未终结的审判程序,将发现违法和启动救济的责任归于公权机关,以检察机关审判监督和二审法院依职权审查的形式予以救济,而当事人对正在进行的审判程序并无主动及时申请救济的机会。诚然,公

---

① 但是该救济规则具有相当的弹性,根据《刑事诉讼法》第 187 条的规定,只有在控、辩双方对证人证言有异议,且该证人证言对案件的定罪量刑有重大影响,人民法院认为证人有必要出庭作证的情况下,证人才被认为应当出庭作证。换言之,在不满足上述三个条件的情况下,证人可以拒绝出庭,强制证人作证的救济规则不会启动。此种规定的立法意图很明显,立法者并不认为建立刚性的救济规则以确保大多数案件中的证人能够站在证人席上会给当前的刑事审判制度带来多大的好处。这涉及立法者对刑事审判制度的整体考量。就目前刑事审判方式和资源而言,仍然无法实现所有证人都出庭,甚至连大多数证人出庭作证也难以做到。另外,即便不考虑审判方式和资源性问题,通过建立刚性的救济规则使所有证人都站在证人席上,也仅仅确保了证人出庭的问题,一个显而易见的道理是,证人出庭本身不是目的,证人出庭作证并接受控、辩询问进而实现控、辩对抗性的证据调查才是强制证人出庭的目的所在。然而,悲观地说,我国当前控、辩双方的诉讼对抗能力很难实现。不过,这并不妨碍本书在此论证救济规则对于相关制度和程序的保障作用。

权机关具有维护法律规则和程序利益的天然职责,但将程序救济之发现和启动完全归于公权机关,其救济效果并非最佳,主要原因是公权机关在诉讼利益交错、诉讼角色特定的审判活动中缺乏纠正程序违法的动力,如除非损害控方程序利益,否则公诉人一般怠于审判监督;除非危及审判权威,法官一般也不愿主动指出公诉人的程序不当。另外,公权机关的救济具有滞后性,如公诉人一般不能当庭纠正法官的程序错误,二审法院只能在二审中纠正一审的程序错误。事实上,制度和程序如果未被遵守,除了制度正当性受损外,间接受到影响和损害的即是当事人,尤其是被告人。因此,当事人无缘启动救济规则不利于制度和程序的保障,也与各国通例不符。(3)救济规则中程序违法的事项狭窄且标准含混。现有的救济规则除了《刑事诉讼法》第227条列举了具体事项之外,其他的规定均为"违反法律规定的诉讼程序",这种概括性表述不利于诉讼各方,尤其不利于当事人明确哪些情形是违反了法律规定的诉讼程序。事实上,对程序规则的违反并不似违反实体法规则那样总是显而易见的,有些违反程序规则的诉讼行为较为明显,比如应当开庭审理的案件法官不开庭审理;还有一些诉讼行为看起来似乎并未直接违反哪一条程序规则,但实际上属于违反了程序规则中所内含的程序要求和标准,比如部分合议庭成员未参与全部审理活动。另外,违反程序规则的程度以及对审判的影响也有区别,有些属于严重违反,有些属于程序瑕疵。大多数成文法国家的刑事诉讼法都已明确列举并按照严重情形加以分类的方式明示程序违法的具体情形。因此,"违反法律规定的诉讼程序"这种过于简单的表述抹杀了违反程序规则和未适当遵守程序规则之间的区别和差异,不利于对程序违法的识别和救济。即便是《刑事诉讼法》第227条,也只列举了明显违反程序规定的四种情形,未将审判实践中常见的其他程序违法情形包括在内,并且,其中"可能影响公正审判"的规定如何理解?究竟是实体公正还是程序公正?均缺乏必要的解释而显得标准模糊。(4)救济措施不合理。现有的救济规则采取的基本措施是由上诉审和再审对原审中的程序违法予以救济,救济的方式是发回重审。然而,实践中因程序违法而被发回重审的案件为数极少,在上诉审中,二审法院即便发现,也一般不以程序违法而以事实不清、证据不足为由发回,而因程序违法启动再审则更为困难。主要原因是审判程序违法的救济是通过上下级法院的审判监督关系而实现,相较之于法院对审前程序中违法事件的救济,如排除检方的非法证据,上下级法院之间的程序救济属于法院系统"自己充任自己的法官",而这在我国法院系统上下级法院之间并非易事。因此,如不制定严格而具有操作性的救济措施,程序救济不容易实现。另外,发回原审法院,由其重新审理的方式是否能真正起到程序救济的作用也值得商榷。

其次,保障性规范不完善还表现为制裁规则的不完善。在分析实证法学主义的理论中,"制裁"是作为法律规则的要素存在的。从奥斯丁开始便注意到了制裁在法律规范性中的要素作用,凯尔森更是对制裁推崇备至,并将其视为法律的存在和表达的唯一形式。虽然将制裁视为法律要素并未获得法学界的全部认同,但大多数法学家并不否认制裁与法律适用的内在联系,并认为制裁对于法律运行是不可或缺的因素。这正如弗里德曼所言:"无论如何,有关法律行为的理论必须注意到制裁的理论和实践。不管制裁是否算是法律'要素',它在世界上是确实存在的,不解释制裁的作用,无法解释法律如何起作用。"[1]因此,从一开始制裁便和法律运行联系起来,被认为是法律实效的重要保障。当然,不能盲目夸大制裁对于法律实效的作用,一个不容否认的事实是,即使存在制裁规则的情况下,仍然有大量法律被违反而失去实效,这主要是因为法律实效获得的复杂性,拉伦兹称它"取决于诸多因素"[2],科殷认为其"是一个实际的问题,一个涉及社会现实的难题"[3]。法律实效研究的开创者,也是"制裁"规则的青睐者——凯尔森也注意到了如果依赖制裁对实效的保证,那只能引起"永无止境的制裁系列"[4],最终无法得到可靠的保障,因为任何关于制裁的规定本身都可能被违反。[5]但是,没有制裁规则的法律就如同一扇写有禁止入内但却不上锁的大门,被违反的可能性将大大增加,并且一旦被违反,更会带来消极的带动效应。法律上典型的制裁是对违法行为人的惩罚,如实体法规则中的制裁,而这不仅对于实体法,对于保障程序法的实效实现也是有效的。并且,在守法义务上,如果普通人违法要受到制裁,那么以维护法律、守望公平为天职的司法

---

[1] 〔美〕劳伦斯·M.弗里德曼:《法律制度——从社会科学角度观察》,李琼英、林欣译,中国政法大学出版社 2004 年版,第 33—34 页。

[2] 〔德〕卡尔·拉伦兹:《法学方法论》,陈爱娥译,台湾五南图书出版公司 1996 年版,第 89 页。

[3] 〔德〕科殷:《法哲学》,林荣远译,华夏出版社 2003 年版,第 190 页。

[4] 〔奥〕凯尔森:《法与国家的一般理论》,沈宗灵译,中国大百科全书出版社 1996 年版,第 30 页。

[5] 在凯尔森那里,制裁(约束、强制)的问题并不是保证规则实效的问题,而是规则内容的问题。参见〔奥〕凯尔森:《法与国家的一般理论》,沈宗灵译,中国大百科全书出版社 1996 年版,第 42 页。

官员违反对其的行为专属法则更没有任何理由不被制裁。对此,凯尔森就曾提出,"制裁规则"是"针对适用制裁的官员的'应当'命题"①。刑事审判制度对于法官而言是指引和规范其审判活动的行动法,法官在其中不仅首先有遵守规则的义务,还有义务维护规则不被其他诉讼主体违反,如果违反这些义务,法官应当受到相应的制裁,这即是法官职业行为的规范,更是刑事审判法律实效的保障。② 只不过,对法官违反刑事审判规范的制裁不会规定在刑事诉讼法中,而是和其他法官行为规则一起规定在专门的法官行为规范中。虽然制裁规则另载于刑事审判制度以外的专门性规范中,但不应割裂两者在行为指引和违反制裁之间的联系,更不能忽视对制裁规则的制定和完善。如美国学者帕特森教授指出,"制裁是每一种法律体系和每一项法律规定的必要特征",而且,"每一种法律在某种意义上都具有一种法律制裁形式"③。

我国刑事审判制度实效不佳,与法官有很大的关系,虽然大多数违反制度和程序是制度性或体制性的普遍现象,即并非法官的个别行为造成,但法官未能在审判过程中尽职履行维护制度和程序正当运行的义务也是普遍存在的,法官在发现和面对制度和程序违法或不适当遵守时,尤其是公诉人行为时,采取的是消极旁观而不是积极制止的态度,这已经违背了法官职业要求和审判行为义务。我国《法官法》第 7 条规定,"严格遵守宪法和法律"以及"依法保障诉讼参与人的诉讼权利"是法官应当履行的义务,虽然法官法未明确规定维护审判制度和程序是法官的义务,但该义务被普遍认为是法官职业存在的题中之义而无论其是否载明。另外,从最高人民法院的司法解释中也可以寻找到支持法官维护程序正当性的规定。④ 因此,对程序违法

---

① 〔英〕韦恩·莫里森:《法理学》,李桂林等译,武汉大学出版社 2003 年版,第 351 页。

② 也许有人提出,这里的制裁对象还应当包括检察官,本书则倾向于不包括。本书讨论的是对违反刑事审判制度的行为的制裁,其实在法庭上,如果法官适当地履行义务,即便是包括检察官在内的其他诉讼主体涉嫌违反程序规定,法官也可以在审判活动中及时地给予提示、告诫并启动对程序的救济。总之,法官在审判中对其他诉讼主体具有一定的主导力和约束力,因此,检察官在审判程序中的不适当行为大多数情况下法官可以实现对其的规训。

③ Edwin. W. Patterson, *Jurisprudence*: *Men and Ideas of the Law*, Foundation Press, 1953, p.169.

④ 如法释[2012]21 号第 214 条规定:"控辩双方的讯问、发问方式不当或者内容与本案无关的,对方可以提出异议,申请审判长制止,审判长应当判明情况予以支持或者驳回;对方未提出异议的,审判长也可以根据情况予以制止。"这说明最高人民法院认为法官应当依职权对违反程序正当性的诉讼行为予以纠正。

以及对未履行维护制度和程序规则的法官实施必要的制裁既是法官职业伦理的要求,又是提升刑事审判制度实效的需要。然而,在这方面我国对于法官的制裁却呈缺失的状态。目前有关法官制裁的规范主要是《法官法》,其中第32条规定了将对法官予以惩戒的十三种行为,包括:(1)散布有损国家声誉的言论,参加非法组织,参加旨在反对国家的集会、游行、示威活动,参加罢工;(2)贪污受贿;(3)徇私枉法;(4)刑讯逼供;(5)隐瞒证据或者伪造证据;(6)泄露国家秘密或者审判工作秘密;(7)滥用职权,侵犯自然人、法人或者其他组织的合法权益;(8)玩忽职守,造成错案或者给当事人造成损失;(9)拖延办案,贻误工作;(10)利用职权为自己或他人谋取私利;(11)从事营利性经营活动;(12)私自会见当事人及其代理人,接受当事人及其代理人的请客送礼;(13)其他违法乱纪的行为。法官只要有其中一种行为便可能招致制裁,而制裁的方式是该法第34条所规定的警告、记过、记大过、降级、撤职、开除等惩戒方式。就维护刑事审判制度而言,这些制裁规则存在两个问题:一是制裁事由狭窄,现有的制裁事由虽然规定了十余条,但其更多偏重法官作为公职人员的身份要求,诸如第(1)(2)(3)(5)(10)(11)(13)条规定,而对其作为法官的行为准则,尤其是"审判行为义务"则较为弱化。其中若干条有关法官行为的规定完全没有体现法官作为审判官的特性,诸如(4)(7)(8)(9)(12)等,甚至和警察、检察官的制裁事由没有区别。按照这种规定,法官只要不触犯上述十三条规定,即便是存在程序违法或者不积极维护程序公正的行为,也完全不会招致制裁。这与主流法治国家将"违反或怠于履行审判职务义务"作为法官制裁的基准性依据不符。另外,制裁的方式与普通公务员行政处分的措施并无二致,并未与法官的审判职能联系起来。

第二节 刑事审判的体制积弊

一、刑事审判的运行体制分析

(一)刑事审判运行体制的三重维度

鉴于"体制"一词在语义上存在较大的模糊性,在不同语境中的内涵外延具有较大变化,在此首先需要对这个概念作必要的交代。"体制"一词在中国古语中是分开使用的即"体","首、身、手、足,各属有三,总十二属也",

系指人的身体,后来延伸为事物的存在形式,如物体、字体、文体等。①"制","裁也",系指裁衣,后来延伸为事物的样式。② 最早将"体"和"制"连贯起来使用,见于形容文体的体裁特征,如孔颖达疏郑玄的《诗谱·周颂》:"然《鲁颂》之文,尤类《小雅》,比之《商颂》,体制又异,明三颂之名虽同,其体个别也"③,且这种用法逐渐增多。"体制"一词后逐渐与国家和社会的的管理形式、制度联系起来,如南朝孝武帝在《重农举才诏》提到:"尚书,百官之本,庶绩之枢机;丞郎列曹,局司有在。而顷事无巨细,悉归令仆,非所以众材成构,羣能济业者也。可更明体制,咸责厥成,纠繄勤惰,严施赏罚。""体制"一词在英文中,并无专用的词语,相对应的词有"system"(体系、系统、体制)、"organization"(组织、机构、体制)等。如今"体制"一词无论在中外,是一个具有一定的弹性的概念,不同的指称下具有不同的外延。如在政治学中指称的体制是指国家政府的组织结构和管理方式及相关的法律制度,譬如中央集权制、民主集中制、三权分立制。在经济学中指称的体制是指一定区域内的经济组织形式以及经济资源流动、配置的方式和决策、调控的管理方式,譬如计划经济体制、市场经济体制。可见,不论体制的外延如何变化,其在指称不同的社会分系统时,基本内涵包含着两方面内容:组织体系的结构格局和管理制度。

司法体制是司法这一社会分系统的运行体制,指的是国家司法机关和司法官的组织形式和结构及其进行司法活动的方式和制度。刑事司法体制是司法体制中最为特殊和复杂的一种,它具有司法体制的一般性,即在法院和法官的组织形式和管理制度这部分司法内部体制上,刑事司法体制和其他类型司法体制没有区别,同时,因为刑事司法特有的性质、任务和进行方式,使其还具有特殊的外部司法体制,即法院组织机构之外的与国家及其他权力之间的关系和法定制度的外部体制。上述笔者的一番陈述实际上已界定了司法体制和刑事司法体制的外延范围,即其中的"司法"仅指狭义的,或曰国际通行意义上的法院的司法裁判。因此,这里所探讨的刑事司法体制是以法院和法官为中心。根据司法体制的内涵,结合刑事司法的特殊性,刑事司法体制可以在如下三个维度展开:

一是作为国家权力的刑事司法权。权力的创设是体制构建的逻辑起

---

① 参见清代陈昌治刻本《说文解字》,卷四,骨部,中华书局影印本。
② 参见清代陈昌治刻本《说文解字》,卷四,刀部,中华书局影印本。
③ 《毛诗正义》卷十八,《十三经注疏》,中华书局影印本。

点。只有国家承认并创设了刑事司法权,才有行使该公权的必要,才涉及组建司法机关组织体系并赋予刑事法官审判职权。司法权由国家创设,刑事司法体制的第一要务便涉及司法权在国家权力体系中的地位及其与其他权力之间的关系,这是刑事司法体制的宏观层面。按照近现代以来的国家权力学说,国家的权力可分为三类,司法权被认为是其中一种。① 司法权的创设是国家运行之必备,也使司法体制具有了构建的可能,在创设的同时,国家如何放置司法权,安排其与立法权、行政权之间的关系,才是奠定司法体制的基础。司法权在国家权力中所处的地位决定了其角色和功能的定位,决定了国家对待司法权的基本方式,同时也内在地规定了国家对司法机关和司法官的基本管理制度。

二是作为组织机构的法院体系。法院是司法权行使的组织形式,法院组织体系的建立及运行构成了刑事司法体制的中观层面。具体而言,涉及两方面内容:其一,法院组织体系的层级和机构设置,上下级法院的层级关系,内部刑事审判业务管理制度;其二,法院组织体系与警察、检察机构的关系格局,法院与警察、检察机构在刑事司法活动中的联系方式和制度。

三是作为组织细胞的法官个人。法官是法院组织体系的组成细胞,是审判职能的具体承担者,是刑事司法的基础生产力。因而,法官个人构成了刑事司法体制的微观层面,具体而言,涉及法官在法院组织体系中的地位、职业身份及保障,审判刑事案件的质量评价和控制等方面。

(二)刑事审判之制度与体制的关系

在有关法律这一上层建筑的探讨中,"体制"是我们常常听到或用到的高频词,这说明作为制度规范的法律和体制具有内在的关联。对刑事审判制度的研究便是如此。在笔者从事法官工作期间已明显察觉到,一些现象的发生并非是审判制度内的问题,在立法规定的刑事审判制度中无法得到解释。比如为何合议庭在很多时候不愿以评议的结论直接判决,而乐于将案件提交审委会讨论决定;为何法官对于公诉人未适当遵循程序规定的行为极少予以指正;为何法官对于控方的非法证据缺乏排除的勇气和动力;为何法官面对事实不清、证据不足的疑罪难以作出无罪判决;为何一审法院对于明明可以判决的案件坚持要请示上级法院;为何我国刑事审判无罪判决率长期低于国际平均水平。这样的"为何"还可以继续追问下去。学界以及

---

① 参见〔法〕孟德斯鸠:《论法的精神》(上册),张雁深译,商务印书馆1961年版,第154页。

社会观察者对这些现象的讨论容易将原因归于法官的观念和素质。其实问题没那么简单,随着大量的法科毕业生进入法院业务庭室,以及法院系统年复一年开展的各种形式的培训和研讨,法官们的程序观念已有很大转变,审判能力也远比外界想象的要强。然而,这些现象却并未随着法官观念和素质的提升而有所改观。在笔者和法官们讨论这些问题时,法官们对此大多表示无奈,直言这些问题是普遍存在且难以消除的,他们将原因指向了一个共同原因——刑事司法体制。因此,探究刑事司法体制是解释刑事审判制度实效问题的一个重要窗口。

刑事司法体制是刑事审判制度的基本关系可以如此形容,前者是后者的运行环境。感觉上,刑事司法体制是个无形的虚化的东西,实际上,刑事司法体制是由一系列庞杂但可见的制度、规定甚至惯例形成的。我们可以从《宪法》《刑事诉讼法》等法律中以及司法解释等规范性文件中,甚至可以从有关刑事司法的会议文件和领导干部的讲话中找到国家和立法者对于刑事司法运行不同方面的认识和要求,伴随这些制度的制定,规定的出台,惯例的形成,刑事司法体制也逐步形成。如《宪法》第 126 条规定:"人民法院依照法律规定独立行使审判权,不受行政机关、社会团体和个人的干涉。"该条是关于审判权行使方式的规定,同时,该条也在一定程度上形成了司法权在国家权力中的地位。又如,《宪法》第 124 条规定:"中华人民共和国设立最高人民法院、地方各级人民法院和军事法院等专门人民法院。"第 127 条第 2 款规定:"最高人民法院监督地方各级人民法院和专门人民法院的审判工作,上级人民法院监督下级人民法院的审判工作。"这两条是关于法院层级设置和关系的规定,同时也形成了法院组织系统内上下级法院之间的关系。诸如此类,正是一个个法定的制度、一项项具体的规定汇集起来形成了刑事司法体制。因此,刑事司法体制与其说是刻意构建,不如说是逐步形成的。刑事司法体制中的各种内容并非都与刑事审判活动直接相关,但其纷纷指向刑事司法的运行,如上文所述,它们在宏观上规定了审判权的行使方式,在中观上规定了法院组织系统内部和外部纵向和横向的关系,在微观上规定了法官的职业身份和行为。刑事司法体制的诸多内容织就了一张有关刑事司法运行的"网",确定被告人刑事责任的审判制度是刑事司法体制中最核心的部分,并被刑事司法体制这张大网所支撑。刑事审判由检察院将案件起诉至法院,法院受理案件并开庭审判,直至作出判决,在一般人看起来,这是个在法院内部完成的一个并非复杂的过程。实际上,虽然是按照刑事审判制度进行的过程,但刑事审判制度是整个刑事司法体制中的制度,刑事审判制度的运行无时无刻不受到刑事司法体制的制约和影响。甚至可以这样说,刑事案件是刑事审判运行的产物,而刑事审判的运行则是刑事司法体制的产物。需要指出的是,刑事司法体制建构是手段,刑事审判制度的良性运行才是目的。因此,刑事司法体制的各方面内容应当符合刑事审判的基本原理和规律,刑事司法体制的形成应当有利于刑事审判制度的运作。良好的刑事司法体制可以创造一个良好的刑事司法环境,刑事审判制度得以高效地运行。反之,如刑事司法体制不善,则刑事审判制度亦罹其害,甚至若刑事司法体制与刑事审判制度的内容相悖,会造成体制对制度的反侵,刑事审判制度的运行会遭遇重挫。这看起来似乎难以理解,同样是需要遵循的制度或规定,为何在刑事司法体制和刑事审判制度的竞择中,法院和法官会遵从前者？其实,这并不难理解,一方面因为刑事司法体制和刑事审判制度指向的对象不同,前者中的很大一部分内容是对法院和法官的管理制度,这对于法院和法官而言是比刑事审判制度更具有刚性约束力,且与自身利益直接相关的规定,如果不顺从体制规定,法院或法官的利益损害是现实可见的。另一方面因为刑事司法体制中的一些内容是法院和法官无法控制和选择而只能被动顺从的,而刑事审判制度大多由法院和法官自行适用,属于其掌控范围内的规定。

（三）保障审判独立的国际司法体制

鉴于刑事司法体制和刑事审判制度之间的关系,现代法治国非常重视刑事司法体制的选择和构建,以为刑事审判制度创造良好的运行环境,而构建刑事司法体制的出发点无疑是尊重并符合刑事审判基本规律。刑事审判虽然在各国的模式不尽相同,有所谓当事人主义、职权主义等,但这些模式只是在案件事实真相探求机制设计上不同,而对于刑事审判的基本特征和原则,如审判的专属性、被动性、终局性、权威性以及中立原则、集中原则等普适性的规律,各国不持异议。刑事审判的这些普适性规律划定了刑事司法体制构建的框架,刑事司法体制必须满足刑事审判基本规律。也正因为如此,决定了各法治国的刑事司法体制不会有本质区别。事实上,经过漫长的选择和实践,各法治国认识到,要保障现代刑事审判制度的顺畅运行,必须构建一种趋同的刑事司法体制——司法独立体制。按照刑事司法体制的三个维度,各法治国对刑事司法体制中的诸项内容贯彻了独立的要求。

(1) 在司法权层面的独立。各国在宪法意义上确认司法权在国家权力体系中处于独立的地位,不受其他任何权力的干涉。在这方面,仍然以孟德斯鸠的论述最为精当:"如果司法权不同立法权和行政权分立,自由就不存在了;如果司法权和立法权合而为一,则将对公民的生命和自由实行专断的权力,因为法官就是立法者,如果司法权和行政权合而为一,法官便握有压迫者的力量。"①强调司法权独立于其他国家权力,尤其是独立于以创制和制订为特征的立法权,和以实施和执行为特征的行政权,使司法权保持被动、中立的裁判属性,为构建独立的刑事司法运行体制奠定基础。1983年6月10日在加拿大魁北克举行的司法独立第一次世界会议全体大会通过的《司法独立世界宣言》(蒙特利尔宣言)确立了司法权独立的若干标准:第一,司法权不受行政权和立法权的干预;第二,司法机的审判管辖权不受剥夺;第三,法官应有权采取集体行动以保护司法独立性。②

(2) 在司法组织体系层面的独立。现代国家均已建立了独立的司法组织体系,即法院系统。司法组织体系的独立不仅仅止步于法院作为整个机构系统独立于其他任何机构系统,而是深入到组织体系的内部构建。法院自上而下设置了若干层级,每一个层级的法院按照地域区划和案件级别确定审判管辖。每一个层级的法院对其管辖的案件具有完整的审判权,不受同层级和高层级法院的任何干涉。当然,上下层级法院的设置不仅仅只是对案件的初次审理,出于对人类认识能力有限性的承认,法院层级设置还具有案件复审的纠错功能。为保障低层级法院审判的独立性,对初审案件的纠错并不能由高层级法院主动开启,而必须交由控、辩双方提起。③ 对初审的纠正性复审由高层级法院审理,甚至有的国家的高层级法院专司复审而并不承担案件初审功能。复审使得上下层级法院之间发生了联系,但这只是出于复审提起人利益的考虑和尊重,并不意味着高层级法院对低层级法院具有监督甚至控制的职能。④ 除了对案件的复审外,上下层级法院之间再无其他联系,亦不存在任何组织隶属关系,高层级法院更不掌握对低层级法院的审判能力评价和审判质量管理的权力。另外,法院和检察、警察机构的

---

① 〔法〕孟德斯鸠:《论法的精神》(上册),张雁深译,商务印书馆1961年版,第154页。
② See Universal Declaration on the Independence of Justice, 1983.
③ 有些国家的复审只能由被告方提起,且是被定罪的被告人,如英国和美国。
④ 极少数国家认为上下层级法院之间的关系是监督关系,如俄罗斯。参见《俄罗斯宪法》第126条。

关系无论在组织体系上还是司法职能上均是独立关系。在组织体系关系上，法院完全独立于检、警机构自不待言①，并且，三者之间并无共同的上级权力，不属于同僚阶层，这在根本上是由司法权的独立性质所决定的。在司法职能关系上，各国一般将检、警机构归为同类职能，即起诉方，法院和检、警之间仅存在诉审关系而无其他关系。法院和检、警之间严格贯彻诉审分离原则，法院和检、警没有任何利益关联，亦不具有联合共同打击犯罪的义务。检察官的地位和权力在各国有所区别，在英国、美国被当事人化，除了起诉外，无任何其他权力，在法国、德国，被授权作为名义上的侦查者，可以领导或指挥司法警察进行案件侦查，但无论如何，除了以起诉启动刑事审判外，检察官不能对法官审判行为进行任何形式的监督或者制约，以保障司法审判的独立性。

（3）在法官个体层面的独立。法官独立被认为是司法独立之体制的核心内容，这是因为个案的审判都是由法官个人所作出，法官个体才是刑事司法的直接生产力。因此，各国在构建刑事司法体制时均非常重视保障法官独立，这首先反映在国际社会对法官独立的宣告和昭示，如《司法独立世界宣言》第 2.3 条确认："每一法官均应自由地依据对于事实之判断及法律之了解，公平地决定所系属之事务，不受任何地方及任何理由限制、影响、诱导、压力、恐吓或干涉，此亦为其义务。法官在作成判决之过程中，应独立于其同僚及监督者，任何司法之体系或任何不同阶层之组织，均无权干涉法官自由地宣示其判决。"②各国在宪法文件中直接确认法官独立，英国、美国自不待言，乃法官独立体制之发轫和典范；西方其他国家，如《德意志联邦共和国基本法》(1949) 第 97 条第 1 项规定："法官是独立的，只服从法律"；《意大利宪法》(1948) 第 101 条第 2 款规定："法官只服从法律"；《奥地利联邦宪法》(1924) 第 87 条第 1 款规定："法官独立执行司法职务"；《西班牙宪法》(1978) 第 117 条第 1 款规定："司法权来自人民，由组成司法体系的独立的、不可触动的、负责的、只服从法律的法官和大法官以国王名义管理"；《俄罗斯联邦宪法》(1993) 第 120 条规定："法官是独立的，只服从于俄罗斯宪

---

① 在法国和德国，实行法检机构同署，将检察机关设置于法院之内，派驻某一级法院的检察官是该法院的合法组成人员。但这并不意味着法国和德国的法院在组织机构上不独立，而是他们习惯将检察官视为司法官，如法国学者所言："法律授权进行公诉的司法官……是检察院的成员，我们有时也称这些司法官为'立席司法官'。"参见〔法〕卡斯东·斯特法尼：《法国刑事诉讼法精义》，罗结珍译，中国政法大学出版社 1999 年版，第 122 页。

② See Universal Declaration on The Independence of Justice, 1983.

法和联邦法律"。在亚洲,法官独立同样获得规定,如《日本宪法》(1946)第67条第3款规定:"所有法官依良心独立行使职权,只受本宪法和法律的约束";《韩国宪法》(1987)第103条规定:"法官根据宪法和法律,凭其良心独立审判";《泰国宪法》(1996)第190条规定:"审判官员和司法工作者,可以独立地依据法律规定对诉讼案件进行审理和审判工作"。更值得一提的是,社会主义国家也同样对法官独立予以确认,如《越南社会主义共和国宪法》(1992)第130条规定:"在审判时,审判长与陪审员是独立的,只按照法律行事";《老挝人民民主共和国宪法》(1991)第68条规定:"法官在判决时,必须独立行使判决权,只遵照法律行事";《古巴共和国宪法》(1976)第125条规定:"法官独立刑事司法职权,法官只服从法律"①。当然,宪法的宣示只是法官个体独立的基础,要真正实现法官审判独立还需一系列体制构建。在法官任职资格方面,设置专门的遴选程序和严格的准入条件,尽可能使遴选出的法官具备深厚的专业知识和娴熟的司法技艺,以确保独立审判的质量。在这方面,普通法系国家的控制极为严格,一直遵循从具有丰富经验且有良好口碑的律师中遴选法官的传统。在大陆法系国家,法官任职的来源更为广泛,如在德国,公务员、大学教授也可准入法官职业,但条件同样严格,要求必须经历强制的培训和通过专门的法官任职考试方具备资格。并且,为将法官职业和公务员身份严格区分,德国还规定,公务员如获任法官资格,除按之前公务员职位保留和计算薪金和退休金外,在所有其他方面,公务员的权利义务将中止。② 另外,不同层级法院法官任职资格也不一样,法院层级越高,尤其是上诉法院,法官任职的条件越高,以确保高层级法院法官的职业水准,如在英国,担任地方法院法官(不包括治安法官)必须有不少于7年的出庭律师(barrister)的经历;担任高等法院法官必须具有10年以上的出庭律师的经历或者具有曾任2年以上高等法院法官的资历,担任常设上诉议员法官职务者,应具有担任出庭律师15年以上的资历,或者担任高等法院法官职务2年以上者。③ 在法官职业身份保障方面,法官一旦获得任职资格即享有法定的职业身份保障,非依据法定事由并经法定程序,任

---

① 根据检索的资料发现,在社会主义国家中,只有我国和朝鲜未确认法官独立。但朝鲜确认了法院独立,《朝鲜民主主义人民共和国宪法》(1972年)第140条规定:"法院独立进行审判,彻底依据法律进行审判。"这一规定与我国1954年《宪法》中的规定相同。

② 参见《德国法官法》(1993年修订版)第三章第15节第(1)条。

③ See Constitutional Reform Act 2005, http://www.legislation.gov.uk/ukpga/2005/4, 2013年8月15日访问。

何取消或免除法官职业资格或者法官职业身份的异动均是不允许的。一些国家甚至将法官职业身份保障载入宪法,如《西班牙宪法》第 117 条第 2 款规定:"法官和大法官只能由于法律规定的某种原因,并在法律保障的情况下,方能被撤换、停职、调动或退休。"当然,法官享有职业身份保障的同时也应接受必要的审判行为监督,但这种监督不同于对一般公职人员的监督,不能损害法官审判的独立性,如德国规定,法官只在不影响其独立性的范围内接受监督,监督的方式应当是对以不适当方式行使职权提出批评和敦促采取合理及时方式行使职权,并且,法官若认为某项监督措施影响其独立性,可以向法院提出裁决申请。① 为了在监督法官的同时,不至于损害法官的审判独立,有些国家还规定,不得法官判决或程序所裁决的实质性内容不适用于针对法官的投诉和制裁。②

二、运行体制对制度实效的影响

(一) 司法功能政治化的刑事审判

"司法权的第一特征,表现在所有国家都是对案件进行裁判。"③这一点获得了毋庸置疑的广泛认同。如日本法学家棚濑孝雄指出:"审判制度的首要任务即纠纷解决。"④对此,《布莱克维尔政治学百科全书》的解释更为准确:"司法机构的本质属性在于拥有解决法律冲突的权力,理想的司法机构即能通过公平、正当的程序或方式,向争讼各方提供制度化冲突解决方案的专门组织。"⑤因此,让争议各方提出主张和证据,并以裁判解决争议纠纷是司法审判无可争辩的本质功能。刑事审判所解决的纠纷是国家对被告人的指控,刑事审判制度正是基于裁判被告人刑事责任的特定功能而制定的法律规范,制度规范的设计和适用均是为了满足并实现这一特定功能。当然,刑事审判除了裁判被告人刑事责任外,还有其他辅助的功能,如社会控制、制约公权力,但其他功能均应在审判制度的框架中,通过审判制度的正当运行而实现。但是,如果国家通过刑事司法体制给刑事审判加载了其他的功

---

① 参见《德国法官法》(1993 年修订版)第四章第 26 节。
② See Judicial Conduct and Disability Act of 1980, 28. U.S.C. § 372(c),3A.
③ 〔法〕托克维尔:《论美国的民主》(上卷),董果良译,商务印书馆 1998 年版,第 110 页。
④ 〔日〕棚濑孝雄:《纠纷的解决与审判制度》,王亚新译,中国政法大学出版社 2004 年版,第 1 页。
⑤ 〔英〕戴维·米勒、韦农·波格丹诺:《布莱克维尔政治学百科全书》(修订版),邓正来译,中国政法大学出版社 2002 年版,第 404 页。

能,并且加载的功能使得裁判被告人刑事责任的本质功能在一定程度上被扭曲和异化,整个刑事审判制度运行则会因为迎合被异化的制度功能而出现极大偏差。自1996年以来,我国刑事审判制度不断效法西制,以英美法、大陆法和混合法中汲取养分为我所用,开启了刑事审判制度现代化的大幕。然而这大幕的另一端,刑事审判制度赖以运行的刑事司法体制却几乎保持着建立时模样,并未与时俱进地随着刑事审判制度的现代化而现代化。刑事审判制度的相对先进性和落后的刑事司法体制之间形成了日益紧张的关系。

组织理论的研究表明:"某种类型的组织一旦建立,往往会保持器建立时的基本特征。组织形式是刻板式的,很可能保持其最初获得的特征。因此,某个组织表现的结构形态与其建立时期之间,常常存在着紧密的管理。"①我国刑事司法体制在建立之初便将法院定位为人民民主专政的重要工具。"随着政权的基本任务已经逐渐由武力镇压转到管理工作,镇压和强迫的一般表现也会逐渐由就地枪决转到法庭。"②列宁的这一番话可谓当时我国司法体制建构逻辑的最佳注脚。"人民公安机关、人民检察院、人民法院,是在党的绝对领导下掌握在无产阶级手里的对一切敌人实行专政的武器,是党和人民群众实现建设社会主义总路线的工具。……司法机关都是为了实现统治阶级意志、巩固其统治的工具。"③刑事司法的专政功能一开始就载入了制度文本,1951年《中华人民共和国人民法院暂行组织条例》第3条规定:"人民法院为巩固人民民主专政,维护新民主主义的社会秩序,保卫人民的革命成果和一切合法利益。"该条第1项规定,人民法院执行职务包括:"审判刑事案件,惩罚危害国家、破坏社会秩序、侵犯国家、团体和个人合法权益的罪犯。"至此,这种体制逻辑一直被延续,在不同的历史节点,被不断地重复和强化。通过考察最高人民法院历任院长在一些重要而正式场合的报告或讲话中可以得到清晰的显示:

1950年6月7日召开的第一届全国政协第二次会议上,新中国最高人民法院首任院长、新中国法制创始人之一沈钧儒代表最高人民法院作报告

---

① 〔美〕W.理查德·斯科特:《组织理论》,黄洋等译,华夏出版社2002年版,第157页。
② 列宁:《苏维埃政权的当前任务》,载《列宁选集》(第3卷),人民出版社1996年版,第524页。
③ 中国人民大学审判法教研室编著:《人民司法工作是无产阶级专政的锐利武器》,中国人民大学出版社1958年版,第5页。转引自滕彪:《"司法"的变迁》,载《中外法学》2002年第6期。

时即明确指出,最高人民法院的中心任务就是"巩固革命胜利果实,保护新中国和平建设",它体现在两个方面:"第一,坚决地、严厉地、迅速及时地镇压一切破坏土地改革,破坏生产,破坏人民民主建设的反革命活动和反动阶级的反抗,保护土改胜利,生产建设和民主秩序。第二,通过审判,巩固人民内部团结,调整人民内部关系……对危害生产,破坏革命秩序的一切不法分子,进行坚决斗争,给予必要的惩罚。"1951年10月28日,在第一届全国政协第三次会议上,沈钧儒针对毛泽东在会议上提出的全国的中心任务是抗美援朝、增加生产、厉行节约而再次强调:"人民法院必须围绕这一中心任务,配合公安、检察等有关机关,发挥审判威力,继续深入镇压反革命,惩罚不法地主,保卫生产建设,反对贪污浪费,进一步巩固人民民主专政,保证抗美援朝的胜利。"

最高人民法院第二任院长董必武是对人民司法的专政属性论述最多的:"司法工作是国家政权的重要组成部分,是镇压反动保护人民的直接工具,是组织与教育人民群众作阶级斗争的有力武器。"[①]1957年董必武在第一届全国人大第四次会议上作报告指出:"刑事案件的下降,标志着我国犯罪现象的减少……但是,决不能由此得出结论,反革命残余和破坏社会秩序的坏分子很快就会完全趋于消灭。如果有这样想法,那是很危险的。同一切犯罪现象作斗争,继续巩固人民民主专政,仍是我们人民法院的头等重要任务……同时,在原来的剥削阶级分子中,也还有人伺机进行破坏社会主义建设的活动。我们各级人民法院,对此如果有任何放松警惕,麻痹大意,那将是政治上的严重错误。"[②]

1964年12月26日,最高人民法院第三任院长谢觉哉向第三届全国人大第一次会议作报告时指出:"五年来,最高人民法院和地方各级人民法院法院、专门法院,在党中央及地方各级党委的领导下,与公安、检察部门密切协作,依靠广大人民群众,同犯罪分子作了坚决的斗争,打退了敌人的进攻……在党的领导下,依靠革命人民群众,向反对和破坏社会主义事业的反动势力、犯罪分子实行专政,是我国人民民主专政的根本路线,也是人民法院工作的根本方向。"[③]

---

① 董必武:《关于改革司法机关及政法干部补充、训练诸问题》,载《董必武政治法律文集》,法律出版社1986年版,第234页。
② 参见《最高人民法院工作报告》(1957年7月22日第一届全国人大第四次会议)。
③ 参见《最高人民法院工作报告》(1964年12月26日第三届全国人大第一次会议)。

"文化大革命"后期面临拨乱反正,被"砸烂"的司法机构面临恢复重建,临危受命担任最高人民法院院长的江华,1975 年上任伊始便强调:"人民法院是人民民主专政的重要工具,可是这么长时间没有进行正常工作,这是很不正常的。作为专政工具,人民法院应该加强,不能削弱。"1991 年第七任最高人民法院院长任建新在第七届全国人大第五次会议上作报告时提到:"去年,全国法院继续把深入开展打击严重经济犯罪的斗争,作为惩治腐败、抵御和平演变、坚持社会主义道路的一件大事来抓";谈到 1992 年法院的工作任务时指出:"继续严厉打击严重刑事犯罪和严重经济犯罪活动,为改革开放和经济建设创造良好的社会环境。搞经济建设必须有一个稳定的社会政治环境。坚持人民民主专政,是建设有中国特色的社会主义的有力保障。人民法院是人民民主专政的重要工具,必须进一步强化对敌专政的职能作用。"①

司法人民民主专政性的话语一直延续到最高人民法院第十二任院长王胜俊。王胜俊在 2008 年指出:"我国法院是党领导下的人民法院,是人民民主专政的重要国家机关,是中国特色社会主义事业的建设者、捍卫者,担负着巩固党的执政地位、维护国家长治久安、保障人民安居乐业、服务经济社会发展的重要职责,对这一重大政治原则必须坚信不移、坚定不移。"②

根据这一系列具有权威性的正式话语可以看出,一直以来,我国刑事司法体制建构逻辑未将刑事司法当作是以判断和裁决为本质的一种独立权力,而是对其加载了若干政治功能。刑事审判不只是据法对公诉机关提起的指控进行审理和裁判的活动,更是积极维护党的领导,配合政府的中心工作的手段和工具,刑事审判在不同的历史时期均要积极发挥政治功能,完成政治任务:从 1949 年新中国成立初期到 1970 年末是阶级斗争时期,刑事司法要配合承担巩固政权、镇反敌人、恢复生产的任务;从 1978 年改革开放至其后的二十年内,刑事司法要配合以经济建设为中心,打击惩处破坏经济发展和市场秩序的刑事犯罪;近十余年来,刑事司法又开始配合维护稳定工作,消除和控制不稳定因素,并在刑事司法中讲求社会效果。当然,刑事司法的政治功能并非在所有时期都具有浓重的色彩,如刑事司法的专政性在

---

① 参见《最高人民法院工作报告》(1992 年 3 月 28 日第七届全国人大第五次会议)。
② 参见王胜俊:《坚持科学发展观,为大局服务,为人民司法》(2008 年 12 月 22 日在全国高级法院院长会议上的讲话)。

肖扬任最高人民法院院长时几乎未被提及①，这反映出以首席大法官为首的最高人民法院在不同时期对于法院性质、地位以及刑事司法功能的认识不同，对法院的改革方向和刑事司法何去何从所作出的努力也不同。当然，法院系统和刑事司法的自我认同并不足以摘去刑事司法政治功能的紧箍咒，其根本原因在于，法院除了自上而下的垂直领导管理体制外，还要接受来自党对司法工作的绝对领导。因此，即便法院系统内具有刑事司法去政治化的呼声和愿望，也无法完全摆脱政治色彩而回归"横平裁决者""社会调解器"的常规司法角色，充其量只能在两者之间寻求兼顾和平衡。更为重要的是，刑事审判早已被深深嵌入大一统的刑事司法体制下，并被政治功能这台强大的发动机驱动前进。

刑事司法的政治功能通过一系列体制实践得以展开和实现。首先，将这一政治功能载入法院组织的立法之中以获得正统性，《人民法院组织法》继受了1951年《中华人民共和国人民法院暂行组织条例》的规定，该法第3条规定："人民法院通过审判活动，惩办一切犯罪分子，解决民事纠纷，以以保卫无产阶级专政制度，维护社会主义法制和社会秩序，保护社会主义的全民所有的财产、劳动群众集体所有的财产，保护公民私人所有的合法财产，保护公民的人身权利、民主权利和其他权利，保障国家的社会主义革命和社会主义建设事业的顺利进行。"

其次，将法院及其人员的刑事司法力量整合进政治权力体系之中。这又包括三个方面：一是通过党和政府权力体系中的两个重要的机构，政法委员会和综治委员会。前者是各级党委领导和管理政法工作的职能部门，主要负责统一政法机关的思想和行动，作出整体性的部署，组织和协调政法机关之间密切配合；后者是协助各级党委和政府领导社会治安综合治理工作的常设机构。而法院系统被整体纳入进这两个机构之中作为其办事机构和下辖的成员单位，各级法院院长也通常兼任相关委员会或其办事机构的委员职务，以使法院系统在有关刑事司法的组织和行动上能够协调一致。二是法院设置党组，确保刑事司法政治功能的贯彻，党组成员由各个法院内部

---

① 笔者在检索历任最高人民法院院长的工作报告和重要讲话时发现，对我国司法的民主专政性的论述，最多的是董必武，而第十任、第十一任院长肖扬的最少。在肖扬任院长时，最高人民法院的工作报告和肖扬公开的讲话中，笔者未见肖扬直接论述司法专政性的文字。而肖扬主掌最高人民法院的时期也被一些观察者认为是法院政治色彩偏弱的时期。参见时飞：《最高人民法院政治任务的变化》，载《开放时代》2008年第1期。

的党员领导组成。"党组发挥领导核心作用,主要是负责贯彻执行党的路线、方针、政策。"①三是法院内部吸收的绝大多数法官也都是党员。按照党内一贯实行的"党员个人服从党的组织,少数服从多数,下级组织服从上级组织,全党各个组织和全体党员服从党中央"②的工作原则,法院的内部人员构成能确保在思想和行动上的一致性,最大程度地实现刑事司法政治功能和任务的贯彻落实。

最后,各级党政机关掌握法院的人事和财政事宜。人事和财政是任何一个组织机构最重要的资源,控制了这两方面就获得了对组织机构的实际控制权。特别是人事,荷兰学者布鲁斯在考察社会主义政党对人事任免和对组织控制的关系后深刻指出:"党的机构基本上是国家和经济机构的一个组成部分,但在各级行政和经济机构中它都是至高无上的成分。党的机构对国家和经济机构决策干预范围和程度可能会改变,但总是掌握着原则问题,特别是——我们要再重复,以强调这个因素的重要性——专门留作由党的机构决定的人事问题。"③根据法院组织法和法官法的规定,各级法院的院长一般由同级人大选举并任免,副院长、庭长、副庭长、审判员由院长提名并由同级人大常委会任免。在当前党和人大的关系背景下,法院机构人员的任免实际是由党的组织部门掌握,而人大任免更多的只是形式和程序意义,如法院院长大多由各级党委酝酿决定后报人大选举通过。④ 在财政方面,随着20世纪80年代我国财政体制由集权型向分权型改革,中央和地方按行政隶属关系划分财政收支范围,地方以收定支,包干使用,以使地方发挥财政使用的效益和激励机制。法院的财政经费完全来源于地方政府,依靠政府财政拨款。⑤ 法院的办公楼、司法装备设施、办案经费等均需要向政府申请,依靠政府支持,而政府将财政经费拨付给法院的同时当然希望法院能发挥好政治功能,积极参与地方社会治安治理,积极为地方党政的各项工作排忧解难、保驾护航。

---

① 《中国共产党党章》第九章第四十六条。
② 《中国共产党党章》第二章第十条第(一)项。
③ 〔荷〕布鲁斯:《社会主义的所有制与政治体制》,胡健译,华夏出版社1989年版,第59页。
④ 当然,作为双重领导体制,法院机构人事任免中,上级法院的态度和意见也很重要,尤其对下级法院正副职院长的任免,上级法院也有一定的话语权。
⑤ 法院自行收取的诉讼费实行"收支两条线",即法院收取的诉讼费全额上缴政府财政专户,政府财政统筹后再以预算外资金的形式,根据法院的业务情况和开支预算报告决定财政拨款的数额。

刑事司法的政治功能承担使得法院系统整体具有政治化的自我角色暗示,并在刑事审判中对同属于政治权力体系、具有权力同源性和同质性的公安机关和检察机关具有亲近感和行为认同感,这必然使司法权失去了应有的中立裁判的地位而成为一个对犯罪的打击者或制裁者。如一些观察者所言,"由于政治上强调的以司法机关的镇压职能去实现局部的社会秩序的改造和对于革命胜利果实的巩固,法院在强调其职能角色和制度功能的同时,自觉地将自己组合进整个国家的政法体制之中去,从而以政法的治理方式来完成其所肩负的使命"[1]。刑事司法的政治任务不可能大而化之地实现,只能在一个个具体的刑事案件,并透过刑事审判制度去实现。对此,有学者认为:"法律的相对自主性并不是政治权力渗透的障碍,实际上它更利于政治权力以一种隐蔽的、经济的方式渗透到法律中……这种法律实践要求人民民主专政必须要正规的革命法制来施行,这种统治是一种'通过法律的统治'或者'通过程序的统治'。"[2]但实际上,在刑事审判制度逐步改革的过程中,越来越多理念以及程序设计和制度安排并不利于实现刑事司法的政治功能,如非法证据的排除,当侦控方非法取证时,法官清楚证据不具有合法性,不能采纳,但如果将其排除则会极大损害控方的证据体系,甚至引发对侦诉人员的追责,出于刑事审判制度的要求应当予以排除,出于在透过个案完成打击犯罪、维护治安的政治任务又需要配合侦诉方的指控,法官常常陷入极其矛盾的境地。类似的情况还有,当公诉人的指控未达到证明标准,证据存疑,按照有疑点利于被告的原则应当作出疑罪从无的判决,但如此一来,面临因证据或证明的问题而放纵侦控机关所认定的犯罪,此时法院无法中立而自如地判决被告人无罪,同样会身陷囹圄。当出现这些情况的时候,法院一般的做法即是对制度规则睁只眼闭只眼,打折扣地执行,除非是极其严重的证据违法,法院一般不会主动排除非法证据,除非是明显地无罪,疑罪一般会从轻处理。或者,在一些法院极其为难但侦控机关坚持指控意见的复杂或疑难案件中,我们便看到政法委出面协调的身影。分析至此,一些刑事审判制度规范失效的现象疑问便可以得到解释,诸如为何法院没有主动排除非法证据的勇气和动力;为何面对控方庭审的指控不力,法官庭后阅卷甚至主动调查排除控方证据疑点帮助完成控诉;为何面对证据瑕疵和证

---

[1] 时飞:《最高人民法院政治任务的变化》,载《开放时代》2008 年第 1 期。
[2] 强世功:《司法的政党化及其危机》,http://www.usc.cuhk.edu.hk/PaperCollection/Details.aspx? id=2898,2013 年 8 月 6 日访问。

明不足,案件存疑时,法院难以作出无罪判决而更多地作出从轻判决;为何在侦诉能力较为落后的情况下,我国刑事案件定罪率仍能位居世界之首等。刑事审判成为刑事司法政治功能的实现工具,如学者所言:"中国法庭审判乃至诉讼都有操作规范不够周密、可以变动的柔性面向","这是一场国家主导的定罪仪式,而非作为当事人双方主宰的竞争与游戏"①。

凡此种种,根本上因为刑事审判制度规范的诉讼化和正当性要求与被刑事司法体制异化的政治功能相冲突,制度规范要求法院保持被动、中立和克制,实现对侦控权的制约,维护制度正当性和被告人权利,而体制加载的政治功能又要求法院发挥刑事审判的能动性,与侦控机关密切配合,最大限度地完成打击犯罪的任务。而刑事司法体制对法院组织和审判人员具有刚性的管理约束,使得法院和法官在体制和制度的冲突中只能选择软化制度规范。因此,"程序法定""疑罪从无""以事实为依据,以法律为准绳""非法证据规则"等这些法院独立审判原则下的代表司法技术理性的制度规则除了宣示的符号意义外,在司法实践中多少要打折扣地执行,如果所有的刑事审判活动中都秉承制度正当性和技术理性至上,相当数量的刑事案件将面临无法定罪并追究刑事责任,这是肩负政治重任的法院不愿看到的。正如董必武所言:"中国共产党是我们国家的领导核心,我们的一切工作都是在党的领导下进行的。作为司法人员,不能因为法院独立审判而对党的领导有所动摇,一切方针、政策都需要党的领导,要向党请示汇报。当然,党的领导仅仅是方针、政策、原则的领导,具体案件依然要法院来办。"②

(二)侦控机关主导下的刑事审判

刑事审判是控、辩对抗、法官裁判的三方关系,这种制度设计期待裁判者能中立地对待控、辩双方,制约控方尤其是规制侦、控方破坏制度规则的行为,维护制度正当性和被告人诉讼权利,为此,就必须理顺诉审关系,赋予裁判者在刑事司法中的权威地位。对此,《刑事诉讼法》有总括性的规定:"人民法院、人民检察院和公安机关进行刑事诉讼,应当分工负责,互相配合,互相制约,以保证准确有效地执行法律。"结合刑事司法规律,分工是基础,分工意味着三机关的权力性质、职责内容、行为方式不同;配合是辅助,

---

① 左卫民:《中国刑事诉讼模式的本土构建》,载《法学研究》2009年第2期。
② 董必武:《在军事检察院检察长、军事法院院长会议上的讲话》,载《董必武选集》,人民出版社1985年版。

之所以有配合,本书认为是我国刑事司法政治功能语境中的产物,《刑事诉讼法》在开篇指出了三机关进行刑事诉讼的共同任务①,在立法者和执政者看来,要完成共同的刑事诉讼任务,三机关应当进行一些配合。但必须承认,配合是在分工基础上的配合,绝不能因为配合而使三机关的权力边界模糊,出现权力混同和职责交叉的局面;互相制约是核心和落脚点,只有互相制约才使"分工负责"和"互相配合"有存在的合理边界,也只有互相制约才是符合刑事司法规律的三机关关系。互相制约并非等量齐观、不分高低的,在不同诉讼阶段和诉讼行为中,制约的主体和方式不同。如侦查阶段中更多地是检察机关制约侦查机关,而在整个刑事诉讼中,尤其在刑事审判程序中,但凡涉及控审关系时,应当是后者以其权威性对前者进行规制,而不能本末倒置。但是,我国刑事司法体制在构建和形成过程中却没有遵循三机关关系的应然之理,将三机关关系严重颠倒扭曲,置公安机关于三机关关系之首,置检察机关于监督法院审判之位,而置法院于三机关关系之末,并且,强调三机关配合有余而弱化三机关制约,法院的权威性由此丧失殆尽,不仅无法对侦控机关形成制约,甚至反受侦控机关主导,对刑事审判制度的运行造成极大影响。

在新刑事司法体制建立之初,就强调法院、检察院和公安机关之间的配合。三机关被视为政法机关的共同组成部分,虽然职能有所分工,但工作目标是一致的:"法院、检察、公安机关,是人民民主专政的重要武器","人民司法工作的当前主要任务,是镇压反动,保护人民。……人民司法工作的任务,是惩罚犯罪、保护善良","大家同时一个重大的总任务——巩固人民民主专政,保障共同纲领所规定的政治、经济、文化等日益健全与发展,由新民主主义走向社会主义道路"。这决定了三机关必须通过密切配合的工作方式共同打击阶级敌人,完成巩固政权的革命任务。事实上,三机关并不需要具有严格的分工关系,与其说分工是它们的职能定位,不如说分工仅仅是完成共同工作任务的一种方式而已。对此,曾主管全国政法工作的彭真有过形象的论述:"三个机关,一个任务,都是在党的领导下,又是执行的同一个

---

① 《刑事诉讼法》第2条规定:"中华人民共和国刑事诉讼法的任务,是保证准确、及时地查明犯罪事实,正确应用法律,惩罚犯罪分子,保障无罪的人不受刑事追究,教育公民自觉遵守法律,积极同犯罪行为作斗争,维护社会主义法制,尊重和保障人权,保护公民的人身权利、财产权利、民主权利和其他权利,保障社会主义建设事业的顺利进行。"

法律,一分为三,三合为一。"①这句话表明,三机关之间的分工负责并不是最重要的,甚至不一定要有明确的分工,重要的是相互配合、协调一致、形成合力完成共同任务。并且,这种配合还有重点,强调的是法院配合公安和检察机关。这大概是因为公安和检察机关虽有侦、控之分工,但同属于追诉方,而法院是最后的裁决者。对此,一些领导有代表性论述,如沈钧儒指出:"人民法院必须围绕这一中心(系指抗美援朝)任务,配合公安、检察等有关机关,发挥审判威力。"董必武指出:"在这个方针(系指以经济建设为中心)的指导下,我们人民司法工作的锋芒,是通过各种审判活动,配合公安和检察工作,镇压危害国家安全和破坏经济建设的反革命分子和间谍、特务分子,打击不法资本家和贪污盗窃分子;同时通过工矿企业中的责任事故案件的处理,加强对职工群众的守法教育。"

在刑事司法体制形成的过程中,三机关地位和关系逐步发生变化,侦诉主导刑事审判的局面随之出现。这首先表现在公安机关地位的提升。三机关在党的正式文件中并列排位首见于中共八大政治报告,刘少奇在报告中两次提到了三机关:"我们的一切国家机关都必须严格地遵守法律,而我们的公安机关、检察机关和法院,必须贯彻执行法制方面的分工负责和互相制约的制度","在今后,我们的公安机关、检察机关和法院仍然必须同反革命分子和其他犯罪分子进行坚决的斗争"②。该文件中将三机关排序为"公、检、法"。在执政党的正式文件中,"排序"向来不是随意为之,是经过慎重考虑而作出的,它清晰地传递出了执政党所认同的某一序列中不同对象的位阶和权重。虽然公安机关的正式行政位阶比法院低,当时主管全国公安机关的罗瑞卿在党内的职务也比主管全国法院的董必武低,但仍然显现出了执政党对公安机关的倚重。个中原因不难理解,新中国成立之初还处于阶级斗争时期,社会治安形势颇为严峻,为了完成"肃清残余的旧势力,镇压反革命分子的人民民主专政任务",虽然需要依靠三机关的共同力量,但作为"犯罪发现者"和"主动打击者"的暴力机器,公安机关自然被视为更加重要的地位,而法院的被动裁判性质和非国家暴力性自然被置于"配合者"的地位。公安机关优先的地位在后来的时局发展中还有另外一种表达形式,

---

① 彭真:《论新时期的社会主义民主与法制建设》,中央文献出版社1989年版,第27页。
② 刘少奇:《中共第八次全国代表大会上的政治报告》,载《人民日报》1965年9月17日。

就是对法院和检察院的兼容和取代,特别是对检察院的取代。① 1996年《刑事诉讼法》确定新的审判方式后,学界一度呼吁以审判为中心,建立司法权威,但刑事司法体制并未随之调整,反而在2003年时出现了全国公安机关权力大提升的现象。2003年11月18日,中共中央发布"中央13号文",指出要充分重视公安工作的重要地位,并提出了公安机关负责人进"党政领导班子"的明确要求。② 随后的第二十次全国公安会议对此进行部署,全国公安厅(局)长"进班子"逐步展开,并呈现出四种模式:第一种是由政府副职兼任公安厅(局)长,据统计,截至2011年5月止,有包括河南、上海在内10个省、直辖市、自治区以及南京、沈阳在内的17个地方较大的市实行此种模式;第二种是由公安厅(局)长跻身同级党委常委班子,但不兼任同级党委政法委书记,但此种模式在省、直辖市级别仅有北京市公安局局长傅政华一例,在地方较大的市有包括杭州、西安在内的7例;第三种是由同级党委常委、党委政法委书记兼任公安厅(局)长,有包括湖北、广东在内的11个省以及武汉、广州在内的15个地方较大的市采取此种模式;第四种模式是公安厅(局)长跻身地方政府首长助理或政府党组成员,有包括山东、江苏在内的5个省以及济南、兰州在内的5个地方较大的市采取此种模式。

根据"中央13号文件"的内容以及公安机关内部人士的说法,提升公安机关负责人职级的原因是在维稳需要下的公安机关体制机制改革,但后来

---

① 早期政法系统中一直流传"大公安、小法院,可有可无检察院"的观念。早在1951年12月,政务院下达《关于调整机构紧缩编制的决定(草案)》,规定三机关合署办公,实践中主要的形式就是公安机关兼容检察院。在1958年"大跃进"期间,实行"一长代三长""一员代三员",即公安局长、检察长和法院院长,侦查员、检察员和审判员之间的职务可以互相代替,一个案件从侦查、起诉到审判,一个机关或一个人包到底。一些地方干脆把法院和检察院都合并进公安机关,这些做法在当时甚至被当做经验加以推广。1960年11月11日,中共中央发出《关于中央政府机关精简机构和改变管理体制的批复》,决定公安部、最高人民检察院和最高人民法院三机关合署办公,由公安部党组织统一领导,但在刘少奇、彭真等领导人的过问下,中央政法小组会议三天后撤销了三机关合署办公的决定。参见当代中国丛书编辑部:《当代中国的审判工作》(上),当代中国出版社1993年版,第89—90页。

② 该文件指出:"公安机关是人民民主专政的重要工具,是武装性质的国家治安行政力量和刑事司法力量,肩负着打击敌人、保护人民、惩治犯罪、服务群众、维护国家安全和社会稳定的重要使命……在新世纪新阶段,公安机关担负着巩固共产党执政地位、维护国家长治久安、保障人民安居乐业的重大政治责任和社会责任……各级党委、政府要高度重视发挥公安机关人民民主专政工具的重要作用,高度重视并切实加强和改进公安工作",为此,该文件最后提出,"为进一步加强党对公安工作的领导,确保公安机关更好地贯彻落实党委、政府的决策部署,各级党委可根据实际情况和干部任职条件,在领导班子职数范围内,有条件的地方逐步实行由同级党委常委或政府副职兼任省、市、县三级公安机关主要领导"。参见2003年11月18日《中共中央关于进一步加强和改进公安工作的决定》。

的事实证明,这种改革是"只见树木不见森林"的短视性行为。除了非犯罪的一般性社会治安维护与处理外,公安机关最主要的职能是对刑事犯罪的侦查,对于公安机关体制的安排应当纳入刑事司法体制的大框架中考虑决定,脱离刑事司法体制规律,单方面谋求所谓的公安体制改革,贸然提升公安机关的地位和职级,必然伤及法院、检察院、公安机关三方在刑事司法体制中的平衡关系。在上述四种公安厅(局)长进班子的模式中,以第三种,即"同级党委常委、党委政法委书记兼任公安厅(局)长"在全国采用比例最多,也正是这一模式直接导致刑事审判被侦控机关主导。在党委绝对领导政法工作,政法委直接主管的情况下,一旦公安机关负责人身兼党委常委,尤其是政法委书记后,在具体的刑事案件中,公安机关的意志就转化为党委和政法委的意志,公安机关侦查认定的结论就转化为党委和政法委认定的结论,检察院和法院都无法再对公安机关形成制约。① 此时,法院对违法侦查行为形成的瑕疵证据和非法证据难以排除;对公安机关搜集、提供并由检察院提出的未能达到法定的证明标准的指控证据难以作出认定;对公安机关的侦查结论难以提出质疑。因此,审判过程中多次因事实和证据问题而发回补充侦查,疑罪不从无而是从轻裁判,以及案件在一审和二审之间因为事实不清、证据不足而反复发回重审等制度失灵现象也就不足为奇。并且,这些制度失效的现象往往是审判阶段法院和法官未按照刑事审判制度和程序的规则裁判,认为无论如何法官应当据法裁判,殊不知在公安为大的刑事司法体制中,法院顶不住来自于公安机关的压力。尤其在一些重大恶性的刑事案件中,公安机关迫于"命案必破"的压力,必须找出犯罪嫌疑人移交起诉,在证据不够扎实的情况下,公安机关自然会以其体制内的优势地位并动用政法委组织协调的力量将压力最终传导给法院,迫使法院定案。因此,从某种程度上讲,疑罪从轻的案件并非法院审判出来的,而是由以公安机关为幕后人的政法委协调出来的。从目前公开报道的一些重大、复杂的刑事错案来看,法院在审判时业已明确提出事实和证据上的质疑,之所以最终判处

---

① 政法委可以协调定案是有章可循的,早在1995年9月19日,中央政法委发布《关于加强各级党委政法委员会工作的通知》,其中规定各级党委政法委的定位是"党领导政法工作的职能部门",应当承担起"从宏观上统一组织领导政法工作"的责任,并明确了"大力支持和严格监督政法各部门依法行使职权,指导和协调政法各部门在依法相互制约的同时密切配合,督促、推动大案要案的查处工作,研究、协调有争议的重大、疑难案件"的职责任务。

有罪并施以刑罚,背后均有来自公安机关的无形压力。① 对此,最高人民法院常务副院长沈德咏在新近公开发表的一篇题为《我们应当如何防范冤假错案》一文中的一段话可作注脚:"现实的情况是,受诉法院面临一些事实不清、证据不足、存在合理怀疑、内心不确信的案件,特别是对存在非法证据的案件,法院在放与不放、判与不判、轻判与重判的问题上往往面临巨大的压力。应当说,现在我们看到的一些案件,包括河南赵作海杀人案、浙江张氏叔侄强奸案,审判法院在当时是立了功的,至少可以说是功大于过的,否则人头早已落地了。面临来自各方面的干预和压力,法院对这类案件能够坚持作出留有余地的判决,已属不易。同时我们也应当清醒地认识到,法院虽在防止错杀上是有功的,但客观而言在错判上又是有过的,毕竟这种留有余地的判决,不仅严重违背罪刑法定、程序公正原则,而且经不起事实与法律的检验,最终使法院陷入十分被动的地位。冤假错案一旦坐实,法院几乎面临千夫所指,此时任何的解释和说明都是苍白无力、无济于事的。"②

此外,值得注意的一个情况是,从公开报道的错案来看,备受指责的政法委协调定案多集中在县和地区一级,如佘祥林案中的湖北荆门市和京山县,赵作海案中的河南商丘市和拓城县,而据统计数据显示,各级公安厅(局)长"进班子"的比例在省、直辖市约84%,在地方较大的市约86%,而县市级的公安机关进党政班子比例最高,高达100%。③ 不过,据公开报道显示,公安厅(局)长"进班子"的现象有了一些新变化。据悉,2010年,中组部下发文件,要求省级政法委书记不再兼任公安厅(局)长,省级公安厅(局)长由政府领导班子成员或政府党组成员兼任。该文件下发时,全国有14个省级政法委书记兼任公安厅(局)长,2011年10月已下降为9个,2012年8月下降为8个,而由副省长、直辖市副市长、自治区副主席兼职公安厅(局)长的省级行政区达到11个。④ 这说明公安机关负责人"进班子"在未来一段时间不会有太大变化,但与政法委书记的分离已成趋势。

---

① 如云南杜培武案、河北聂树斌案、湖北佘祥林案、河南赵作海案、浙江张氏叔侄案等案件中,全部是公安机关负责人兼任书记的政法委出面协调后的结果。
② 沈德咏:《我们应当如何防范冤假错案》,载《人民法院报》2013年5月6日。
③ 各级公安厅(局)长"进班子"的比例在省、直辖市约84%,在地方较大的市约86%,在县市则高达100%。参见陈宝成:《26省市区公安厅(局)长进党政领导班子》,载《南方都市报》2011年5月28日。
④ 钱昊平等:《政法委书记与公安局长的合合分分》,载《南方周末》2011年11月3日。

三机关之间关系变化形成侦控机关主导的局面还表现在检察院监督地位的提高。新中国检察制度是效仿苏联经验确立的,因此在创建之初即以确立了检察权的监督属性。早在1950年8月6日,时任最高人民检察署副检察长李六如在"全国司法会议和检察工作会议"中作《人民检察任务及工作报告》,在谈到检察署与法院的关系时指出:"检察署与法院,虽则都是司法机关,而前者是司法监督机关,它的任务,在于检察各种违反法律事件。"①可见,当时将检察机关认为是具有监督权的司法机关。1951年9月3日中共中央发布的《中共中央政府最高人民检察署暂行组织条例》体现了这一观念,该条例第2条规定:"中央人民政府最高人民检察署,为全国人民最高检察机关,对政府机关、公务人员和全国国民之严格遵守法律,负最高的检察责任。"该条例第3条规定,最高人民检察署直接行使并领导下级检察署行使的职权中包括了"对各级审判机关之违法或不当裁判,提起抗诉"。因此,该条例中所规定的检察院的监督是一般监督②,并未涉及对某一法律领域或对某机关的监督,另外,虽然在监督职能中提到了对法院的监督,但职能方式是以"抗诉"方式展开,这符合审判原理中的法、检关系。但当时检察机关对监督权职能的认识和配置显然不会仅限于一般监督,这很大一部分原因是当时我国检察制度的主要学习对象——苏联的检察制度中的检察监督包括一般监督和法律监督,并按照对法制实行检察监督的各个不同职能的专业分工原则将法律监督分为侦查监督、刑民案件的审判监督和监禁场所的监督。③这从李六如检察长在"第一届全国司法会议和检察工作会议"上的报告中可以看出:"人民检察的任务,是相当重大而又广泛的。可是,在今天刚才开始建立检察机关,主观条件不具备,不可能事事都办好。"在谈到人民检察目前的工作和要求时,他提出要向苏联学习,"学习出了版的苏联各种法典,尤其刑法概论,苏联刑法,苏联刑诉法和检察制度"④。这次会议闭幕之后,最高人民检察署开始着手加快推进监察机构建设和检察制度制定,这期间最高人民检察署首批检察官亲自撰写了一些理论书籍和

---

① 闵钐、薛伟宏:《共和国检察历史片段》,中国检察出版社2009年版,第32页。
② "一般监督"的概念和内容均源自原苏联检察制度。参见王晓、任文松:《权力制约视角下的苏联一般监督制度》,载《山东师范大学学报》2011年第3期。
③ 参见〔苏〕B.r.列别金斯基:《苏维埃检察院及其一般监督方面的活动》,陈华星、张学进译,法律出版社1957年版,第64页。
④ 闵钐、薛伟宏:《共和国检察历史片段》,中国检察出版社2009年版,第32页。

文章。①

1953年2月,最高人民检察署召开各大区分署检察长汇报会议,针对与会人员普遍反映检察工作内容不清、方式不明、职责混乱、工作盲目性很大的情况,彭真指示:"要加强业务学习,选择重点进行典型实验,取得经验,逐步推广。首先在北京市进行实验,即使出点问题由我负责,也没有关系",会议决定贯彻重点办案和重点实验创造典型的工作方法。此后,全国检察机关陆续展开检察工作典型试验,取得了检察制度系统化的经验,当年,接任李六如的高克林副检察长还组织最高人民检察署处级以上干部成立中心学习小组,采取个人自学与集体讨论相结合的方式,依据检察工作主题进行专题分工结合典型实验的重点撰写法律监督理论文章。② 1954年3月17日至4月10日,最高人民检察署召开"第二届全国检察工作会议",高克林向大会作《关于过去检察工作的总结和今后检察工作方针任务的报告》,正是在这次中国检察史上极为特殊和重要的会议提出了检察机关的监督职能除了一般监督之外,还应配置并发展包括审判监督在内的法律监督职能。该会议形成决议指出,"四年来……全体检察干部的努力和广大人民群众的支持,以及由于结合中国实际情况,学习与运用了苏联检察工作的先进经验,人民检察工作已获得了初步的成就",并认为,"积极有计划有步骤地建设各项检察业务制度,是当前检察工作的一项迫切的重要的任务",其中,还具体提出,"第一,首先建立重要刑事案件的侦讯及侦讯监督制度……第二,建立审判监督制度,逐步实现中华人民共和国人民法院暂行组织条例第五章的规定,即对于由人民检察署向人民法院或人民法庭提起公诉和参与的案件,由检察人员以国家公诉人的资格出席法庭的审判,支持公诉,监督审判活动的是否合法,对违法判决提起抗诉,以及对于确定的判决发现有新事实、新证据者提请再审……第三,建立监所监督制度……第四,逐步建立一般监督制度"③。1954年6月12日,中央在对该会议和高克林的报告的批示中指

---

① 如李六如撰写的《检察制度纲要》(1950年)、陈启育撰写的《新中国检察制度概论》(1950年)等。

② 据王桂武回忆:"刘惠之和王立中分的专题是一般监督工作,赵文隆分的是侦查工作,张复海分的是审判监督工作,我自己分的是侦查监督工作。"王松苗主编:《检察生涯》,中国检察出版社2011年9月版。转引自王丽丽:《正直到刻板的老人:原最高人民检察署副检察长高克林》,载《检察日报》2011年12月13日。

③ 《中共中央批转〈第二届全国检察工作会议决议〉及高克林〈关于过去检察工作的总结和今后检察工作方针任务的报告〉》(1954年6月12日),载中共中央文献研究室编:《建国以来重要文献选编》(第5册),中央文献出版社1993年版,第275页。

出,"最高人民检察署仍需进一步抓紧领导若干省、市的典型试验,全面地系统地建立和健全检察部门的各项具体工作……根据我们的实际情况,参照苏联的经验,研究规定这些部门之间的工作关系和工作制度"①。此后,最高人民检察署迅速再次部署检察工作典型试验在全国范围内的开展,试验业务包括一般监督、刑事侦查、侦查监督、审判监督等,并通过典型试验工作着手制定各项检察业务的制度和程序。②

检察机关的这些探索和实践为1954年《宪法》和《人民检察院组织法》的起草、制定形成了制度准备。1954年《宪法》虽未直接规定检察机关是监督机关,但实际认可了检察权的监督性质。而《人民检察院组织法》第4条第1、3、4、5项明确规定了检察院可以进行一般监督、侦查监督、审判监督和执行监督。其中,为进行审判监督,该法第17条还规定了各级检察长可以列席同级法院的审判委员会。据此,检察院的监督职能得以延伸扩展,基本形成了和苏联检察制度相同的一般监督和法律监督。③ 但在之后一段时间的检察实践中,一般监督职能却引发了诸多争议,被中央指示叫停。④ 因此,1982《宪法》取消了检察机关的一般监督,并正式将检察机关确定为法律监督机关。相应地,1983年修订的《人民检察院组织法》也取消了一般监督职能,转而加强了对公安机关和法院的法律监督职能。自此,检察院具有了法律监督机关的宪法合法性和正当性,并携法律监督权自重,在刑事司法体制内的地位大幅提升。然而,长久以来,"检察机关的现实表现与其法律监督者的地位极不相称"⑤,2004年,时任最高人民检察院检察长的贾春旺曾提

---

① 《中共中央批转〈第二届全国检察工作会议决议〉及高克林〈关于过去检察工作的总结和今后检察工作方针任务的报告〉》(1954年6月12日),载中共中央文献研究室编:《建国以来重要文献选编》(第5册),中央文献出版社1993年版,第275页。

② 据史料记载,从1954年4月到1955年1月,全国各级检察机关建立的试点达到157个,直接参加试点的干部1500余人,办理案件1590件。参见《最高人民检察署发出指示要求各级检察机关加强典型试验工作》,载《共和国检察历史片段》,中国检察出版社2009年版,第87页。

③ 不同之处在于,苏联检察机关采垂直领导的独立制。苏联1936年《宪法》和1977年《宪法》均规定,"各级检察机关独立行使职权,不受任何地方机关的干涉,只服从苏联总检察长";我国1954《宪法》和《检察院组织法》中皆也效仿规定了"地方各级人民检察院独立行使职权,不受地方国家机关的干涉",但未规定只服从最高检察院检察长的领导。

④ 叫停一般监督的原因颇为复杂,既有政治因素,也有一般监督操作性的因素等。参见陈刚:《一般监督制度的历史考察》,载《中国民事诉讼法学研究会2011年年会论文》。在有关一般监督去留的争论中,若干名坚持保留一般监督的检察官还曾因此遭受处分,如刘惠之、李甫山、王立中、白步洲等。参见中共中央监察委员会办公厅编:《关于清除党内右派分子的决定汇编》(二)。

⑤ 詹建红:《我国检察权配置之反思》,载《东方法学》2010年第4期。

出"加强法律监督能力建设"的命题①,但检察机关在诉讼领域以外的监督职能仍可谓碌碌无为。② 因而,检察机关近年来转而对诉讼领域的监督不断加强,甚至在全国形成了诉讼监督的热潮。③ 但一个明显的趋向是,民事和刑事两大诉讼活动并非都同等热度地受到了检察监督,对民事诉讼的检察监督力度似乎有所减弱,而刑事诉讼监督逐渐成为了重点领域。④ 实际上,自公安机关地位提升,检察机关对公安机关的侦查监督较弱⑤,法律监督职能更多地指向了法院的刑事审判。

正如检察监督所引发的学界和观察者的集中批评所指出的那样,监督职能违背审判中心主义,破坏了控、辩、审三方诉讼结构,削弱了审判权威,导致诉讼机制的扭曲和无效。为此,司法解释还曾作出过调整,将检察机关的审判监督作了限缩,把庭审监督调整为庭后监督。⑥ 但这种调整仍然没有根本改变审判监督职能,在审判监督的光环下,在法庭上仍然有检察官提出所谓的纠正意见当庭监督,且容易借监督之名而行控诉之实。在笔者的审判经历中就曾遭遇过数次这种情形。一次是公诉人在对被告人发问之前反复强调庭审讯问也是考察被告人的认罪态度,而当被告人法庭供述与庭前供述不一致时,该公诉人开始声色俱厉地训斥被告人认罪态度不好会招致严重后果。笔者制止公诉人并要求其向被告人直接发问,不要提与讯问无关的问题,公诉人则当庭回应其是代表国家行使法律监督权。另一次是当

---

① 参见 2004 年 12 月 21 日,贾春旺在海南省召开的全国检察长会议上的讲话。
② 这主要因为《人民检察院组织法》及有关检察监督的法律中所规定的法律监督的范围主要集中于诉讼活动。
③ 2008 年 9 月 25 日,北京市人大常委会作出《关于加强人民检察院对诉讼活动的法律监督工作的决议》,该决议引发了全国性的诉讼监督热潮,至今已有二十多个省级人大常委会作出关于加强检察机关对诉讼活动法律监督的决议。
④ 一个主要原因是,民事诉讼和执行中的检察监督受到了来自最高人民法院的多个司法解释的限制。一些地方基层检察院甚至将原来设立的民事检察部门撤销或并入控告、申诉部门。相反,刑事诉讼监督尽管也受到了来自理论界的诸多质疑,但在总体上趋于加强。中国法学会检察学研究会还于 2010 年 11 月 16 日成立了刑事诉讼监督专业委员会,集中研究和指导刑事诉讼监督工作。
⑤ 除此之外,侦查监督在监督技术上存在诸多困难:监督范围存在盲区、知情渠道有限、监督手段不足、监督缺乏刚性等。如侦查程序的开启,侦查行为的进行,侦查终结几近都由侦查机关自主决定,检察机关只能待违法侦查行为发生后,有关系人举报或申诉时,才能介入监督,此乃监督时间滞后。并且,检察机关监督介入的方式通常为要求公安机关报备材料并说明理由,此乃监督手段被动。最终,如果侦查行为违法,且拒不配合改正时,检察机关朝告技穷。
⑥ 参见 1998 年 1 月 19 日《最高人民法院、最高人民检察院、公安部、国家安全部、司法部、全国人大常委会法制工作委员会关于刑事诉讼法实施中若干问题的规定》第 43 条的规定,以及 2012 年 12 月 26 日《最高人民法院、最高人民检察院、公安部、国家安全部、司法部、全国人大常委会法制工作委员会关于刑事诉讼法实施中若干问题的规定》第 32 条的规定。

笔者作为审判长在证据调查中就被告人庭前供述的细节向被告人发问时，公诉人直接打断笔者的发问并要求笔者不要耽误时间再对被告人发问。还有一次是就公诉人证据出示的方式问题，笔者要求公诉人将证据一一出示而不要分类整体出示，公诉人表示证据一一出示耽误时间、将导致无法在上午结束庭审因而不同意，为此笔者还休庭与公诉人沟通处理。需要注意的是，笔者的经历看似与检察官的监督职能无关，而是检察官当庭冒犯法官或不听从法官审判指挥，实际上，正是审判监督这个职权使检察官有这样的气魄，检察官即使在法庭上没有可以进行监督的事项，但其自觉优势的监督职能使其以庭审监督者身份自居，因而对法官的庭审指挥和权威可以有恃无恐。

在公诉人有权进行庭审监督的情况下，法官普遍感到一种无形的压力。即便法官自身遵守制度和程序，没有可让公诉人进行监督的事由，但若发现公诉人有不适当的控诉行为时，法官一般选择隐忍，不愿主动制止或纠正而因此得罪公诉人。2010年1月12日，最高人民法院和最高人民检察院联合印发《关于人民检察院检察长列席人民法院审判委员会会议的实施意见》，将法院、检察院组织法中关于检察长列席审委会的规则予以细化，包括可能判处被告人无罪的公诉案件、可能判处被告人死刑的案件及人民检察院提出抗诉的案件在内的三种案件通过法院审委会讨论，同级人民检察院可以列席，并且出席审委会的检察长可以在法院承办人汇报完毕后、审判委员会委员表决前发表意见。

（三）绩效考评管理下的刑事审判

1999年10月20日最高人民法院在发布的《人民法院五年改革纲要》中首次提出"在科学的法官管理制度下，造就一支高素质的法官队伍"，并提出"建立审判长、独任审判员的审查、考核、选任制度"[①]。2005年10月26日，最高人民法院发布《人民法院第二个五年改革纲要》，提出"建立科学、统一的审判质量和效率评估体系"，"确立科学的评估标准，完善评估机制"，"改革法官考评制度和人民法院其他工作人员的考核制度"，"科学设计考评项目，完善考评方法，统一法官绩效考评的标准和程序，并对法官考评结果进行合理利用"。由此，全国法院展开了建立法官考评管理体系的运动。本书认为，法官考评管理具有两个特点："行政化"和"数目字"。

---

① 《人民法院五年改革纲要》，载《中华人民共和国最高人民法院公报》1999年第6期。

行政化,主要是指法院对法官的考评管理是按照行政管理思维,套用行政机关人员管理的方式、方法和手段进行。法官考评管理行政化表现在诸多方面:

一是考评管理主体的行政化。法院系统采取由上级法院对下级法院,本级法院对业务庭室,业务庭室对法官(法院内部考评管理将法官称为"干警")的逐级考评管理体制。(见图4-1)

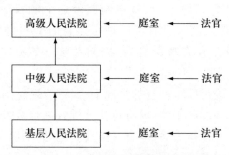

图 4-1　审判考评管理的科层制结构

按照这种权力层级体制,高级人民法院直接对所辖的中级人民法院进行考评管理(当然也掌控着中级人民法院以外的全省基层人民法院的考评管理情况),中级人民法院则直接对所辖的基层人民法院进行考评管理;高级、中级、基层三级人民法院分别对本院内部所有业务庭室,以及院长、庭长、审判员直接进行考评管理;各业务庭室直接对庭室全体法官进行考评管理。这种上级机构对下级机构,组织机构对成员个人,机构上司对下级成员的权力层级考评管理体系完全体现了韦伯所提出的"官僚制"(bureaucracy)的所有特点:作业根据工作类型和目的划分;岗位的组织遵循等级制度原则,上下级关系严格等级划定,每个成员的权威与责任有明确的规定,每个成员都受到高一级成员的控制和监督;成员的活动受到规则管控。① 按照最高人民法院的指导意见,为实施法院绩效考评,避免多头管理②,地方法院系统在各级法院内部新设立一个新的专门性的职能部门——审判管理办公室,简称"审管办"。审管办在一级法院内部的位序是居各业务审判庭之首,

---

① 参见〔德〕马克斯·韦伯:《经济与社会》(下卷),林荣远译,商务印书馆1998年版,第279—280页。

② 在设立审管办主管绩效考评之前,法院内部的案件质量评查、业绩考评等工作分属于办公室、政治部、研究室、立案庭、审判监督庭等多个部门。

与实施队伍管理的政治部、实施机关事务管理的办公室并列,其主要职责是制定法院绩效考评体系(绩效考评体系的制定权归省级法院,市区一级法院可结合自身情况制定实施细则或办法)①,指导和监督法院的绩效考评的实施。

二是考评管理方式的行政化。如"绩效考评"方式的运用,绩效考评(performance assessment)起源于欧洲对文官(一般公务员)的管理,旨在解决文官晋级主要凭资历而造成工作不分优劣,所有人一起晋级加薪而造成冗员充斥、效率低下的现象。② 现代各国在公务员管理中普遍推行绩效考评,但并普遍未将法官纳入其体系,原因不言自明,法官虽是公职人员,但却是特殊公职,其身份、工作性质与一般公务员迥异,不能将其纳入对一般公务员管理的绩效考评体制。尤其是法官以判断和裁决为主要内容和成果的工作难以像公务员一样设从绩效量化的角度进行考评。而在我国,绩效考评俨然已成为法院对法官实施管理的最主要方式。对此,有学者提出了尖锐批评:"对法院而言,如果存在一套科学的量化指标体系等待我们去发现,各级、各地法院争先恐后的、可能只是在'试错'的种种制度试验就有其价值。但如果世界上根本没有针对法官的完美量化指标体系……一个自然而言的疑问就是为什么要花如此大的成本追求一个根本不存在的理想幻境?"③

三是考评内容的行政化。即便建立绩效考评体系管理法官,也应该在绩效考评体系的内容安排和指标设计上与一般公务员有所区别而体现法官职业的特殊性,而实际建立的法官考评管理体系与普通公务员体系并无本

---

① 绩效考评体系的制定权归高级人民法院,中级人民法院或基层人民法院可结合自身情况制定实施细则或办法。

② 绩效考评起源于西方国家文官(公务员)制度。最早的考核起源于英国,在英国实行文官制度初期,文官晋级主要凭资历,于是造成工作不分优劣,所有的人一起晋级加薪的局面,结果是冗员充斥,效率低下。1854—1870年,英国文官制度改革,注重表现、重视才能的考核制度开始建立。根据这种考核制度,文官实行按年度逐人逐项进行考核的方法,根据考核结果的优劣,实施奖励与升降。考核制度的实行,充分地调动了英国文官的积极性,从而大大提高了政府行政管理的科学性,增强了政府的廉洁与效能。英国文官考核制度的成功实行为其他国家提供了经验和榜样。参见肖阳:《绩效考核的起源》,载《企业管理》2010年第6期。更多有关绩效考评概念和内容的介绍可参见〔美〕西奥多·H.波伊斯特:《公共与非营利组织绩效考评:方法与运用》,肖鸣政等译,中国人民大学出版社2005年版,第4—5页。

③ 艾佳慧:《中国法院绩效考评制度研究——"同构性"和"双轨制"的逻辑及其问题》,载《法制与社会发展》2008年第5期。

质区别。结合 D 省《全省法院绩效考评规则(试行)》的文本加以分析,该规则在开篇明确提出公务员相关法规是制定制定的依据,即"依照《公务员法》《法官法》《公务员考核规定》和《D 省高级人民法院关于创新和加强审判管理工作的若干意见》的有关规定"。该规则第 2 条明确指出了绩效考评的指导思想是"贯彻落实科学发展观,坚持"为大局服务、为人民司法"工作主题和"以人为本"的理念,树立正确的政绩观……充分调动全省各级法院和广大干警的工作积极性,促进全省法院各项工作质量、效率和干警素质的全面提升。可见,"落实党的政策路线""树立正确的政绩观"和"调动成员积极性、工作质量和素质"是规则的制定目标。如果这些总则性的规定或许千篇一律不具有参考性,那么对法官具体的考评指标设置和结果利用也许可以说明这一问题。第 11 条规定对法官考评的一个重要方面是德、能、勤、绩、廉,这与《公务员考核规定》第 4 条中的考评指标没有本质区别①。更为重要的是,考评的结果将直接作为对法官实施奖优罚劣的依据。第 17 条规定:"干警综合绩效考评结果是干警参加评选先进、记功奖励、领导干部竞争上岗、晋职晋级和有关精神与物质奖励及惩处的主要依据。"

"数目字",是指法院的法官考评管理采取的是以分值或系数等数目字为表达的考评形式。黄仁宇先生曾对此种管理方式提出了一个非常形象的中国化概念——"数目字管理",本书在此借用这种表达。其实这种方式在管理学上叫做"定量考评"(quantitative appraisal),其基本做法是将对人员对象的评价转化为数字表达:首先通过建立考核评定项目的指标体系,如工作成绩、技能水平、业务能力等;其次确立评议方法,如对每一项目规定正分、负分等得分;再次确定计算方法,如计分加权、分级加权的方法;最后通过累计各项目得分求得总分值后获得考评结果。对法官个人的考评有两块内容:一块是"共性内容",即法院所有法官和在编工作人员均适用的内容,这部分内容的基本指标设置为德、能、勤、绩、廉五种,每一项基本指标之下又设置了若干次级指标,如"德"包括三项次级指标:"政治素质、思想品德、社会公德";"能"包括五项次级指标:"善于学习、熟悉业务、掌握工作技能、能驾驭本职工作、能及时有效地解决和处理工作中的重点难点问题。"共性内容约占法官整体考评分值的 30%,其中每项基本指标所占分值不同,如德(5%)、能(5%)、勤(4%)、绩(11%)、廉(5%);每项分值又由其中的若干

---

① 参见中组发[2007]2 号文件:《公务员考核规定(试行)》。

次级指标均占。另一块更为重要的考评内容是不同审判业务庭法官的审判质效,这部分内容的基本指标设置为审判质量、审判效率和审判效果三项;同样地,每一项基本指标之下又细分出若干次级指标,如审判质量包括立案更正率、上诉改判率、上诉发回重审率、生效案件改判率、生效案件发回重审率、违法审判率、违法执行率、裁判文书差错率等。审判效率包括法定期限内立案率、法定期限内结案率、综合结案率、结案均衡度、一审简易程序适用率等。这些次级指标根据每个审判业务庭的业务性质而有增减区别,且每一项都设置有权重。如此一来,形成了一个多维多级的指标考评体系。(见图4-2)

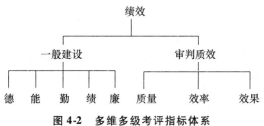

图4-2 多维多级考评指标体系

需要说明的是,这种考评体系虽由高级人民法院制定,但不是随意设计的,基本指标、指标层级和次级指标均由最高人民法院印发的指导意见作出规定,地方法院只是结合地方具体情况作出设计。[①] 高级人民法院根据最高人民法院的指导意见设计考评指标模型,规定基础权重和分值,制定出地方的考评体系后,中级人民法院、基层人民法院及其审判业务庭可以再结合自身情况作细微调整、权重分值具体设置和出台考评实施办法。因此,一方面,全国各地方法院的法官考评管理体系在统一指导下具有同构性,另一方面,不同地方法院根据自身情况又存在差异性。[②] D省G市J区法院制定的《J区人民法院审判质效评估规则(试行)》,规定了刑庭法官的审判质效考评指标。(见表4-1)

---

① 参见最高人民法院印发的《关于开展案件质量评估工作的指导意见(试行)》的通知。
② 差异主要体现在次级指标的多少、权重和分值上,有的地方法院制定了颇为复杂的指标体系。参见郑春笋、赵趑超:《德州76项指标考核基层法院绩效》,载《人民法院报》2012年12月19日。

表 4-1　刑庭考评管理

考评部门	考评指标	次级指标	达标标准	争先标准	考评单位
	审判质量	上诉发改率	4%	2%	审管办
		生效发改率	0.1%	0.08%	
		违法判决率			
	审判效率	平均结案天数	≤60 天	≤45 天	
		审限内结案率	98.5%	99%	
		庭长审限未结案	0.2%	0.15%	
	审判效果	再审申请率	1.5%	1%	
		信访投诉率	2%	1.5%	

从表中可以清晰地看出,刑事法官的审判质效被细分为 8 个指标予以量化考核,考核的结果有达标标准和争先标准。并且,按照从上至下的考评管理体系规定,刑事法官在刑庭内争优创先,所有刑庭法官的考评形成供刑庭的考评成绩,供刑庭在本级法院各审判业务庭中争优创先,各审判业务庭的考评成绩形成本级法院的考评成绩,供本级法院在同级法院之间争优创先,以此类推形成法官和组织的关联考评体制。

自全国法院系统开展考评管理体系运动以来,考评管理已成为法院对法官实施管理的主要抓手,事实上成为法院审判工作的"指挥棒"。一方面,自上而下的整套考评指标,将法官的工作和成果转换为一串数目字,用 H 省高级人民法院审管办主任的话说,"量化的方法要强调精细化,实现看得见的数字管理"。并且,考评管理形成了日常考评、阶段考核、年终总评的常态化机制。这种精心设计的考评指标体系在一定程度上无疑能使法院对法官形成有效的约束,激发法官之间和法院之间的竞争意识,提升法院系统的整体战斗力。但另一方面,精细化的考评指标却未必能换来精细化的审判过程和结果,相反,"更吊诡的是,如果这一套量化指标体系和我们所追求的的审判独立、程序价值等诸多法治原则相冲突……在具体的法治实践中,这一对理想考核机制的追寻在中国又将呈现出何种独特的样貌"[①]。

在层层考评和不合理的指标体系下,本已缺乏独立性的刑事审判更加雪上加霜,行政化的考评体系最终造成审判制度的行政化运行。一方面,科层制的考核体制使得法官个人位于考核管控的中心,并处于考核体系的底

[①] 艾佳慧:《中国法院绩效考评制度研究——"同构性"和"双轨制"的逻辑及其问题》,载《法制与社会发展》2008 年第 5 期。

层。法官们的考核结果以及随之紧密捆绑的职业前途掌握在其上司和官僚组织那里,这使得他们对上司和官僚组织产生了高度的依附性。考评体系中的很多内容和指标是比较主观的感受,如德、能、勤、绩、廉的考评,为了获得较高的考评分值,法官必须争取在上司那里形成良好的印象。如何达到这一目的,在日常工作中经常主动请示、汇报工作是主要途径,一来表示尊重上司的地位和权威,时刻接受上司的领导和指示,二来让上司随时掌握自己的工作态度和情况。法官的日常工作就是审判,于是,请示工作就是请示案件,汇报工作就是汇报案件。① 而在个案的请示汇报中,法官一般会以上司对案件的认识和态度为定案原则,于是案件处理结果便在合议庭合议结论之外体现出了长官意志。另一方面,违背审判制度基本原理和规律的考评指标设置使法官不再以审判制度规则,而是以考评数目字达标为行动逻辑。如平均结案天数和结案率指标被认为是审判质效考评中的重要指标,各地各级法院非常看重该指标的达标。② 在该指标的要求下,法官追求尽可能地控制案件的审结时间并最大化案件的审结数量。为达到这一目标,除了自行加快庭后阅卷审理之外,缩短庭审时间无疑是好办法,因此,快速的过场化庭审过程不再为法官所不满,相反,在某种程度上他们乐于维持现状,因为过长的庭审会占用法官宝贵的时间。于是,法官没有动力要求证人出庭作证,因为这无疑会占用审限,并使庭审时间大大拖延;法官对公诉人不合规则的笼统举证不会提出纠正,反而希望其快速举证;法官不再耐心听取辩方冗长的辩护词,而要求辩护人简短陈述辩护意见待退庭后提交辩护词。并且,在临近考评的时间节点,庭室一般会密集地召开庭务会,交流各法官的案件审结情况,提醒法官注意达标,此时还会出现法官抢时间进度、冲案件结案率的现象。③ 又如上诉发改率,一审案件上诉或抗诉后,一旦二审发回重审或改判,即意味着事实不清、证据不足或者适用法律存在错误,如果发改率超过指标限值,对法官将产生不良评价。为限制上诉发改率,法

---

① 据笔者观察,一个有趣的现象是,经常请示汇报案件的以年轻法官居多,而资深法官,尤其是临近退休的法官极少汇报请示案件。笔者认为,这一方面因为年轻法官资历尚浅,对案件吃不透,把握不准,需要向上级领导请示汇报,还有一方面原因应该是,年轻法官更追求在体制内的进步和发展,需要获得上司的认可和好评,因而需要更多地依靠请示汇报案件和上级领导形成良好的上下级关系互动。

② 根据法院内部的规定,如果案件达到审限监界(距离审限15天),院审管办会向承办法官所在的业务庭室发出警示。如果案件要延期审理,审管办会过问并审批。

③ 不过这一现象在"结案均衡度"指标的控制下有所减轻,但在未设置该指标的法院仍存在这一现象。

官会对案件进行评估，认为案件可能会引发上诉或抗诉的，如被告人不认罪或量刑可能与检察院的建议存在较大出入的，法官就会主动向上级法院请示汇报，以先期获得上级法院对该案件的认定意见，防止案件上诉后被二审法院发回重审或改判。再如违法判决率，可谓令法官最有压力的一项指标，被视为悬在刑事法官头顶的"达摩克利斯之剑"。因为一旦越过该指标，意味着法官存在违法裁判的行为，这对法官而言将是难以承受的灾难，法官不仅面临错案追究责任，还可能面临一系列来自法院内部的严重责难，严重时还会失去法官的职业身份。当然，这在很大程度上取决于对"违法判决"的界定。根据 H 省高级人民法院发布的《违法审判和差错案件责任追究办法》的规定，其中，"案件定性明显错误，导致被改判或发回重审的"情况和"案件主要事实认定不清或作为定案依据的主要证据不确实、不充分或者遗漏，导致处理结果错误的"情况属于"重大差错"范围。① 在法官没有审判豁免权的情况下，这种将实体判决的客观真实和证据认定自由心证作为错案追究对象，无疑使法官在作出判决时如履薄冰，即便出于良心谨慎地判断证据，认定事实，一旦失误，仍将身陷囹圄。于是，除非有十足把握，法官宁可放弃判决的权力，将案件提交审委会讨论或请示上级法院②，以转移并降低判决风险。另外，违法判决的追究不仅只对案件承办法官，刑庭的庭长、分管刑事审判的副院长以及整个法院都会受到不同程度的牵连和影响。因此，对一些存在证据和事实认定疑难、复杂问题的案件，逐级请示汇报，庭院审批也成为降低风险的办法。至于信访投诉率，该指标是近年来随着维稳的严峻形势而新增的一项指标。为了降低该指标，法官一般会对所承办的案件作当事人信访投诉的可能性评估，对高风险性的案件，法官也会请示庭长和分管院长或者提交审委会讨论；风险高的重大案件，法院还可能会联系检察院作判决前协调或者商请政府相关部门。

---

① 某资深法官告诉笔者，即便不属于法官违法判决的范围，如因出现新证据而改判或发回重审，如果案件影响较大或当事人家属闹事，法官也存在因法院面临外在压力而认定法官违法判决的风险。

② 之所以将案件提交审委会或上级法院，因为根据该《违法审判和差错案件责任追究办法》的规定，违法判决的认定主体是本级法院的审委会或上级法院，因此，法官将案件提交给审委会或请示上级法院，即便案件出现问题，审委会和法院也难以轻易作出违法判决的认定。

第三节 刑事审判的资源矛盾

一、刑事审判的资源需求分析

（一）作为事实生产活动的刑事审判

刑事审判的本质是对所提起的指控作出裁判，裁判的内容是指控之行为是否存在以及是否构成指控之罪。随着社会生活日益复杂变动，以及社会分工的专业化，人类早期由亲历纠纷的"知情人"裁判的时代早已终结，取而代之的是被国家授权专司的"不知情"人裁判的现代诉讼。指控之罪为刑法所明定，而指控之行为是否存在以及是否构罪，作为不知情人的裁判者一开始处于"一无所知"的状态，必须对指控之事加以认识后才能作出判断。此时对于裁判者而言，事实问题变得极为重要且棘手，因为在刑事司法中，绝大多数案件的纠纷源自对事实的争议，而这也正是法官裁判的难处。这恰如卡多佐所言："对于绝大多数人来说，法律诉讼都是罕事，是灾难性的经历，并且，即使发生了这样的灾难，最经常与争议相连的也不是法律，而是事实。在无数的纠纷中，法律都是非常清楚的，法官也没有什么裁量。"①当然，这并不是说裁判者在法律方面不存在遭遇任何困境，而是较之事实认定，法律适用的难处会少很多。对此，英国法官布莱克斯通的表述或许更准确："经验已充分表明，在我们的诉讼中，如果有一个案件源自法律方面的疑问，那么就会有一百多个案件源自事实争议。"②因此，刑事审判的本质虽是裁判，但其过程实际是一种关于事实生产的过程，如德国法学家赫尔曼所言："总的说来，与其把审问程序说成是一种辩论，毋宁把他看成是一种准科学的探求事实真相的方法。"③

离开价值判断、法律解释等法律技术的专业领域，在有关对事实的认知和判断方面，即便是受过严格法律训练的裁判者，也不比普通人拥有多少优势。在事实的领域，任何认知主体，当其与认识对象在时空上处于分离状态

---

① 〔美〕本杰明·卡多佐：《司法过程的性质》，苏力译，商务印书馆1998年版，第80页。
② William Blackstone, *Commentaries on the Laws of England*, quoted from John H. Langbein, *The Origins of Adversary Criminal Trial*, Oxford University Press Inc., 2003, p.1.
③ 龙宗智：《刑事庭审制度研究》，中国政法大学出版社2001年版，第103页。

时都会同样地面临两种的认知困难:一是不可溯性,这是由时间的一维性决定的,时间的运动是单向的,只有过去现在将来的一个方向,一去不复返。时间的一维性意味着事件的过程性,过去的时间里发生的事件意味着过程的结束,事件已成为历史,认识主体不可能令时光倒流直接接触事实,而只能借助某种间接的手段建立与事实的认知关系。由此也产生了第二个认知的困难,即间接性。认知主体只能通过事件发生过程中产生的各种信息载体间接地触及事件,而信息载体却未必与客观事件之间具有等同关系。信息载体可能存在两方面问题:信息载体是否客观并能真实呈现事件本身?以及信息载体所包含的信息量是否完整并能足以呈现事件原貌?间接性意味着认知主体必须对借助认知的信息载体加以甄别、判断和推理。在这两种困难面前,裁判者的处境和历史学家非常相似:"历史事实是过去了的事实,我们只能通过历史证据(文献、钱币、建筑遗迹等)来确立它,而这些证据有真、伪之分。这就显示了确定历史事实的特异之处。一方面,历史学所处理的事实是实际上已经发生了的,我们不能改变它们,也即是说它有某种给定的东西;但另一方面,由于历史学需要区分真证据和伪证据,历史事实的确定更依赖人们的批判性认识。"①因此,赫尔曼指出:"同历史学家一样,审判官就是要收集事实并加以分析。"②二者不同之处在于,对于裁判者而言,"不可能存在超然的、学院式的调查。时间限制是审判活动的有机组成部分"③,要在有限的时间内尽可能快地认知争议事实从而作出裁判,不允许为认知事实而无止境地拖延。当然,置真相于不顾,甚至作出一个武断的命令照样也可以解决争议④,但这绝非现代审判制度对裁判者的希望,尤其在刑事审判领域,因为这已不仅仅是解决一场纠纷,而是可能涉及对被告人财产、自由甚至生命的剥夺。对此,达玛斯卡在《司法裁判中的事实》一文中比较三种典型的审判类型之后指出,事实认知对于刑事审判程序具有明显不同的、至关重要的意义。⑤

审判过程在很大程度上是一个"重建历史事实的认知过程"(a process

---

① 袁吉富:《历史认识的客观性问题研究》,北京大学出版社 2000 年版,第 43 页。
② 龙宗智:《刑事庭审制度研究》,中国政法大学出版社 2001 年版,第 103 页。
③ Peter Murphy, *Murphy on Evidence*, 7th ed., Blackstone Press Limited, 2000, p.2.
④ 参见〔美〕迈克尔·D.贝勒斯:《法律的原则——一个规范的分析》,张文显等译,中国大百科全书出版社 1996 年版,第 22—23 页。
⑤ Damaska, Truth in Adjudication, *49 Hastings Law Journal*, 1998, pp. 289—308.

of re-creating historical)。① 因此,刑事审判必须建立有关事实生产的机制,刑事审判制度的诸多原则、规则的确立,诸多程序设计和制度安排正是围绕这一目的实现而展开。② 现代刑事审判制度所确立的事实生产机制是裁判者借助控辩双方提供的证据这一媒介触及并认知事实。③ 证据是在基于案件发生而自然产生的包含了案件事实信息的各种载体,通过认识证据中的信息,进而认识事实的某个侧面,当证据在量和质上达到一定程度时,裁判者对事实的认识便可以达到一定的高度直至足以作出裁断。这正如边沁的形象描述,"审判,不过是运用证据的艺术"。虽然,"在不同历史时期,尽管何者可以作为证据、如何收集证据、法庭调查证据的程序等具体内容往往存在着较大的差异,但在认知方式上,事实认定却均属于通过证据重建案件事实的间接认识"④。不过,基于人类对事实认知的共性规律和对刑事审判秩序的共同追求,现代各国刑事审判制度建立的事实生产机制越来越具有趋同性。早期一些国家曾认为裁判者是事实认知主体,法官拥有的权力越多越好;然而,赋予法官宽松的证据调查权的国家逐步意识到,事实认知和事实调查角色的混同极有可能使法官变成纠问官,且更大的风险是造成事实认知上的恣意,事实常常并非被发现而是被制造。因此,重视当事人的主体地位,将由法官主动收集、调查、认定证据的信息来源机制转移至当事人承载,促使当事人为己方的利益向法官提交证据并在相互辩论中加以证明,使法官更多处于被动的中间裁判者身份,被认为是现代刑事审判的合理方式。富勒甚至指出:"司法裁判的最基本特征即在于,它赋予可能受其影响的当事人以某种形式参与其中。这种对司法裁判活动的参与意味着,为获得有利判决而提出证据、进行论证的制度化保证。"⑤这正是历经12世纪至19世

---

① David A. Binder & Paul Bergman, *Fact Investigation: From Hypothesis to Proof*, West Publishing Co., 1984, p.4. 转引自吴宏耀:《诉讼认识论纲》,北京大学出版社2008年版,第18页。

② 当然,事实认知并非刑事审判的唯一追求,还必须考虑事实认知过程的正当性。如爱丁堡大学谢弗教授所言:"促进发现真实的那些价值,必须与法律程序的其他相反方向的需求(如社会和平、个人尊严、裁判的安定性、诉讼成本)达成一种平衡。"See Burkhard Schafer, Epistemology and Legal Regulation of Proof, *Law, Probability and Risk*, 2003, pp.131—136.

③ 当然,历史上也存在不借助证据而借助其他工具进行裁判的时期,如"神明裁判",但这实际上已无关事实认识。在那种裁判方式下,"法庭不是为查明案件事实设立的机构,而是为获得'神灵指示'设置的场所"。参见何家弘:《司法证明的方式和证据规则的历史沿革》,载《外国法评议》1999年第4期。

④ 吴宏耀:《诉讼认识论纲》,北京大学出版社2008年版,第66页。

⑤ Lon L. Fuller, Adjudication and the Rule of Law, *Proceedings of American Society of International Law*, 54, 1960, p.2.

纪长期的司法经验积累而形成的控辩式审判的的观念基础。在此基础上，控辩式建立的事实认知机制是，由于诉讼中控辩双方与案件的实体判决结果有着重大的利益关系，他们会积极获取与案件事实相关的证据，因此，认定案件事实的证据由控、辩双方收集和提供，法官仅对双方提出的证据进行审查、判断和取舍。控、辩双方在法庭上对意见不一致的证据据理力争，使得法官得以全面了解案件事实，从而冷静思考，利于对案件事实作出客观认定。控辩式审判特别关注法庭调查中的证据质证，控、辩双方对对方的证据提出质疑并展开争锋相对的质问，呈现出激烈的对抗性。质证的主要方式是交叉询问，即对抗的一方对另一方的人证发起盘诘性询问，通过往复的攻击和反驳的问答，像剥洋葱一样一层层向法官深入地展示证据，揭示证据的真假强弱。如日本学者白取佑司所言，控辩式的含义"并不在于形式上由控、辩双方推进诉讼，其理念是要双方当事人站在对等的立场，本着平等武装的原则，通过双方的攻击和防御来发现真实"①。因为控辩式在事实认知机制上的合理性和优势性，其受到了不同法系和不同地区国家的关注。"二战"以来，越来越多的国家开始将其吸收、引进至本国的刑事司法制度中，已成为当今世界刑事司法改革的国际趋势。当然，控辩式中的事实认知机制也并非完美无瑕，如当事人举证的利己性、法官的过于消极、昂贵的成本等内在缺陷也一直引发诟病②，但应当承认的是，完美的刑事审判制度也许并不存在，只要人类继续沿用人对人的审判，缺陷几乎无法避免，控辩式中的事实生产仍是迄今为止最具有合理性和比较优势的机制，因此并不妨碍其在世界范围内广受青睐。我国自1996年以来的刑事审判制度改革也正是沿着引进控辩式事实生产机制的方向与国际趋势接轨。

（二）刑事审判事实生产的三类资源

资源，通常被认为是一个经济学概念，是指一切生产过程中所投入的生产要素。③ 经济学认为随着人类生产方式的进化，资源早已不仅仅是指土地、矿产等自然资源，还包括人类的劳动、信息、智力、技术等社会资源。西方经济学之所以研究作为资源表现形式的生产要素，根本原因是在于资源

---

① 〔日〕白取佑司：《刑事诉讼法》，早稻田经营出版社1990年版。转引自孙长永：《当事人主义刑事诉讼与证据开示》，载《法律科学》2000年第4期。

② 对对抗制具有代表性的一个批判，可参见 Jerome Frank, *The Judging Process and the Judge's Personality*, at *Law and the Modern Mind*, Transaction Publishers, 1930, pp.108—126.

③ 参见〔英〕彼得·蒙代尔等：《经济学解说》，胡代光等译，经济科学出版社2000年版，第187页。

的稀缺性(scarcity)。如萨缪尔森指出:"稀缺这一事实存在于经济学的核心之中。没有一个社会达到了一种无限供给的乌托邦。物品是有限的,而需求则似乎是无限的。"① 因此,经济学的一个重要问题在于研究不同生产方式下的资源供给以及资源合理配置与最优使用。

刑事审判是人类司法活动的一种,从其内部运作来看,可以看做是一种生产过程。刑事审判不是生产出有形的物品,而是一种对事实的生产的过程。当然,也有人将刑事审判看做是生产正义的过程。其实这两种观念并不矛盾,并且具有一致性。首先,正义的生产意味着事实认知的准确,很难想象在基本事实认定错误的情况下正义的价值还能彰显。其次,现代刑事审判制度反对为追求事实真相而不择手段,刑事司法规则必须满足在探求事实真相的同时体现必要的程序正义。因此,现代刑事审判制度所设计的事实生产过程同时也是正义生产的过程。

既然是一种特殊的生产活动,刑事审判便也应符合经济学中生产活动的一般要求,即需要通过投入一定的社会资源,才能实现制度设定的利益目标或价值目标。这并非笔者的主观臆想,西方经济学家和法学家早已对此达成共识:包括法律在内的所有的制度和规则在运行中都会产生收益和成本的问题。② 其中,所谓的成本就是投入的生产要素,是资源的投入。刑事审判作为一种事实生产活动也需要投入各种资源。对此,已有一些论述注意到诉讼资源及其配置的问题。如有学者提出:"司法资源或司法投入,它主要包括在立法、执法、社会主体参加诉讼等活动中由国家专门机关、当事人所付出的人力成本、物质成本以及机会成本。"③ 但这种司法资源的观念是基于刑事司法的宏观视角,且偏重考虑投入的经济资源。假如换一种生产过程的视角去观察刑事司法,其所需要投入的资源会呈现出另外的性质和面貌。几乎所有刑事审判都需要国家和当事人投入资金、装备、人员、时间等成本,但这些只是维持刑事审判活动的基础性投入,仅有这些资源还不能满足刑事审判的事实生产。换言之,即便不考虑生产事实,刑事审判仍需要这些资源。另外,一个不言自明的道理,如果仅仅靠人、财、物便可以生产

---

① 〔美〕萨缪尔森、诺德豪斯:《经济学》(第14版),胡代光等译,首都经济贸易大学出版社1998年版,第14页。
② 参见〔美〕罗伯特·考特、托马斯·尤伦等:《法和经济学》,张军等译,上海人民出版社1994年版,第2页。
③ 陈卫东、王政君:《刑事诉讼中的司法资源配置》,载《中国法学》2000年第2期。

出事实,那加大投入便可解决问题了,或者应该存在一种现象,经济发达地区的法院比经济欠发达地区的法院更容易生产事实。显然上述假设都是不成立的。其实对于刑事审判的事实生产而言,需要投入三类资源:(1)信息资源,即能满足案件事实生产的证据来源;(2)人力资源,人力资源并非仅指人员的投入,而更多地指能将信息加工产生事实的审判活动主要参与方的职业技能;(3)基础性资源,即刑事审判活动所必须的时间和经费。在不同的事实生产方式下,上述所需投入的三类资源大为不同。比如在借助神明的授意和指示发现事实的"神示裁判"中,所需投入的资源就极少,无需投入证据资源,更无需裁判者有高超的事实认知技能,而只需裁判者按照习俗遵循某种能接收到神灵旨意的方式即可生产出所谓的"事实"。又如在纠问制的事实生产中,集侦控审技能于一身的裁判者可以广泛地将许多信息拿来当做对被告人不利的证据从而获得事实。当然,这样的例子也许并不恰当,因为这些审判方式并非为生产事实而设计,而是为了单纯地解决纠纷甚至治罪,因此不大可能生产出真正的事实,言及事实生产的资源投入也就失去意义。① 对事实生产所需投入的资源在量和质上最高的,是现代刑事审判制度,尤其是以控辩式为事实认知之内核的刑事审制度之下。如龙宗智教授所言:"准确意义上的对抗制诉讼,与其说是一种'大众产品',毋宁说是一种'奢侈品',它需要高素质司法人才的参与即高耗费物质资源的保障。庭审的实质化和庭审的抗辩性,也要求法官、检察官、律师能在有限的庭审时空作出正确的判断、敏捷的反应,并充分调动其各种知识、经验和技能。"②

  1. 信息资源。刑事审判事实生产中的信息资源是指证据。在审判活动中,裁判者对事实的认知始于证据。在此过程中,裁判者通过直接接触各类证据获得其中承载的各种信息,并形成外在的、直观的印象。与此同时,裁判者对每一个证据进行评价,并将证据与证据之间的信息逐步联接起来在思维的层面进行拼整和重构进而形成事实。因此,证据对于事实认知具有极其重要的意义,是刑事审判事实生产的核心资源。作为信息资源,为满足刑事审判的事实生产,证据应当具有足够的量。如卡茨教授指出:"在其

---

  ① 不过这解释了一个道理:事实生产机制和刑事审判基础资源投入之间的关系,是前者决定后者,也即事实生产机制决定了刑事审判所需投入的基础资源,如人员、资金、装备、时间等。
  ② 龙宗智:《论我国刑事庭审方式》,载《中国法学》1998 年第 4 期。

他条件相同时,获取的证据数量愈多,案件就愈发接近客观真实。"①问题是这些足够量的证据资源从何而来？由谁负责向刑事审判中投入？现代刑事审判制度的安排越来越强调由控、辩双方提供,尤其在控辩式审判方式中完全如此。对于为何由法官主动调查证据的方式越来越受到限制,上文已有部分论述。② 现代刑事审判不认为有过大证据调查权的法官(searcher-judge)对发现事实有什么优势,反而司法调查(judicial inquiry)——这种以法官为主导的事实生产机制会带来诸多弊端。③ 因此,"两个与案件结局都有着利益牵连的探索者分别从正反两个方面开始搜寻事实真相,这要比那种仅由一名公正的探索者从中间地带开始查明真相更不可能丢失任何东西"④。并且,控、辩双方同时拥有证据搜集的权力可以维持"证据搜寻过程的竞争特性"⑤。"获得案件事实真相的最佳方法是让每一方参与者都能主动寻找事实：在这两方面的事实对抗中,双方会将真相真正揭示于天下。"⑥对此,中国古人也早有精当的叙述："听讼必须两辞以定是非。"⑦在控、辩双方对证据的搜集方面,控方的资格和能力自不待言,这里主要是需赋予并保障辩方的证据调查取证权。为此,各国在均法律中予以体现,如英美国家的辩护律师可以同控方一样采取勘验现场、检验物证、询问证人等调查方式,并且还可以聘请私人侦探或者鉴定人进行证据调查。即使是在警方和检察官控制下的现场或物证,律师仍然可以申请调查,前者不得设置障碍。⑧ 德国法规定,辩护人在事实上有必要时,也应主动调查,以帮助其当事人。德

---

① Avery Katz, Judicial Decisionmaking and Litigation Expenditure, *8 International Review of Law and Economics*, 1988, p.127.

② 这里所说的法官的证据调查是指"庭外调查",而非指在法庭内调查,即使在典型的英美对抗制中,法官仍可以在法律允许的范围里在法庭内展开诸如传唤证人、询问证人等调查活动。更详细的论述可参见陈如超:《英美两国刑事法官的证据调查权评析》,载《现代法学》2010 年第 5 期。

③ 对此更为详细的论述可参见 Craig M. Bradley, The Convergence of Continental and the Common Law Model of Criminal Procedure, *7 Criminal Law Forum*, 1997, p.471。

④ Jenny Mcewan, *Evidence and Adversarial Process*, Blackwell Publishers, 1992, p.4.

⑤ 〔美〕理查德·A. 波斯纳:《证据法的经济分析》,徐昕、徐昀译,中国法制出版社 2001 年版,第 55 页。

⑥ Supra note 4.

⑦ 《论语注疏》(卷十二·颜渊第十二)。

⑧ 对英美国家辩方调查权的更多介绍可参见何家弘:《外国犯罪侦查制度》,中国人民大学出版社 1995 年版,第 29 页;〔英〕约翰·斯普莱克:《英国刑事诉讼程序》,徐美君、杨立涛译,中国人民大学出版社 2006 年版,第 456 页;〔美〕爱伦·豪切斯泰勒·斯黛丽、南希·弗兰克:《美国刑事法院诉讼程序》,陈卫东、徐美君译,中国人民大学出版社 2002 年版,第 245 页。

国辩护人可以自己进行调查,也可以聘请私人侦探和专家进行调查。① 法国辩护人也可以请私人侦探展开调查,或者无偿申请警察和预审法官帮助调查。② 意大利于2000年年底通过第397号"辩护方调查"的法令,将1988年《刑事诉讼法》第33条规定的律师调查取证权扩充至律师可以自行调查,可以要求检察官提供某些文件或进入私人场所,还可以委托私人侦探和技术专家等其他人员进行调查。③ 日本的辩护律师为了提出有利于自己的证据,有必要进行侦查、收集证据,这种侦查活动是被法律保护的。④

2. 人力资源。对于刑事审判事实生产这种复杂的专业化活动,人力资源资源主要指参与者的专业能力。特定的事实生产机制对其主要参与者提出了特定的专业技能要求,如久远的古希腊的刑事审判中,发现事实并不主要依靠证据时,便特别强调控、辩双方充满修辞性、煽动性而又富有逻辑的"雄辩术"。⑤ 在现代刑事审判中,事实生产机制的主要参与者是控、辩、审三方,人力资源即是指这三方的专业技能。具体而言,可以分两种:控、辩的对抗技能和裁判者的认知能力。对于控、辩双方而言,由于更多地承担了搜集和提供证据的义务,双方是否真正有能力在法庭上展开对抗显得非常重要。尤其是控辩式的事实生产机制,要求控、辩双方的证据得到对等的揭示,这对双方的能力提出了很高的要求,控、辩双方应当具有高超的对抗技能。高效地分析和准备每一个庭审案件、公开陈述的技巧、证据展示的技巧、询问的能力以及专家证人合作的能力、提出异议的能力、说服的技巧和能力,甚至于一定程度的庭审表演能力等,都是控、辩双方必须具备的。其中,询问能力是极为重要的,这是发现事实的核心装置,"争端的是非曲直很少决定于一通发言,甚至也极少受其影响。但是没有一桩案件的判决不是主要靠律师盘问对方的技巧"⑥。美国国家庭审辩论研究所(NITA)地区督导马沃特教授如此评论庭审中控、辩双方的询问能力:"特别是直接询问,视

---

① 参见〔德〕克劳斯·罗科信:《刑事诉讼法》,吴丽琪译,法律出版社2003年,第169页;又见〔德〕托马斯·魏根特:《德国现代侦查程序与人权保护》,刘莹译,载孙长永主编:《现代侦查取证程序》,中国检察出版社2005年版,第347页。
② 参见陈卫东主编:《模范刑事诉讼法典》,中国人民大学出版社2005年版,第703页。
③ See Mireille Delmas-Marty and J. R. Spencer, *European Criminal Procedures*, Cambridge University Press, 2002, p. 360.
④ 参见〔日〕田口守一:《刑事诉讼法》,刘迪等译,法律出版社2000年版,第96页。
⑤ 关于古希腊雄辩术及其学习、培养和应用的介绍可参见〔古罗马〕昆体良:《雄辩术原理》(选译),任钟印译,华中师范学院教育系1982年内部刊行。
⑥ Francis Wellman, *The Art of Cross Examination*, Touchstone, 1997, p. 3.

为一项创造性的艺术。一名好的出庭律师,会以同样的方式来安排证人作证。他不仅仅是把'故事讲出来'。他决定如何刻画一个特定的事件或场景,然后为达到这一预期的结果,作出必要的技术性决定。不重要的事项,要么避免,要么掩盖。强调重要的信息、放大细节、放慢动作。至关重要的信息可以以定格的连续画面来呈现","交叉询问,这个词本身就令人尊敬,甚至能使有经验的律师产生恐惧。当然,对于新手而言,庭审中没有其他部分比交叉询问更具有不确定性和神秘性了"①。此外,现代刑事审判的事实生产还要求控、辩双方的对抗能力应当处于平衡状态,即不会出现强弱严重不均的状态,因为任何一方专业能力的低下可能会导致应当揭示的证据被遮蔽,这对事实发现是极为不利的,尤其在外行人裁判的陪审团制中将是难以弥补的致命缺陷。对于裁判者的法官而言,事实认知能力则更为重要,他们是最终的事实生产者。19世纪美国著名的辩护律师威尔曼深刻地指出:"法庭审理案件是一种特殊的能力,许多人,哪怕深通法理,也不能胜任。"②与在审前已做充分庭审准备的控、辩双方相比,法官通常在开庭前对案件情况知之甚少,法官要从控、辩双方的证据展示中获得对案件信息的初步认识,通过控、辩双方的质问准确地归纳出控、辩争议的焦点,并通过双方的相互辩论对每一项证据的证明对象、证明力及其与其他证据之间的联系形成初步的判断。如20世纪英国著名的法官宾汉姆所言:"法官不具有洞穿千里的视力;纠纷事件发生之时,他们也并不在场。他们没有亲眼看到交通事故的发生,没有目击工厂锅炉的爆炸……他们所能做的事情只能是:尽力将故事碎片拼凑在一起,同时,根据法庭上提出的所有可资利用的证据,试图得出一个合理的事实结论。"③而这些既要求法官具有丰富的经验阅历,又要求其具备良好的信息感知能力,更要求其身怀高超的逻辑推理以及信息分析、组织和重构的能力。

3. 基础性资源。时间和经费是刑事审判的基础性资源,也是可变量资源,投入量的多少主要取决于刑事审判事实生产机制。以控辩式为内核的现代刑事审判对时间和经费的消耗非常大。时间资源主要消耗在庭审证据

---

① 〔美〕托马斯·A. 马沃特:《庭审致胜》(第7版),郭烁译,中国人民大学出版社2012年版,第85、216页。

② Francis Wellman, *The Art of Cross Examination*, Touchstone, 1997, p.5.

③ Tom Bingham, The Judge as Juror: The Judicial Determination of Factual Issues, 38 *Current Legal Problems* 1. 转引自吴宏耀:《诉讼认识论纲》,北京大学出版社2008年版,第9页。

调查程序中,由于证据调查由控辩双方以举证、质证方式进行,这首先要求各方的证据须逐一在法庭上展示并接受调查。其次,任何一方都力求将己方证据清晰、完整而彻底地向裁判者展示,以获得裁判者对己方形成有利印象。并且各方对对方以相同心态和方式展示的每一件证据均以苛刻的眼光予以检视和挑剔,在可能的情况下都会提出质疑并展开辩论。如此一来,证据调查的时间必定短不了。对此,可以凭借经验和简单的加成法计算,即使一项证据的展示和质证平均花费五分钟,各方平均有十项证据,便将花费近两小时。真实的情况是,一些案件的证据多达几百份,所耗费的庭审调查时间可想而知。此外,对财力的消耗也是巨大的,政府必须培养并选任高素质的法官、检察官,并为其支付相对高额的薪俸;每一名证人必须出庭,对他们必须作出经济上的补偿,尤其是聘请专家证人,将是一笔不菲的开支,此外,在必要时还要承担证人保护的费用;对某些被告人,还要支付费用进行法律援助。相应地,如果被告人要聘请高水准的辩护律师,也必须承担高昂的费用,用以支付律师费和支持律师展开调查和辩护准备。这一切在典型的对抗制中的消耗可能还会增加,因为控辩双方还会出于策略和技巧的角度考虑,如等待某个关键证据、分散陪审团的精力、拖延时间以使证人记忆模糊等,"双方当事人在提供证据和询问证人方面叠床架屋、吹毛求疵,常常使诉讼旷日持久"①。如在美国,采取陪审团方式(指普通开庭程序)比法官审判(指速审程序)的耗时平均要超出两倍以上。② 因为耗时,典型对抗制审判中陪审团的组成甚至有候补陪审员,以防止漫长的庭审中出现正式的陪审团成员生病、死亡等丧失审判能力的情形。至于投入的财力,就更为惊人,早在 1965 年,据美国国会报告,联邦系统花费在处理刑事案件上的费用高达 210 亿美元,占年度联邦财政收入的 4% 以上,这些资金大部分用于支撑高昂的刑事审判,这一惊人的数字直至 1970 年 Brandy v. U.S 案中确认"辩诉交易"合法性后开始逐渐开始下降,到 1983 年时已降至 3%。③ 关于典型对抗制耗费时间和金钱的直观感受,辛普森案永远是一个经典。于 1995 年 1 月开庭的辛普森案,最终庭审历时 256 天,检方向法庭举证 723 件,控方举

---

① 龙宗智:《刑事审判制度研究》,中国政法大学出版社 2001 年版,第 107 页。
② 〔美〕理查德·A.波斯纳:《证据法的经济分析》,徐昕、徐昀译,中国法制出版社 2001 年版,第 61 页。
③ 参见〔美〕罗伯特·D.考特、托马斯·S.尤伦:《法和经济学》,张军译,上海三联出版社 1991 年版,第 659 页。

证 392 件,共有 150 个证人出庭作证。其中,一名来自塞尔玛监测中心(Cellmark Diagnostics)的证人罗宾·考顿(Robin Cotton)一人作证时间就长达 6 天。① 在该案中,辛普森最终为他的梦之队辩护团队支付了近六百万美元,而检方支付了近八百万美元。② 如此高消耗时间和金钱的对抗制,美国刑事司法也不堪重负,于是他们的做法是,继续维护对抗制,即便它耗费高昂,因为这事关事实生产和正当权利,同时,将对抗制审判限缩在极小的范围,大量案件不采用对抗制审判而采取其他速审程序,如辩诉交易消化。如美国联邦法院在 Santobell v. New York 一案的判决中指出:"如果每一项刑事指控均要经受完整的司法审判,那么州政府和联邦政府需要将其法官和数量和法院的设施增加不知多少倍。"③前联邦大法官沃伦·伯格也指出了正式审判的消耗,正式审判的适用比例如果上升 10%,联邦系统所需的人力、物力等司法资源的投入便要增加一倍。④

二、资源局限对制度实效的影响

(一) 单方证据来源异化庭审调查

我国在 1996 年修订《刑事诉讼法》,审判方式作出吸收对抗制经验的改革,因改革的不彻底,形成的审判模式被批评为是对抗制、职权式和我国刑事司法传统的生硬组合。但就刑事审判中的事实生产机制而言,1996 年以来的改革态势显然是推崇对抗制。虽然仍然缺乏对抗制的一些精密设计,如询问规则、异议规则等,但对抗制庭审在制度文本中的基本框架已见雏形,尤其体现在证据调查环节,因而总体上应将我国刑事审判制度界定为以对抗制为内核的的事实生产机制。对此,当年参与立法修订的人士也表达了相同的观点,时任全国人大常委会法制工作委员会主任的顾昂然在关于《中华人民共和国刑事诉讼法修正案(草案)的说明》中指出审判制度改革的意旨是:"人民法院受理公诉案件,对有明确的指控事实,并附有证据目录、证人名单和主要证据复印件或者照片的,应当开庭审判,至于证据是否

---

① 有关辛普森案审判过程全面而详细的记录可参考 Court TV News: O. J. Simpson Murder Case, http://web. archive. org/web/20080202233504/http://www. courttv. com/trials/ojsimpson/, 2013 年 9 月 1 日访问。
② See USA Today: Fight over money may follow court battle, 01-28-1997.
③ Santobell v. New York, 404, U.S 251, 260(19781).
④ Jeffrey J. Miller, Plea Bargaining and Its Analogues under the New Italian Criminal Procedure Code and in the United States, 22 N. Y. U. J. Int'LL. & Pol. 215, 1990.

确实,在法庭上由双方质证,进行核实,不需要开庭前全面调查",由公诉人、辩护人向法庭出示证据,公诉人、当事人和辩护人可以对证据和案件情况发表意见,互相质证、辩论,充分发挥公诉人、辩护人在法庭审理过程中的作用"①。机制虽已随制度立法初步建立,但机制所要求的资源投入却未能有效供给,表现出了很大的局限性。

在信息资源方面,制度立法虽然仍保留法官的证据调查权,但该调查权已被大大削弱,庭审前不能再进行证据调查,而只能在庭审中进行。并且,实践中法官一般只进行法庭内的证据调查,而极少展开庭外证据调查。这主要有两方面原因:一是庭审中如需增加信息资源,补充证据,法官一般采取由检察院补充侦查的方式而非自行调查;二是事实上,在现有的积案和审限压力下,法官几乎无暇展开庭外调查。因此,审判中的事实信息来源几乎依靠控、辩双方提供证据,这即是对抗制中控、辩双方之义务,也为制度立法所规定。然而,实践中的现状是,信息来源的单向性,即在绝大多数案件中,证据的来源只有一个渠道,即控方,辩方几乎没有任何证据来源。这主要是因为《刑事诉讼法》未完全对辩护律师放开调查取证权。根据《刑事诉讼法》的规定,侦查行为内容包括专门调查和有关的强制措施,其中,专门调查包括了讯问、询问、勘验检查、扣押物证书证、鉴定等,而有权行使这些侦查行为的主体只有公安机关、检察院、国家安全机关、军队保卫部门和监狱,除此之外,任何机关、团体和个人都无权行使。据此,上述获取案件信息资源的这些侦查行为采国家垄断主义,辩护律师不能采取侦查行为。"在立法上,被追诉方作为可能的举证方却在证据收集手段方面极为匮乏,偶有收集却在实务中常冒'伪证'之嫌。"②

根据《刑事诉讼法》的规定,辩护律师可以进行有限的调查取证,方式有两种:一是在审前程序中,辩护律师经证人或者其他单位和个人同意,可以自行向他们收集与案件有关的案件信息。二是在移送审查起诉后,辩护律师可以向法院、检察院申请帮助调查取证。另外,《刑事诉讼法》还规定律师可以向法院提出必要的证人出庭作证申请,由法院通知证人出庭作证。看起来辩护律师有上述三种信息资源渠道,但实际上三种渠道的实际操作难度相当大。在第一种渠道下,由于立法未规定证人、其他单位等辩护律师调

---

① 陈光中、严端主编:《中华人民共和国刑事诉讼法释义与应用》,吉林人民出版社1996年版,第404页。

② 左卫民:《中国刑事诉讼模式的本土构建》,载《法学研究》2009年第2期。

查取证的对象必须配合取证,而律师无法对其强制取证,因而律师能否向取证对象调查取证完全不取决于辩护律师。另外,辩护律师若要向被害人、控方证人等对象调查取证,还须经过法院和检察机关批准,这无疑给辩护律师的调查取证增加了一道障碍。第二种渠道中,是否实际帮助律师调查取证实际取决于法、检两机关,立法并未对此作出具体的措施规定和程序保障,在检察官普遍未遵循客观义务、法官怠于展开庭外调查的情况下,公权机关帮助调查取证只是一种看起来很美而难以落实的权利。事实上,辩护律师也熟谙这一点,极少提出帮助调查取证的申请。第三种渠道中,同样的方式,辩护律师只有向法院申请通知证人出庭作证的权利,至于是否通知,判断和决定权在法院。如此一来,辩护律师看似具有三种信息资源渠道,但实际的权利均不掌握在辩护律师手中,虽然《刑事诉讼法》赋予了律师侦查阶段的辩护人地位,增强其对抗能力,但立法却并未实际赋予辩护律师对抗的手段,辩护律师并不享有完整而独立的调查取证权,因而无法获得案件有关的信息资源。另外,在《刑法》第306条未作调整和修改的情况,辩护律师贸然调查取证的行为仍然面临不可预知的刑事风险。综合起来,通晓立法规定而又精于成本计算的辩护律师业已习惯放弃本属空洞化的调查取证权。

单方的信息资源对刑事审判会造成两方面问题:一是庭审证据调查的单向性。由于只有控方一方的证据来源,证据调查中的控辩平等的双向举证和对向质证均变成单向,在制度实施层面的表现就是有关举证和质证的法庭调查规则未得到完整的适用,即制度实效较低。二是降低控方的提交证据的积极性。以对抗制为事实生产机制内核的刑事审判,其逻辑预设是赋予控辩双方平等的地位和证据调查的权利,以激发双方公平竞争的欲望,这种竞争性使得双方有强烈的积极性搜寻、提交证据。在这种机制中,一旦一方调查取证的权利遭到限制,相当于对方天然获得了信息资源的垄断性优势,此时,双方之间的竞争性即被解除,已获得信息资源垄断性优势的一方便不再有强烈的搜寻并提交证据的积极性。波斯纳对此种现象曾有过分析:假设当事人 A 以成本 x 追加提出一项证据,因此可以提高对其有利结果的概率为1%,而 A 的对方当事人 B 同样可以以成本 x 提出另一项对 B 有利的证据,这一激励因素会产生一种促进的趋势(tendency),促进双方尽可能多提交证据,而如果案件证据由单方主导(the case is one sided),则追加证据即便其本身具有高度的证明力,对案件结果也毫无影响。①

(二) 司法技能欠缺弱化法庭审理

在人力资源方面,关于控、辩的对抗技能和法官的认知能力能否支持刑事审判制度的事实生产,更多只能是主观的经验判断,难以作出实测。有关庭审控、辩对抗的现实样态,本书第二章已提供一些数据和论证,对此也有学者作了一些实证方面的分析②,我国刑事审判控辩对抗的形式化已成为学界的共识性判断。除了制度立法等原因之外,本书认为控、辩对抗能力孱弱是主要原因,并对此判断尝试提供一些证据。

实践中控、辩双方在庭审中的表现没有技巧性可言,在一些环节中的行为可谓千篇一律。如庭审举证,制度立法对控、辩双方举证的证据顺序并无规定。即便是讯问被告人,立法也只规定公诉人在宣读完起诉书后"可以",而并非一定从讯问被告人开始。这实际上是允许并便于控、辩双方自行决定举证顺序。从对抗技巧出发,在不同类型的案件以及不同证据表现的庭审中,举证方应采取最有利的举证顺序提出证据。比如考虑先提出强有力的和重要的证据,给裁判者形成良好的开场印象以占据证据优势,或者至少避免提出无关痛痒甚至可能对己方不利的证据,这是行为心理学上的"首要性"原理。另外,在举证的整体顺序上,举证方应考虑以符合一般人认知顺序规律的时间或逻辑顺序提出,以便于裁判认知己方构筑的事实。③ 实践中的举证方不是这样做的,在所有庭审举证中,他们无一例外地全部按照《刑事诉讼法》中证据类型出现的先后顺序举证,即从言词证据到实物证据。其中,言词证据是从讯问被告人到宣读证人证言、鉴定人鉴定意见,实物证据是物证、书证等。这种千篇一律的举证顺序在一些案件中勉强能够采取,而在有些情况下可能是对举证方来说极为不利。比如所有公诉人均遵循宣读完起诉书后讯问被告人,当有些被告人当庭否认起诉书指控犯罪时,公诉人显然出师不利,陷入被动。另外,毫无考虑的举证顺序表现出的逻辑混乱常常令裁判者感到费解和厌烦。

控辩双方在发问和质证中的表现也差强人意。如公诉人对被告人的讯

---

① 〔美〕理查德·A.波斯纳:《证据法的经济分析》,徐昕、徐昀译,中国法制出版社2001年版,第54页。

② 参见李昌盛:《缺乏对抗的"被告人说话式"审判——对我国"控辩式"刑事审判的实证考察》,载《现代法学》2008年第6期。

③ 参见〔美〕托马斯·A.马沃特:《庭审致胜》(第7版),郭烁译,中国人民大学出版社2012年版,第85、423页。

问,公诉人常常以一种警告和教育的惯性语式开场,然后毫无过渡性和带入性地直截了当问被告人有没有实施指控的罪行,如果被告人予以配合地承认,公诉人通常会就指控犯罪行为的动机、方式、手段和后果进行简单的讯问后结束,一旦被告人出其意料地予以否认时,大多数公诉人的反应不是以其掌握的证据对被告人展开事实性的盘问,而是会声色俱厉地质问被告人为何和庭前供述不一致,少数公诉人甚至当庭训斥被告人认罪态度不好。

辩护律师对控方的质证能力也不令人满意,虽然证人不出庭会令质证大为不便,但即便从控方的宣读和展示的证据材料中,富有经验的辩护律师仍然可以施展质证的技巧。然而,当被审判长问辩方律师对控方举证是否提出异议时,除了少数辩护律师能够提出诸如被告人的若干处供述存在不一致、证人的陈述存在出入等问题,大多数辩护律师的回答都是否定的。如左卫民教授所言:"交叉询问这一对抗式审判的精髓,在中国庭审中极为少见。对于他方证人,除了对书面证言偶有意义外,几乎未有对证人的攻击性询问从而无法产生对抗火花。"①更有少数辩护律师对控方证据中显而易见的重大瑕疵甚至错误视而不见,令人感到担忧。

对控辩的对抗能力的判断,我们还可以从法庭外的其他方面获得一些信息。近年来,全国及地方纷纷开展公诉人和辩护人控辩对抗电视竞赛,由检察院选派优秀公诉人,律协选派优秀辩护律师,在电视上公开进行。② 这种活动形式无疑有助于加深社会对刑事司法的了解,但这同时也反映出了控辩对抗能力的不足和羸弱引起了相关机构的关注和重视,希望借由这种辩论竞赛的活动形式推动控辩对抗能力和经验的提升。另外,我们从控辩双方的专业教育经历和职业准入机制中,也能对其整体技能水平作出大概的判断。我国的法学专业教育仍然采用传统注释法学教育体例,在课程设置、教材编撰、教学方式上理性有余而技能性不足。法学教育体制与法律职业能力的要求脱节严重,很难想象没有专门的律师学院和法律职业技能培训,仅靠在法学院学习法律、写文章和做试题的学生在未来能表现出良好的司法技能。检察官和律师的准入也不是职业化的,在一次性通过司法考试之后,再通过公务员考试便可被招录为检察官,或者参加律协组织一周左右

---

① 左卫民:《中国刑事诉讼模式的本土构建》,载《法学研究》2009 年第 2 期。
② 如由最高人民检察院、司法部、中央电视台主办,中华全国律师协会和中国检察官协会协办的"全国公诉人与律师电视论辩大赛",从 2009 年起每年都会举行。地方上的类似竞赛,如广东、福建、吉林、重庆、甘肃等也纷纷举办。

类似岗前培训的听课后便可申请到律师资格,此后无需再经过任何法律职业培训。在这种毫无法律职业性的教育和职业准入体制之下,如果说能产生一批具有良好司法技能的检察官和律师,那只能是一个笑话。

较之控辩双方的对抗技能,法官对事实的认知能力更多地强调阅历和经验,并且是来自生活和审判两方面的。一方面,法官要对各种人际、社交、家庭、商业等社会生活的基本规律和伦理有相当的熟悉和了解,以便在碎片化的证据信息中去还原真实而复杂生活中的事实;另一方面,对各种证据类型的属性、价值、关联性、审查判断的重点能娴熟把握。笔者对法官的整体事实认知能力不持怀疑,但明显的感受是,资深法官和年轻法官在这方面的差异较大。在和几名从事刑事审判工作10年以上的法官一起组成合议庭审理案件时,这些法官总能快速而准确地抓住事实的重点,对控辩的意图和争议焦点的概括相当精准;在合议时,这些资深法官对各种证据的分析、控辩理由的阐述也非常准确。有的法官甚至能像中医号脉一样,即使没参与案件,只需三言两语简单介绍案情,他便可以讲出控辩双方举证、质证的典型情况。而年轻法官在这些方面的能力要逊色很多,他们在专业理论上可能更有优势,但在对证据的审查判断、事实的条分缕析和认知上远不如资深法官。

控辩对抗能力不足会造成什么后果?对此美国法庭盘问专家威尔曼作出过回答,威尔曼在其经典之著——《交叉询问的艺术》一书中对美国律师制度未区分出庭律师和事务律师,一些司法能力欠佳的律师也能出庭所产生的弊端提出了尖锐的批判:"任何经常在法庭听审的人都会深信:只要纽约州律师公会的一万多名注册律师仍然不区分出庭辩护律师还是一般事务委托律师而都可以出庭,那么,绝大多数案件都会审得很差,而且会浪费许多宝贵的时间。"[1]控辩能力孱弱使双方围绕证据的质证和辩论无法深入而有效地展开,看似经过了法庭调查程序,但实际上法庭调查形式化、空洞化,证据真伪、证明力强弱、与其他证据之间的关联等信息在法庭上未能完全得以挖掘和呈现,证据调查的任务实际未能完成。这必然影响事实的生产,裁判者难以从形式化的证据调查中对证据作出判断,更无从将证据中的信息构建为事实,甚至于一些证据中的瑕疵、错误未能被充分揭示,这对裁判者事实认知而言无疑是灾难性的,即便有着丰富审判经验和高超司法技艺的

---

[1] Francis Wellman, *The Art of Cross Examination*, Touchstone, 1997, p.4.

法官也难以从控辩糟糕的证据调查中形成事实认知。那法官将如何裁判？在独立审判的司法体制中，法官会根据证据表现，如果控方的指控不力，或者律师的辩护不力，法官会遵循庭审形成的心证作出裁决。但在我国，事情没那么简单。我国刑事审判承担了打击犯罪、维护秩序的政治功能，所以必须在追求客观真相的基础上准确判决以惩治犯罪。既然正式的庭审无法指望，法官只能转而寻求退庭后通过书面审理的方式继续完成法庭上未完成的证据调查，以便准确地认识事实，这就是书面庭审难以真正禁绝的根本原因。因此，并非法官更愿意在庭审结束后抱着一大摞卷宗回到办公室采取庭后书面庭审，而是对正式庭审未能有效完成的证据调查的任务，事实生产机制的运转失效，事实认知无法产生，虽然法官仍得以依据证据裁判原则，以形成的心证作出裁判，但准确惩治犯罪的司法政治功能使法官无法如此直接判决，因为这或者会放纵犯罪或者会冤枉无辜，法官的唯一选择就是庭后以证据的书面材料为线索（单方证据来源使得证据书面材料大多都是控方的证据，因此表现出来就是以案卷卷宗为线索）继续展开对证据的审查，直至其认为能准确认定事实。因此，庭后书面审理实际上是对控辩能力不足形成的庭审形式化，以及在司法政治化要求下对正式庭审事实认知的一种弥补和延续。

法官的事实认知能力也会对审判制度造成影响。由于不能保证每一个案件都由经验丰富、技艺高超的资深法官审判，尤其是法官准入与公务员体制不分，大量从法学院毕业后走上审判台的年轻法官承担了大部分案件审判工作，法官年轻化已成趋势。① 因此，审判经验尚浅的年轻法官们对案件事实的认知，审判的质量并不为法院所放心，加之法院普遍采用案件承办制的情况下，事实认知几近由案件承办法官一人作出，一旦法官的审判出现事实认知的偏差甚至错误，不仅对其自身影响极大，还会殃及庭室和法院的整体形象、声誉和权威，尤其在法院内部考评管理体制下，法官个人的判决失误会放大为法院的整体失误，这绝非法院愿意看到或承受的。在仍然要大量起用年轻法官从事刑事审判工作的前提下，要有效保障法官对案件事实认知的准确，控制案件质量，就不能任由法官个人作出判决，案件内部行政审批便成为法院控制案件质量的手段。这种基于质量控制的审批一般在庭

---

① 根据《法官法》的规定，年满23周岁即有资格从事法官职业。法院每年从高校招收大量应届毕业生，使得法官整体呈年轻化的趋势。笔者曾工作过的中级人民法院，有8名不满30周岁的法官，刑庭的3名副庭长也不满35周岁。

室完成,即由审判长、庭长把关完成,一般不会到分管院长。并且,越是审判资历浅,或者曾经出现过误判,或者被认为能力不足、缺乏细致和耐心的法官所审理的案件,越会受到庭室的审批"关照"。因此,在某种程度上,案件的行政审批也是一种弥补或补救,是组织力量对法官个人事实认知能力和审判能力不足的弥补或补救。

因此,当控辩对抗能力孱弱时,当法官认知能力不足时,均会对刑事审判的事实认知产生不良影响,而此时会发生"资源代偿"现象,即当人力资源无法满足刑事审判制度的事实认知机制要求时,就会寻求制度外的其他的资源或机制予以补偿,这种现象表现出来为人们所看到的就是正式制度规则的失效。

(三) 时间及经费不足异化刑事审判

时间资源紧张一直是困扰刑事审判的难题,除了案多人少之外,主要还有两方面原因:一是审判程序繁简分流功能不佳。目前在普通程序之外主要靠简易程序实现对案件的分流。1996 年《刑事诉讼法》规定的简易程序适用条件包括:依法可能判处 3 年有期徒刑以下刑罚的公诉案件,事实清楚、证据充分,检察院建议或同意适用简易程序;告诉才处理的以及被害人起诉的有证据证明的轻微刑事案件。由于将适用简易程序的案件范围限定为轻微罪,再加之其他条件,使得简易程序适用比例一直不高。如 G 省法院 2000 年至 2005 年期间,适用简易程序审理案件的比例分别为 17.26%、17.59%、19.32%、20.45%、21.76%。这一数字与全国范围内的比例情况基本相符,如 1998 年至 2002 年间全国法院适用简易程序的比例分别为 19.23%、21.45%、22.90%、21.89%、33.77%。[①] 这远低于其他法治国家适用简易程序分流案件的比例;英国 1978 年适用简易程序审判比例增至 98%,美国至 1990 年以辩诉交易处理案件的比例高达 90% 以上[②],日本在 1982 年已达到 94%[③],意大利约为 80%。[④] 简易程序对案件分流能力的低下使得大量案件以普通程序开庭审理,而普通程序对时间的大量耗费众所周知,这无疑给我国刑事审判带来沉重压力。2012 年《刑事诉讼法》修正案对简易程

[①] 张品泽:《我国刑事简易程序选择权探略》,载樊崇义主编:《诉讼法学研究》(第 5 卷),中国检察出版社 2003 年版。

[②] 《美国联邦刑事诉讼规则和证据规则》,卞建林译,中国政法大学出版社 1996 年版,第 10 页。

[③] 陈光中主编:《外国刑事诉讼程序比较研究》,法律出版社 1988 年版,第 30 页。

[④] 汪建成、黄伟明:《欧盟成员国刑事诉讼概论》,中国人民大学出版社 2000 年版,第 335 页。

序的适用范围作了调整：只要符合案件事实清楚、证据充分，被告人认罪，对起诉书指控犯罪事实无异议，并对适用简易程序无异议的均可适用简易程序。这使得简易程序几乎覆盖了《刑法》规定的绝大部分罪名，无疑将大幅提升简易程序适用比例。但同时应指出的是，案件分流本身不是目的，目的是节省审判时间，而无论是修改前还是修改后的简易程序，在节省时间资源上可能并不会发挥太大作用。主要原因在于，简易程序节省的只是庭审步骤和流程，而我国刑事审判真正的耗时不再庭内而在庭外。法庭调查形式化不解决的情况下，即便是简易程序，法官仍无法当庭充分审查证据并认知事实，仍需在庭后继续阅卷。法院内部对审判质量的控制不分普通程序和简易程序，即便是简易程序仍需内部庭室审批。另外，简易程序裁判文书的撰写制作与普通程序案件无异，仍需花费大量时间。因此，简易程序实际上并不简易，看似能够分流的简易程序却可能无法节省法官的时间，难以提升审判效率。二是审限的时间限制。我国刑事审判制度未明确规定集中审理或速审原则，对于案件的审判时限主要依靠审限制度控制，使得审限成为中国刑事审判的"特有产物"，并且，审限已纳入法院内部考评管理的指标，使其具有了对法官和法院均有约束力的刚性制度。必须承认，尽管在各方面条件的限制下，审限对防止久审不决，特别是被告人长期被羁押有一定裨益，但是审限制度本身违背了刑事审判的基本规律。刑事审判的进程不可预测，短则数小时，长则数日或数月，一些重大、复杂的案件的审判甚至历时数年。罔顾事实认知的基本规律，抹煞刑事案件的千差万别，给刑事审判设定整齐划一的审限，无异于削足适履。并且，立法规定的审限无法满足审判实践所需。以 1996 年《刑事诉讼法》一审程序的审限规定为例，从法院立案到宣判，除去法院内部管理必须经历的受案、庭审排期、开庭前准备等时间，真正留给法官的审理时间实际只有 20 天左右，如果案件再经过庭院审批或者审委会讨论，审理时间会更短。法官必须在约 20 天内完成审判并撰写出案件审理报告，因此，申请延长审限，甚至设法"借"审限已成为法官的普遍做法，这也许可以解决个案的一时所需，但总体上审限不够已成为困扰法院的突出问题，因为需要以普通程序审理的庞大案件数量是根本矛盾。

时间资源的紧张给刑事审判造成了冲击。当时间成为刑事审判掣肘因素，尤其是其具有刚性约束力的时候，尽可能节约时间以加快审判效率首先成为法院的考虑。在法院层面，将刑事案件分配给法官个人，最大限度发挥每个法官的审判力量是提升效率的最佳方案。因此，案件承办制除了满足法院对案件质量控制和追责到具体个人的功能外,最主要的功能就是使法官个体都成为消化积案的审判单元,以成倍地提高审判效率。一个案件由三名法官审理变为实际由一名法官审理,解放另外两名法官的审判力量可以处理其他案件,只有这样才能勉强完成每年数百宗案件的审判任务。另一方面,节省时间也是法官的考虑,或者说是法官和检察官的共同目标。案件在法院内部经历的其他环节无法腾挪出时间,能够被法官所主导的就是审理时间。尤其在法官并不依靠庭审审查判断证据和认知事实时,庭审对法官而言就是浪费时间。因此,法官普遍不愿在庭审上耗费太多时间,希望速战速决以便能尽快开始实质的庭后书面审理。此时,检察官的心态和处境与法官其实是相同的,法官有多少数量的案件要审理,就意味着检察官有多少数量的案件要起诉并出庭支持公诉。因此,法官和检察官在法庭上其实心照不宣地都希望采取节省时间的庭审方式,如检察官以将证据分类打包和概括宣读的方式进行举证,不仅不会遭到法官的排斥,甚至在一些时候是法官的要求。法官更不会任由辩护律师在法庭上长篇大论地发表辩护词,富有经验、熟谙刑事审运作的刑事辩护律师也会予以配合,在法庭上尽量简短地陈述观点,点到为止。

和时间不足一样,经费不足也成为长期困扰司法审判的矛盾,这种矛盾的突出表现就是没有充足的经费用于保障立法规定的审判行为和方式,进而造成制度规则法律实效的降低。当然,由于法院经费长期与地方财政挂钩,法院经费保障自然成为一个与地方经济实力共进退的问题。在经济较发达地区,地方财政收入相对宽裕,法院能够实现由同级财政全额保障各项费用。如在笔者调研的 D 省 G 市,由于地处沿海地区,地方经济较发达,经费保障较为充分。但在中西部地区,尤其是省会以下的三线、四线城市及县乡地区,经费紧缺则成为制约制度规则运行的瓶颈。

经费欠缺对法律实效的影响有些是直接的,有些是间接的。直接影响表现在开庭审判的方面:(1)弱化法庭审理。开庭审理是个耗费资源的活动,而经费就是其中的主要诉讼成本。仅一名被告人的刑事案件,每次开庭至少需要出动三名法警和一台警车全程押送看守,直接耗费包括往返看守所和法庭之间的燃油费和法警的伙食费,此外还有其他法庭审判参与者的费用,如陪审员、指定辩护人的报酬,有的案件可能还有证人和翻译人费用。这些费用相加,意味着一个单人犯罪的刑事案件,每一次/天开庭审理的直接耗费少则上千元,多则上万元。如果被告人人数每增加一人,其中一些费用则会成倍增加。一般而言,开庭审判的周期越长,上述直接耗费也就越多,庭审每持续一天,意味着增加数千元甚至数万元的支出。如果大多数案件持续较长的开庭审理时间,如一天以上甚至数天,呈几何倍数增加的经费支出将使法院难以承受。因此,由于经费的紧张,我国刑事审判过程普遍遭到弱化,开庭审理少则数小时,多则半天或一天之内结束,开庭时间超过一天的案件已被认为是疑难复杂案件。① 主持开庭的法官大多会预先估算开庭时间,并在庭审中通过法庭指挥权控制庭审时间。待庭审结束后,法官返回办公室里所进行的书面阅卷审理较之开庭,无疑是十分经济的审理方式,即使持续时间较长,也不会耗费多少经费。(2)压缩证人出庭作证。证人出庭率低与经费紧张具有直接关系。据 D 省 G 市中院刑庭某副庭长介绍,他曾于 2009 年前后做过支持一些刑事案件证人出庭作证的尝试,法院为此额外支出了高额的证人往返交通费、住宿费、接送费、经济补偿等费用。其中,在一起数名未成年人被告故意伤害致死的案件中,法庭传唤了 5 名证人出庭作证,除 1 名本地房东,其中 4 名均是审理期间在外地的未成年人,法院为这些未成年人证人和他们的监护人往返 G 市出庭作证共支出近 3 万元。该法官对此的感受是,如果经费保障不充分,证人出庭作证几乎无法开展。(3)二审开庭难以保障。除了案多人少的矛盾外,经费紧张也是导致二审开庭审理法律实效低下的主要原因。一份调研报告证明了经费紧张与二审开庭审理方式之间的关系:山西省某中级人民法院的副院长算了一笔账,该院二审案件每年 200 件左右,但是负责二审的法官数量,目前只有 3 个法官,配备 1 个书记员。如果将来二审案件要全部开庭,至少需要 3 个合议庭、3 个书记员才够。因为每次开庭,至少要出动 5 个人:3 名法官,1 个书记员和 1 个司机。如果到最近的繁峙县开庭,只花汽油费和 5 人的饭费,不住宿,总共需要 300 元的经费;而到法院辖区最远的河曲县,则有 290 公里的路程,需要支付汽油费、高速收费等 600 元,5 个人的住宿费 450 元左右/天,吃饭两天需要 500 元左右,总共需要 1500—2000 元左右的经费,如果有指定代理律师要另加 230 元的费用。所有上述费用,除了交通费用,别的都无法得到完全的保障。光凭法官自己每月一千多元的工资,是不够的。这些现实困难不解决,二审案件全部开庭是不现实的。② 此外,经费紧张还对

---

① 当然,经费紧张并非是导致庭审时间较短的唯一原因,但无疑是其中不可忽略的重要因素。
② 参见陈卫东主编:《刑事二审开庭程序研究》(附一),中国政法大学出版社 2008 年版,第 250 页。

刑事审判法律实效产生间接影响,表现在两个方面:(1)无法吸引或留住法官人力资源。经费紧张导致法官薪资待遇水平低下,一些经济欠发达或落后地区的法官断层及流失现象已相当严重。法制网曾于 2007 年 12 月刊出记者对我国西部十省的"法官荒"的调查报告,引发强烈关注,该调查揭示"进人难、留人难"已成为西部十省份法院,尤其是制约基层法院审判工作的突出问题,而经费欠缺成为"法官荒"现象的主要原因之一。[①] (2)难以支持法官职业技能培训。随着审判制度逐步向复杂化和精密化发展,法官必须不断学习掌握相关理论知识与实务技能。《法官法》第 26 条对此予以明确规定:"对法官应当有计划地进行理论培训和业务培训。"但由于经费保障紧张,连办案经费都存在缺口的法院根本无法对法官进行职业培训,这将间接影响到法官职业素质的提高。

---

① 参见法制网专稿:《中国西部法院法官荒调查》,http://www.legaldaily.com.cn/misc/2007-12/05/content_755596.htm,2013 年 9 月 17 日访问。

第五章 我国刑事审判制度实效改善的基本思路

第一节 刑事审判制度的发展取向

一、转型中的刑事审判制度

（一）刑事审判制度面临转型

如同当前中国社会一样，刑事审判制度也处于深刻的变化中。这符合经典作家所提出的理论，即经济基础是变化的，在量变和部分质变的时候，也要求上层建筑发生相应的变化和进行局部的调整。[①] 前文已对我国刑事审判制度实效孱弱的种种原因展开了较为详尽的分析，如果要对这些千头万绪的原因作一个言简意赅的总结，一言以蔽之，因为刑事审判制度处于转型之中。"转型"（transition），是事物的结构要素、形态模式和运转方式发生质的变化。转型是主动求新求变的尝试，在此过程中，事物将与其内外部所有的其他系统，如人的观念、配套体制、资源环境等发生激烈的摩擦和碰撞，原有的平衡关系将被打破，新的平衡关系有待形成。因此，转型本身就意味着不断地自我否定、破旧立新，以及与之伴随的多样性、动态性和非稳定性。对于法律而言，自生自发的稳定制度尚且无法完全取得实效，处于不断转型之中的制度

---

① 参见《马克思恩格斯选集》（第2卷），人民出版社1995年版，第32页。

的实效则更难获得。中国法制史上发生过的制度转型已经验证了这一点,如张晋藩教授在分析中国法律在19世纪的近代转型中指出,法律转型"这个历程的本质决定了它不可能是一帆风顺的","是一个新旧势力之间长期的乃至反复的斗争过程",转型法律"在内容上仍然是新旧杂沓",是个"不协调的融合"。① 循此角度,对于刑事审判制度转型过程中的实效孱弱现象应有一定预判。② 当然,刑事审判制度终归是一种人为理性的制度安排,即便处于转型之中,制度大面积缺乏实效仍是出乎意料的非正常现象。

言及实效实现,必须先考虑刑事审判制度转型的问题。如果转型已经完成,刑事审判进入了一种预定的制度形态,而实效仍然偏弱,那么就应当以该制度形态为对象分析其实效实现的条件。如果转型未完成,仍处于变革之中,那就应当先确定转型的时期和取向,循着刑事审判制度转型的趋势和方向分析其如何获得实效。否则,实效实现分析将是无的放矢,或者至少与制度形态相分割的。

(二)制度转型尚处初级阶段

对于当下我国刑事审判制度之转型,一个基本判断是处于初级阶段。作出这样的判断并非难事,只需作经验的观察和判断便可得出两方面理由:

一是刑事审判制度转型是个长期过程。如同经济制度转型一样,法律制度转型往往涉及多方面利益,不可能一蹴而就,注定是一个多轮次循序渐进,历时漫长的过程。对于这一点,从国外类似的制度转型过程可见一斑。以俄罗斯的刑事审判制度转型为例,这是我们最熟悉的国家,其刑事诉讼法也与我国有直接的渊源关系。在苏联时代,其实行的是苏俄最高苏维埃第五届第三次会议于1960年10月27日制定通过的刑事诉讼法典,其所确定的审判模式具有四个特点:(1)庭前审查为实体审查,法官不仅阅卷还进行证据的收集、审查工作;(2)法官完全主导和控制审判程序,审判程序以法官积极主动的证据调查为中心;(3)被告人诉讼地位弱化,辩护权受到抑制;(4)法官协助检察官行使控诉职能。这些特点在我们看来非常熟悉,其正是我国1979年《刑事诉讼法》所确立的审判模式的蓝本。俄罗斯在其后立法变革中开始了漫长的审判模式转型历程,我们从其刑事诉讼法修订过程中可得窥见。苏联1960年刑诉法典在实施的30多年期间,先后进行了

---

① 张晋藩:《中国法律的传统与近代转型》(第2版),法律出版社2005年版,第425—430页。
② 如龙宗智教授在1996年《刑事诉讼法》修订后曾撰文分析新的审判方式,文中就包含了对实效的隐忧。参见龙宗智:《论我国刑事庭审方式》,载《中国法学》1998年第4期。

50多次修订,其中在1991年苏联解体后至1995年5月期间,就进行了22次修订,对90个条文131处予以修改,并增补47条,废除5条。1997年10月至1998年8月,俄联邦国家杜马和司法改革委员会成立法典修改组再次修法,该修改组举行了40多次会议,对草案作出了3000多处修改,因考虑新法典与运行环境相适宜的问题,该法典草案处于反复酝酿修改之中,直至2001年普京执政后才于当年12月5日正式通过批准。新法引进了当事人主义的对抗式审判模式,赋予了法官独立、消极和中立地位,强化了控辩双方的参与机制,提高了被追究者的诉讼地位,实行控辩双方平等对抗的诉讼结构。在此期间,为使新的刑事审判制度得以良好运行,俄还对与刑事审判制度相关的配套制度和体制作了大面积的多次改革,如司法独立、法官遴选及任职、陪审团、诉讼分流、法院事务管理等。到此为止,经过前后15年的近百次修订、增补,俄罗斯刑事诉讼法基本完成了刑事审判制度的转型。[①] 2004年6月17日,在俄罗斯刑事审判制度转型后的第3年,俄某地方法院开庭审理被誉为俄罗斯世纪审判的尤科斯石油公司总裁霍多尔科夫斯基欺诈、挪用公款和逃税案,通过公开报道,向全世界展示了其新刑事审判制度的运作。据公开资料显示,该案审理持续近一年时间,法庭先后传召一百多名证人,法院按照新的刑事判决书制作规则最终撰写了长达1200页的判决书。[②] 相似的情况,日本刑事审判制度的转型历时更为漫长,经历了"二战"以后的第一轮转型、20世纪末期的第二轮转型和21世纪初的第三轮转型。[③] 意大利经过了1988年第一轮转型、1992年第二轮转型和1999年以来第三次转型。[④] 我国的刑事审判制度是在1979年《刑事诉讼法》基础上的转型,分别于1996年和2012年经过两次修订。其中,1996年可谓转型之开启,立法修改的力度大、层次深,因为触及审判模式的转变,属于刑事审判制度质的变革。2012年《刑事诉讼法》的修订是在1996年修订基础上的完

[①] 关于俄罗斯刑事司法制度修改的详细介绍可参见范纯:《论俄罗斯的司法改革》,载《俄罗斯中亚东欧研究》2007年第2期;樊崇义、张中:《社会变革与刑事诉讼转型——新〈俄罗斯联邦刑事诉讼法典〉评介》,载《政法论坛》2003年第6期;尹丽华:《俄罗斯联邦刑事诉讼法的创新发展》,载《当代法学》2004年第4期。

[②] Mikhail Khodorkovsky's case, http://www.nationmaster.com/encyclopedia/Mikhail-khodorkovsky, 2013年9月20日访问。

[③] 日本刑事司法改革的情况可参见陈运财:《论日本刑事司法制度之改革》,载《东海大学法学研究》2004年第20期;张朝霞:《日本刑事司法制度改革研究》,载《人民检察》2005年第6期。

[④] 有关意大利刑事司法变革的介绍可参见陈卫东、刘计划、程雷:《变革中创新的意大利刑事司法制度》,载《人民检察》2004年第12期。

善,对审判制度中的若干子制度和子程序作出调整和修改,对 1996 年改革形成的审判方式并未推动转变。两次立法修订虽然间隔 16 年,但总体上仍属于第一轮次的初步转型,对于牵一发而动全身的刑事审判制度而言,企图通过一两次立法修订一次转型到位几乎是不可能的。

二是刑事审判制度现状。刑事审判制度转型远未成熟,虽历经两次立法修订,刑事审判制度与 1979 年立法相比已在相当程度上改头换面,但制度内部系统仍矛盾重重且彼此割裂拒斥。一个较为显著的问题是,现行制度仍未形成一种较为成熟稳定的刑事审判模式,反而呈现出整体轮廓不清,非鹿非马的面相。对于经 1996 年第一次修订,并经 2012 年修订后的刑事审判制度究竟属于何种模式,至今仍众说纷纭,未能统一。首先可以肯定的是,当下刑事审判制度绝不是当事人主义。虽然种种迹象表明第一次转型的参照系是当事人主义,但当事人主义的精髓——抗辩式结构并未在制度立法中建立。第一次转型对当事人主义最大的借鉴和吸收就是事实认知机制。具体而言,是将法官在庭前主动搜集审查证据以发现事实改为由控辩双方搜集提供证据,并通过质证和辩论推动证据调查,供法官认知事实。但若进入这一事实认知机制内部又会发现其与典型对抗式存在若干重大区别,具体表现为:并未确立控辩平等,控方地位畸高并压制辩方;控辩权利不对等,辩方的证据搜寻权大受限制,几乎无法提供有效证据;被告人在庭审中仍被讯问,且通常作为证据调查的首要环节;人证可以不出庭作证,无明确的交叉询问程序,证据调查不彻底;法官绝非被动,除了法庭内调查和指挥权外,在法庭外仍保留广泛的专门调查权力。对抗制的典型特征在我国当下刑事审判制度中均遭到一定程度的排除,如左卫民教授所言:"对抗制下当事人活动应具有的主导性、广泛性、充分性、事实性、中心性与集中性都未体现","相反,国家活动的主导性、广泛性、积极性通过控诉方、审判方活动而体现"。① 因此,认为我国的刑事审判制度具有当事人主义的因素恐怕都有一厢情愿之嫌,严格来说,我国的刑事审判制度只具有当事人主义形式之皮囊,却缺乏当事人主义的结构和技术之骨血。其次,当下刑事审判模式亦不属于职权主义。提出我国的刑事审判制度归属于职权主义,或与职权主义类似的观点不在少数。特别是 20 世纪 90 年代前后集中讨论刑事诉讼和审判模式时,一些学者从我国审判中控辩对抗较弱,庭审仍由法官主导,

---

① 左卫民:《中国刑事诉讼模式的本土建构》,载《法学研究》2009 年第 2 期。

尤其是法官仍保留法庭内外的证据调查权,从而认为我国刑事审判制度具有同欧陆职权主义国家一样的面貌和特征。① 不可否认,二者之间确有上述共同之处,但凭这一两处相同点并不能就此认为我国的刑事审判制度属于职权主义模式。模式(model)是文化哲学意义上"类型学"(typology)的描述,是由具体的个别属性所集合起来并所必然呈现的一套在整体上可识别的特征归类。仅通过个别特征以点带面地分析或比较,而不从内在结构和本质出发把握整体属性的模式的归类和描述很可能会出现误识误判。事实上,我国刑事审判制度与职权主义之间更多是差异而不是共通,表现为职权主义更依靠法官的职权发挥,审判的节奏和过程事实上并不由控辩双方的对抗推进而是以法官的审判指挥权为主导,审判的事实认知虽然不排除控辩双方的举证和质证,但更多还是通过法官,尤其是审判长的审判调查权,并且,和我国1996年以来所呈现出的逐步限缩法官在法庭外的证据调查权不同,职权主义似乎没有此迹象,仍然承认法官在法庭外广泛展开证据调查的权力。以法国为例,虽然用以指称中世纪刑事审判,尤其是宗教裁判的"inquisition"(意为专横严格的调查)的概念已不为大多数法国学者所使用,但同词根的"inquisitoire"(意为法官居主导地位的司法程序)一词仍用来分析当代法国的刑事审判制度。② 在法国的刑事审判制度中,审判长的指挥权和调查权仍是其典型特征。如根据《法国刑事诉讼法》的规定,审判长指挥整个庭审;审判长本着荣誉和良心可以采取其认为有利于查明事实真相的一切措施;被告人在听取完起诉书后要接受审判长的讯问;证人出庭的先后顺序亦由审判长确定,证人作证后得先接受审判长的询问;物证是否向控辩双方展示皆由审判长决定。③ 而我国的刑事审判制度在1996年第一次转型后,法官的"审问"色彩已大为淡化④,法官的指挥权和调查权虽仍保留,但亦在相当程度上已被削弱,尤其是法庭调查几乎交由控辩双方举证和质证推进,法官只在认为有必要时补充性地对被告人发问,法官在法庭外展开证据调查的情况在实践中已不太多见。因此,可以看出职权主义与我国刑事审判制度在若干庭审方式和技术路线等审判模式要素上存在重大差异,并

---

① 参见龙宗智:《相对合理主义》,中国政法大学出版社1999年版,第77页。
② 参见左卫民:《职权主义:一种谱系性的"知识考古"》,载《比较法研究》2009年第2期。
③ 参见《法国刑事诉讼法》(2000年)第309、310、327、328、331、332、341条。
④ 即使1996年以前法官职权色彩浓厚时期也非职权主义。1996年以前法官发挥职权更多在庭前,表现为在开庭前对案件的证据调查和事实审查,这与职权主义法官在庭审中的调查权极为不同。

不能划归同种模式类型。再次,当下刑事审判制度更不属于混合式。现代混合式审判指的是原典型职权主义审判吸收当事人主义的对抗式结构后所呈现出来的向当事人主义转型的一种模式,其显著特征是,引入控辩对抗,使其发挥审判事实认知作用,同时,保留法官一定程度的庭审调查权作为对控辩对抗的利己性或能力不对等所带来的遮蔽事实的缺陷的弥补。换言之,混合式是集当事人主义和职权主义中的最核心和精髓的部分而形成。并且,应当指出的是,混合式在整体上是偏当事人主义的,因为混合式的事实发现机制以控辩对抗为主,尤其是交叉询问的确立,而法官的证据调查权是次位和补充,这在日本和意大利的刑事审判制度中很清晰。而我国的刑事审判制度既无对抗制之传统,对当事人主义的借鉴又极不到位,使得"实务中既非典型职权模式,也无多少对抗,所谓混合式无从谈起"①。

因此,无论是从当代刑事审判制度转型的国际经验来看,还是从当下我国的制度面貌来看,刑事审判制度仍处于初步转型阶段,制度远未成熟和定型,其仍将处于转型过程之中,且任重道远,历时漫长。

二、刑事审判制度的现代化转型

(一) 对既有各制度转型理论的反思

处于转型之中的刑事审判,其未来的制度走向将决定其制度实效的实现条件。而刑事审判将转型成为何种审判模式无疑是制度未来走向中最关键和核心的问题,刑事审判制度的全部内容将由此展开。描绘蓝图是理论界义不容辞的责任,但学者们的观点似乎并不统一,仍在当事人主义、职权主义和混合主义三种模式中徘徊和选择。

当事人主义的主张者认为,继续推进审判模式的当事人主义改造有利于实现程序公正的要求,当事人主义审判模式代表当今诉讼文化的发展方向和国际刑事诉讼的发展趋势,当事人主义审判模式有利于克服我国刑事诉讼制度及其运作的固有弊端。② 职权主义的支持者则认为我国刑事审判制度有与职权主义更为相近的因素,改造起来更便利。③ 对此,当事人主义

---

① 左卫民:《中国刑事诉讼模式的本土建构》,载《法学研究》2009 年第 2 期。
② 参见龙宗智:《试析我国刑事审判方式改革的方向与路径》,载《社会科学研究》2005 年第 1 期;陈卫东、张月满:《对抗式诉讼模式研究》,载《中国法学》2009 年第 5 期。
③ 参见左卫民、万毅:《我国刑事诉讼制度改革若干基本理论问题研究》,载《中国法学》2003 年第 4 期。

的主张者也予以承认:"不容否认,我国传统文化与职权主义比较契合。"①混合主义的拥趸自然是希望以混合式避免当事人和职权主义各自的缺陷,从而构建一种更优化的模式。另外,还有学者另辟蹊径提出了不同的观点或思路,如陈瑞华教授提出的"参与模式"、左卫民教授提出的"本土建构"。②

各派主张必然言之凿凿,自有道理,其共同点是对未来刑事审判制度"应当是什么"开出了具体的方案,尤其是前三派观点,均是指向当今主流法治国的刑事审判模式,以其为蓝图观照我国刑事审判制度的未来走向。理论指导实践,这是很自然的事情,但实践却往往反对理论,或者不以理论为转移。在法律这种"地方性知识"领域,在对未来"应当是什么"作描述的理据如果不是出自对本土法律来龙去脉的深刻把握,而是将异国之物拿来做理想的标靶,都存在一定的局限和风险。进而,本书认为对既有刑事审判制度转型理论应作如下三方面反思:

一是对现今世界刑事审判模式的理解是否精准。既有的转型理论中,当事人主义、职权主义和混合主义是以若干发达国家之刑事司法法制为改革转型的参照和预期目标,这其实是法律移植理论的基本方法,但其中的问题和弊端不能忽视。首先,即便是以发达国家为参照,三种模式所覆盖的国家仍占少数,世界其他发达国家的刑事审判制度是何面目尚知之甚少,即使是与我国相邻的亚洲发达国家,如新加坡、韩国,我们对其刑事审判制度也不甚了解,何以认为刑事审判制度模式仅应在英、美、德、法、日、意六国中选择参照系呢? 多少年来,三大主义已成为论及刑事审判制度模式的习惯性参照,视野未免限于狭窄。其次,三大主义模式是以刑事审判技术特征为标准的模式划分,这可能导致对刑事审判技术性安排的过分关注,而忽略其他对于审判模式而言同样甚至更重要的东西。的确,如果纯粹从制度和程序构建的技术角度看,上述主要发达国家刑事审判制度之间的确存在较大的差异,但这些差异是否就构成各国刑事审判制度本质性的差异值得进一步研究和商榷。如果转换视角和标准,这些国家之间的刑事审判制度又会呈现出不同面貌的异同,如达玛什卡跳出刑事司法技术性特征的藩篱,分别从权力组织结构和政府职能倾向的角度考察与刑事司法之间的关系,提出了

---

① 龙宗智:《试析我国刑事审判方式改革的方向与路径》,载《社会科学研究》2005 年第 1 期。
② 参见陈瑞华:《刑事审判原理论》,北京大学出版社 2009 年版,第 321—338 页;左卫民:《中国刑事诉讼模式的本土建构》,载《法学研究》2009 年第 2 期。

"协作理想型"和"科层理想型"司法模式、"纠纷解决性"和"政策实施型"司法模式。① 这些技术性以外的模式标准给认识和理解刑事审判制度提供了新的思路,尤其对处于转型之中的刑事司法而言将具有重要意义。

二是共时性视角的局限。目前对现今世界刑事审判模式理论是一种共时性视角,即对当代世界主要法治国所采用的刑事审判模式的梳理和归类,这些模式或者早已成熟,或者业已完成转型,总之是一种撇开历史时代和文化变迁限制的一种共时形态的概括。而共时性视角下的模式理论最大的局限性就是无法揭示所归类的刑事审判模式形成和演变的深层基础和原因,如这些刑事审判模式是如何演变和形成的? 期间经历了哪些过程和阶段? 不同过程和阶段中的社会法治状况、法律文化、经济基础如何? 对刑事审判模式的变迁产生了哪些影响? 共时性视角使我们瞄准终极意义上的刑事审判模式,却忽略了这些模式形成所历经的几十年甚至上百年的演变过程。比如同处于欧洲地理板块,具有共同政治体制,共同的语言、宗教等文化传统,且刑事审判制度相近的英国和欧洲大陆国家,为何在 13 世纪以后开始分道扬镳,逐渐形成迥然不同的刑事审判模式? 其中哪些历史因素造成了它们之间的分化演变? 欧洲大陆国家在资产阶级革命胜利,终结纠问制刑事司法后为何没有建立与资产阶级所主张的平等、自由相适应的当事人主义模式? 意大利为何在"二战"后走出了一条与其邻国法国、德国不同的模式? 其在借鉴当事人主义过程中又遭遇了哪些困难? 是如何解决的? 这一切只有通过历时性的视角研究才能予以回答,也只有弄清楚这些问题,才对处于转型之中的刑事审判模式给予现实而富有意义的观照。

三是刑事审判模式是否能够建构。萨维尼很早就提出,法律绝不是可以由立法者任意地、故意地制定的东西,其真正的源泉乃是普遍的信念、习惯和民族的共同意识。② 超越一国深层次的法律文化而人为设计出来的法律制度,其实效往往遭到法律文化的反对。当然,法律文化催生法律制度,人为的法律制度也可以牵引法律文化,但是通常这个过程将极其漫长且难以预期。即便再高明的法学家和立法者也无法预知法律文化是否能朝着法律制度预设精准进化并最终满足制度的运行。若审判制度模型是以他国制

---

① 参见〔美〕达玛什卡:《司法和国家权力的多种面孔》,郑戈译,中国政法大学出版社 2004 年版,第 131 页以下。

② 〔德〕弗里德里希·卡尔·冯·萨维尼:《论立法与法学的当代使命》,许章润译,中国法制出版社 2001 年版,第 24 页。

度为目标的建构,这便是法律移植,对此应更持审慎的态度。笔者并非法治保守主义者,认同法律移植理论并认为法律移植是一国法律实现快速发展的捷径甚至是必由之路。另外,法律移植在我国也并不陌生,自清末民初便已有之。但同时,笔者对法律移植全能论持怀疑态度。有些法律制度容易移植成功,如商事经济领域,贸易和经济的全球化使得各国越来越需要统一性的规则,事实上,"我国现代私法主要是通过法律移植发展起来的"。① 但有些法律制度则深深植根于一国的政治体制、经济基础、法律传统、国民性格等内在深层次因素基础之中,移植的外来模式极难本土化,尤其是宪政或国家权力较为集中的法律制度,这也是法律移植失败的案例多见于公法领域的原因。托克维尔曾论述墨西哥移植美国宪法制度的失败:"墨西哥人希望实行联邦制,于是把他们的邻居英裔美国人的联邦宪法作为蓝本,并几乎全部照抄过来。但是,他们只抄来了宪法的条文,而无法同时把给予宪法以生命的精神移植过来。因此,他们的双重政府的车轮便时停时转。"②刑事审判制度便是一种和宪政联系紧密,集中了多种国家权力,带有极强地域性法律文化内涵的法律制度。从世界范围来看,至今尚无一个国家完全移植另一国刑事审判制度而成功的案例。对此可能会有反对意见,因为日本在"二战"后对美国刑事审判制度的移植便是成功的案例。实际上,日本"二战"后的新刑诉法(1948年)与其说是对美国刑事审判制度的移植,不如说是对当事人主义中有关和平和民主性制审判结构的借鉴。当事人主义中的典型因素,如陪审团制等,日本并未移植,交叉询问制度较之美国也简化了许多,并且,日本在证据调查中依然重视法官的调查职权。正因为不是纯粹的移植,日本才形成了具有自身特色的所谓"混合式"模式。试想如果日本一开始就以典型当事人主义模式为预定目标而人为构建,想必十有八九难以成功。另外,对日本的刑事司法制度移植,我们还应看到其成功的背景条件。日本在"二战"后并非只移植了刑事司法制度,而是包括了宪制、民商经济等公法、私法在内的全面法律民主化改革,这实际上相当于整个国家法律体制的改革,并且,这种整体而全面的法律改革是在以美国为首的驻日盟军这个强大的外部力量的指导和驱动下进行的,这些都为刑事司法制度的转

---

① 叶林:《私法权利的转型——一个团体法视角》,载《法学家》2010年第4期。
② 〔法〕托克维尔:《论美国的民主》,董果良译,商务印书馆2002年版,第186页。

型以及快速本土化提供了优良的条件和环境。① 尽管如此,外界只看到日本效仿西制的成功,其过程之艰难却不足为外人道,对此,日本著名思想家福泽谕吉曾感慨:"仿效西洋建筑铁桥洋房容易,而改革政治法律却难。"②

本书上述观点或许容易被理解为反对刑事审判制度转型的理想模式建构,其实不然,任何制度转型都需要有既定的预期目标,目标虚无极易使制度转型更加陷入混乱和无序。只是在当前的初级转型阶段就设定一个具体的模式为时尚早。我国刑事审判制度转型的步伐并不大,从1996年至今不过十余年。甚至在十余年间,有关刑事司法的目的、属性、功能等基本问题还有不同的观点和认识,改革的步伐又前进也有倒退,转型的方向仍不明确,并未达成共识,无论从世界经验来还是自身情况看,未来都有很长的路要走。因此,刑事审判制度转型不能过高设定一个终极意义上的模式目标,而是应当确定基本取向,阶段式继续深入推进制度改革,在此过程中不断形成共识并累积各方面资源,谋求更深层次的转型。

(二) 现代化视野中的刑事审判制度

现代化(modernization)一词发明于1770年,20世纪50年代,现代化理论在西方学术界兴起,集中于发展经济学、发展社会学和比较政治学;20世纪70年代以后,开始向历史学、人类学和其他人文社会科学扩展,并越来越受到世界各国所关注。对于欧美发达国家而言,现代化主要是指"二战"以来欧美及世界发展的变革。而对于欠发达国家,现代化常常与"西方化"这一概念相联系,因为率先开启工业时代为标志的西方文化被视为是发达和先进的文化,因此欠发达国家的现代化主要是学习和吸收西方文化的过程。例如过去的半个多世纪以来,现代化的一个现象是,东方文明大量借鉴、吸收西方文明而谋求现代化。虽然现代化发轫于西方并经由西方向全世界传播,但现代化绝非西方化③,对此,亨廷顿曾不吝笔墨详加论述。④

现代化的核心是关于社会变革的理论,这是直接依据现代社会和传统

---

① 参见薛理禹:《论日本近代的法律移植》,载《华东理工大学学报》(社会科学版)2010年第1期。
② 〔日〕福泽谕吉:《文明论概略》,北京编译社译,商务印书馆1994年版,第13页。
③ 观察我们的邻国有助于理解这一观点,日本是成功实现现代化的国家,尤其在"二战"后经历仿效西方的改革运动,但同时,日本的传统从未间断,建筑、饮食、服饰、宗教等本土文化保存得非常完好。新加坡也是实现现代化的国家,但其儒家传统甚至保存得比中国还好。由此可见,现代化与西方化并非一回事。
④ 参见〔美〕萨缪尔·亨廷顿:《文明的冲突与世界秩序的重建》(修订版),周琪等译,新华出版社2010年版。

社会两者的比较而推论出来的。综观人类社会的发展历程,其基本趋势是从农业社会走向工业社会、从工业社会走向信息社会、从信息社会走向知识社会的过程,在此过程中必然会使社会整体及其组成部分产生深刻的变化,如以大机器的使用和无生命能源的消耗为核心的专业化社会大生产占据社会经济的主导地位;科学技术高度发达,生产效率全面提高;社会分工愈发精细,社会结构分层剧烈;个人自主性增强,契约关系取代身份关系,个人发展机会和选择权增多;社会流动性增强,业缘关系取代血缘和地缘成为人际社会关系主要形式;城市数量增加,规模增大;第二、三、四产业比例增强,第一产业从业人口降低;人的思想观念充分更新,竞争意识、崇尚科学、追求尊严和体面、实现自我;法治取代人治成为政治运行基本方式,社会民主化程度提高。这些特征的出现和满足被认为是社会逐步脱离传统社会而走向现代化社会的过程,当这些特征达积累到一定程度即进入现代化社会。现代化理论代表性人物列维指出:"现代化是对传统社会的一种历史性的超越,是自工业革命以来人类社会所经历的一场涉及社会生活主要领域的深刻变革过程,因而现代化是人类社会唯一普遍的出路。"① 现代化理论认为,社会现代化是全球化、同质化和系统化的过程。全球化的过程是指现代化由工业化开启,但经济全球化和信息全球化势必造成现代化的全球化,当今社会要么是现代社会,要么是正在现代化的社会,拒绝现代化的国家也将被全球化拒绝。同质化的过程是指传统社会存在不同类型,而现代化却基本相似,这在本质上是全球化造成的。现代化意味着"在政治上组织起来的社会趋向于它们之间的相互依存以及各个社会趋向于最终结合"的运动。甚至有学者认为:"现代化的思想和制度所具有的的普遍性可能达到这样一个阶段,在这个阶段上,各个社会是那么同质,以致有可能形成一个世界国家。"系统化的过程是指社会整体的现代化是由各个社会分系统的现代化实现的,并且一个系统的变革将联系并影响其他系统的变革。根据现代化理论大儒亨廷顿集大成的研究和表述,现代化具有如下基本特征:(1)现代化是变革的过程。现代化意味着从传统向现代的转变,这种转变不是量变,而是根本性和结构性的质的转变。(2)现代化是复杂的过程。现代化并非某一种因素或某一个范围的变化,而是包含了人的观念、思维和行动的从内及外的整体性转变。(3)现代化是系统性的过程。某个系统的转变将影响和带

---

① 〔美〕列维:《现代化的后来者与幸存者》,吴萌译,知识出版社1990年版,第2页。

动与之相连的其他系统的变化。(4)现代化是全球化的过程。现代化由工业化开启,但经济全球化和信息全球化势必造成现代化的全球化,当今社会要么是现代社会,要么是正在现代化的社会。(5)现代化是阶段化的过程。一切社会现代化的过程有可能划分出几个不同的水平和阶段,各个社会之间在现代化过程中都要经历大致相同的若干阶段。(6)现代化是长期的过程。现代化所涉及的整体变化需要累积变化的条件和资源,这需要时间才能解决。(7)现代化是同质化的过程。传统社会存在不同类型,而现代化却基本相似,这在本质上是全球化造成的。(8)现代化是不可逆的过程。现代化过程中会出现短暂的停顿或者偶然的倒退,但长远的趋势、方向以及整体水平不会倒退。(9)现代化是进步的过程。现代化过程中的代价和痛苦是巨大的,但所取得的成就足以弥补,现代化将增进社会及其成员的福祉。

现代化理论建立了一个关于社会变革的极富解释力和预见性的理论框架,它既能合理解释发达国家18世纪工业革命到20世纪中叶的发展过程,更能准确预见发展中国家追赶世界先进水平的过程。[①] 并且,现代化并非单一的理论,而是不同领域、不同学者关于现代化研究的理论成果的汇集和升华,现代化的基本特征和规律无论在政治、经济、社会、个人还是文化领域均适用,这也正是为什么现代化理论广泛受到发展中国家的重视和利用。如美国著名现代化学者、历史学家布莱克教授所言:"现代化的特殊意义在于它的动态特征以及它对人类事物影响的普遍性。它发轫于那种能够而且应当转变、变革是顺应人心的信念和心态。"[②]我国也较早接受现代化理论的指导,如1964年第三届全国人民代表大会明确提出要实现包括工业、农业、国防和科技在内的"四个现代化",并提出"两步走"的设想;1979年邓小平对中国现代化发展目标进行了重新定位,提出到21世纪中叶基本实现国家的现代化;2005年党的十六届五中全会又提出了工业化、城镇化、市场化和国际化新的"四个现代化"目标。我们正在受惠于早年所提出的的现代化目标及其努力,但在法治领域,现代化的理论意义仍未得到充分重视和挖掘。[③]

[①] 本书所说的现代化理论是"经典现代化理论",但其也具有局限性,即难以解释发达工业国家将来的发展。对此,也产生了新的现代化理论,如后现代理论、第二次现代化理论。

[②] 〔美〕布莱克:《现代化的动力》,段小光译,四川人民出版社1988年版,第22页。

[③] 江平教授指出,法治现代化在中国的瓶颈在于其是一个颇多争议、颇为敏感,涉及意识形态的问题。参见江平:《法治"现代化"不等于"西方化"》,载《法制日报》2012年2月15日。

回顾我国刑事诉讼制度的产生和流变，均受到西方的影响。清末首次引进刑事诉讼律时便主要参照当时的德国刑事诉讼法。① 法制的因袭相承使得制度结构、条款、规定，甚至概念、术语都与德国法有着明显相似之处，更因此留下了职权主义的制度基因，德国学者对此也曾有过明确论述。② 新中国成立后，又以当时苏联刑事诉讼法制为范本而全面借鉴。1996 年第一次转型时又转而效仿英美法制。如学者所言："当前我国刑事诉讼制度在立法文本上已经掺杂了德日职权主义、苏俄社会主义以及英美当事人主义等各种诉讼制度因素。"③随着《刑事诉讼法》的变迁历程，审判制度始终未脱离以西方诸国法制为蓝本而仿效的命运。在经历第一次转型后，当下关于未来中国刑事审判制度向何处去，如何确定其基本方向的讨论仍主要是当事人主义、职权主义或混合主义具体化的西方语境。笔者绝非对西方化持有意识形态意义上的偏见，未来中国刑事审判制度的前行方向，其重点其实不在于成为三大模式中的哪一种，因为三大模式之间并无本质上的优劣之分，成为其中任何一种于理论都有可能，且于实践也令人期待，只是这种可能和期待过于遥远。当我们分析和比较西方诸模式时，常常忽略它们在长期演变进化中所具有的共性，而更多地关注到它们之间的差异，如法官是被动听审还是主动调查的问题，控辩双方对抗强弱的问题，审判由谁主导如何推进的问题等。这些差异的确存在，但这些差异实际上是控、辩、审三方诉讼功能配置比例的差别，而这源自法庭发现真实方式的不同。也就是说，各国刑事审判制度之间的差异主要集中于审判功能与控诉和辩护功能之和的比例的不同，从而表现出刑事审判的进行方式和事实认知机制的不同，当事人主义、职权主义和混合主义的划分只是一种刑事审判技术意义上的模式分类。反观我国与西方各国之间，除了技术层面，本质性的差异在于，我国的刑事审判制度尚不具有现代性品格。党对司法工作的领导、政法委对司法机关的管理和对案件的协调、审判委员会对个案的讨论等，正是这些我国特有而西方各国均没有的特征使得我国刑事审判制度呈现出迥异而鲜明的面貌特色，这些特征使我国刑事审判制度无法归类于任何一种模式。如学

---

① 当时还参考了日本明治维新后的《日本刑事诉讼法》，但当时《日本刑事诉讼法》也是效仿德国创制的。参见《清末筹备立宪档案史料》，中华书局 1979 年版，第 202 页。
② 〔德〕约阿西姆·赫尔曼：《德国刑事诉讼法》，李昌珂译，中国政法大学出版社 1995 年版，第 1 页。
③ 左卫民：《中国刑事诉讼模式的本土建构》，载《法学研究》2009 年第 2 期。

者所言,我国刑事审判制度的形态"只能说是一种介于传统与现代之间而又迈向现代化的'半现代型'"①。因此,中国司法面临传统向现代的转型,这种转型一方面是源自现代司法精神和价值的时代感召,另一方面是基于我国社会深刻变迁的强烈要求。② 对于我国刑事审判制度而言,未来重要而紧迫的发展并非是效仿某种西方模式,而是完成现代化转型,即应检视西方诸模式存在的现代化共性以及我国刑事审判制度与之存在的差异,只有只有消除这些差异,我国刑事审判制度才能具有现代化品格,并可能自然而然地形成某种模式,同时,也只有顺着这样的取向和进路,我国刑事审判制度才可能逐步获得实效。

当我们放弃贴标签式的方式,并以现代性的视野去审视当今各国的刑事审判制度,会发现一些共性的制度特征,这些制度特征的趋同绝非偶然,而是各国基于对刑事审判的反复实践和长期认识而发现和承认的,超越了政治、经济、文化和法律传统的人为理性设计。正是这些共性制度特征使得刑事审判制度具有公理化上的结构和要素,进而展现出一种现代范式。刑事审判制度的现代范式并不排斥各国根据自身情况在若干具体制度和程序上作出差异设计而呈现出共性基础之上多样性,赫尔曼教授对此形容为:"指定方向,但保留余地的'最优化规定'。"③具体而言,刑事审判制度的现代范式体现在如下几个方面:

(1) 在制度功能上,将刑事审判限定于司法裁判。刑事审判发挥司法裁判的功能是对司法权属性的承认和尊重。审判是司法权的核心职能,而审判的功能就是裁判,除此之外别无其他,刑事审判概莫能外。虽然,刑事审判还具有其他功能,如权力制约和权利保障,但实际上这些功能是刑事审判为了更公正和正当地发挥裁判功能而延伸出的功能,其并不能脱离裁判功能的存在而存在。另外,现代各国均承认司法权除了裁判功能之外,还具有如社会控制、推进社会变迁等功能,但这些功能的实现或者是裁判功能正常发挥的长期结果,或者有赖于审判职能以外的司法的其他职能发挥,如司法解释职能。总之,现代各国刑事审判职能及其裁判功能与司法的其他职能及其功能予以清晰地区别厘清,避免刑事审判加载其他不适当的功能,如

---

① 左卫民:《中国刑事诉讼模式的本土建构》,载《法学研究》2009 年第 2 期。
② 参见夏锦文:《社会变迁与中国司法变革:从传统走向现代》,载《法学评论》2003 年第 1 期。
③ 〔德〕约阿希姆·赫尔曼:《德国刑事诉讼法典》,李昌珂译,中国政法大学出版社 1995 年版,第 11 页。

惩罚和打击犯罪的社会控制,而影响其运作。

(2) 在审判进行方式上,采取三方组合的方式。"两造具备,师听五辞",这种古已有之的三方组合方式构成刑事审判的古典形式。在刑事审判的现代范式中,三方组合不单指两造和裁判者三方形式上的具备,而是具有主体、职能和形态上的严格要求。首先,三方组合承认诉讼两造和裁判者的刑事审判主体性地位。尤其是被追诉者,其在审前阶段为配合诉讼进行难免具有一些客体化的因素和倾向,一旦进入刑事审判,被追诉者的主体性地位应得到充分的舒展,并成为支撑和推动刑事审判进行的一方支点。其次,三方组合的各方具有明确的职能,即控、辩、审三方的角色清晰,相互不能交叉取代,各自以其职能参与并推动审判的进行。最后,三方组合是刑事审判的完整而固定的形态。但凡进入审判程序,确定被追诉人实体性责任,则必定采取控、辩、审三方主体以各自职能参与其中的组合形式,而非其他任何形式。即便审判以非开庭形式进行,裁判方也必须同时面临和接触来自控方和辩方双方的证据和材料。

(3) 在事实发现机制上,以控辩对抗功能为主要装置。刑事审判的事实发现有两种基本装置:一是依靠控辩双方发挥控诉和辩护职能,通过控辩对抗揭示案件事实。其基本机理是控辩双方各自竭力举证,向裁判者构筑案件事实,并相互指出对方的缺陷和弱点,企图使对方的举证不能成立,如此一来,裁判者得以在双方的争辩攻防中逐步形成对事实真相的认识。另外一种是有赖于法官依职权的主动积极的调查案件事实。其基本机理是法官作为调查者亲自介入对案件事实的调查了解,有学者对此冠以"调查确信法"之称。① 两种方式在人类刑事审判历史上均经受了检验,展现出了对于探求事实真相的可行性,同时也都被指存在一定的缺陷,但在人类未找到新的实时发现机制替代之前,此两种方式将继续发挥作用。但要明确的是,两种事实发现装置在刑事审判制度中并非平分秋色,而是以控辩对抗为主要机制。对此必须澄清一些以往存在的认识误区,即便是在职权主义中,事实认知仍然以控辩双方的对抗为主要装置,区别在于控辩双方对抗的色彩不如当事人主义中的如此激烈和浓厚,且法官并非被动听审听信,而是主动介入对控辩双方举证的调查。换言之,不管在什么类型的刑事审判中,控辩双方的对抗均是发现事实真相的主要机制,现代刑事审判制度有脱离法官依

---

① 龙宗智:《刑事庭审制度研究》,中国政法大学出版社 2001 年版,第 104 页。

职权调查的单纯的控辩对抗事实发现机制,但绝不存在脱离控辩对抗的单纯的法官依职权主动调查事实。后者并非是现代刑事审判范式中的事实发现机制,而是纠问制的特征。对此,德国学者赫尔曼早有说明,法官在审判中作为主要讯问者展开调查属于19世纪纠问制的残余,虽然纠问制已通过控审分离等方式予以改革,但由于保留了法官在审判中的调查职能,这种改革并不彻底。赫尔曼进一步指出,在20世纪的进程中,司法已演变为真正的第三种政府权力,其目的是解决政府其他机构与个人之间的争议和冲突,保护个人不受政府其他机构的不正当压迫,只要法官在审判中仍为主要调查机关的情况不改变,刑事司法就不符合这种新的宪法性解释,只有法官在控辩对抗中的地位能够被看作和现代宪法制度一致。①

(4) 在心证形成机制上,以法庭审理为时空条件,以证据调查为认识方式。作为一种认识活动,裁判者对案件事实的认知在判决书呈现之前,主要是在其内心展开并形成。现代刑事司法均采取自由心证原则,即"允许裁判者在进行事实裁判的过程中,运用日常的认知方法,并自由地遵从与民智的社会公众一样的认知过程"②。人们无从了解裁判者的内心活动,为了保障裁判者自由心证形成的正当性和合理性,建立了以审判为基础的事实认知机制。具体而言,是将裁判者的心证形成限制为以法庭审理为时空条件,并以证据调查为认识方式,龙宗智教授形象地描述为:"在法的空间中,有法律程序的展开,控辩活动的推进,以及不同诉讼角色的扮演,而其围绕的中心,是法官对案件实体的心证形成。"③为了做到这一点,现代刑事司法采取了一些共同的机制,如为防止外部力量干预法官的心证形成,实行法官独立审判;确立证据裁判原则,要求法官认知事实必须依据经过证据调查的具有证据能力之证据;确立集中审理原则,要求裁判者于相对封闭的时空内连续不断地进行审理,直至形成心证。

(5) 在审决机制上,要求案件的裁决者是直接参与审理的听证者而不是其他人。"评价与认识,虽说是相互区别的两种不同的意识形式,但却具有内在的统一性,以至于在实际的意识活动中,这两种意识形式是相互渗透

---

① 参见〔德〕赫尔曼:《中国刑事审判改革的模式——从德国角度的比较观察》,1994年北京刑事诉讼法学国际研讨会论文。
② 〔美〕米尔吉安·R.达马斯卡:《比较法视野中的证据制度》,吴宏耀、魏晓娜等译,中国人民公安大学出版社2006年版,第217页。
③ 龙宗智:《刑事庭审制度研究》,中国政法大学出版社2001年版,第1页。

难以分割的","对客体的初步认识构成了初步评价的基础和前提,而初步评价又成了进一步加深认识的动力和目的"。① 作为一种认识活动,案件的裁决者必须亲自参与审理,也即进入证据调查程序之中面对控辩双方提出的证据或者直接进行调查,唯有此才能符合认识之规律。审理和裁断具有不可分割的逻辑性,前者是后者的前提和依据,后者是前者的结论和归宿。因此,现代刑事司法制度强调审判的亲历性,审判活动的言辞原则、直接原则皆建立于亲历性基础之上并贯穿始终,绝不允许审理和裁断相分离。

（6）在审理程序适用上,实行繁简分类机制。经过长期的发展演变,现代刑事司法制度的审理程序日趋精密复杂,使刑事审判的公正性和正当性得以最大程度彰显。但同时,现代刑事司法制度也早已注意到,并非所有类型的案件都需要以最繁复的程序予以解决,在满足公正基本要素的基础上,可以在一般适用的审理程序之外发展出其他更为灵活便捷的程序以应对不同类型的案件处理。长期的实践表明,繁简分类机制成为现代刑事审判制度有效运作的前提条件,并且呈现出两个明显的特点:一是一般适用的程序最大限度满足正当性的要求,而简易程序则在维持底线正义要求的基础上追求高效和司法资源的节省,也即繁者愈繁,简者愈简。二是简易程序的多样性,简易程序并非一种,而是有针对不同案件类型的不同简易程度的多种适用程序。另外,各种简易程序也并无像一般程序那样较为固定的模式,而呈现出不同的方式和结构。

第二节 刑事审判程序实效改善的进路

一、刑事审判制度实效实现的条件

（一）完备的规范内容

规范内容是制度的主要构成要素,也是制度实效的前提和基础。制度实效实现固然需要满足多种条件,但其是否具有良好的精神品格和齐备的规范内容,无疑是基础性条件。马克思对此深刻指出,当立法者有偏私的情况下,奢望法律能公正实现是愚蠢而不切实际的。因此,法律制度要获得实效,必须首先探求其内容是否规范齐备,刑事审判制度也不例外。具体而

---

① 李连科:《价值哲学引论》,商务印书馆1999年版,第113页。

言,刑事审判制度的规范内容应当包括以下三个方面:

1. 刑事审判制度须具有良法品格。虽然实证主义强调即便不具备良好品格的法律制度仍然应当得到遵守,并且,伟大的人类法制先贤——苏格拉底以其生命践行了这一观念,但同时,人类法制史也不断地在证明,即便立法者和统治者可以借助强力实施,但缺乏良善品格的制度终究难以被普遍遵守,难以获得实效的。因此,良善品格是制度实效的前提条件。而对于什么是法律制度的良善品质,自然法学派早已给出了很好的答案。格老秀斯对此提出两个要点:是否符合理性或者社会性,以及是否符合那种被认为是所有各国或所有文明发达之国所遵循的自然观念。① 这两个要点在刑事审判制度中得到了较好的融合体现,大多数国家所制定的刑事审判制度的基本内容均符合人类的认识理性并体现社会公正的要求。如采取控、辩、审三方组合的审判方式,确立审判独立、直接言词、证据裁判、自由心证、不告不理、一事不再理等若干基本原则,并依据这些原则所形成的制度框架内完成具体的程序内容设计。虽然不同国家对各种技术性程序规则设置有所不同,但一系列共识性基本原则的遵循,使制度体现出了符合刑事审判原理和规律的良善品格。

2. 刑事审判制度须具有完备的实施规范。"构成性"是程序法制规范的一个显著特点,可以将其简单理解为诉讼行为均由制度规则创设,即"有规则则有行为,无规则则无行为"。这一点在刑事审判制度中体现得尤为明显,作为一个几乎囊括了所有诉讼主体,多方参与的复杂活动,刑事审判的程序展开实际上是各方诉讼行为的体现,因此,刑事审判制度必须对各诉讼主体的行为作出周密而细致的安排。在此意义上,按照传统的规范分类,如义务性规范、禁止性规范、授权性规范来制定刑事审判制度规范显然是不够的,因为这些规范通常只能产生某个诉讼行为,但不能解决诉讼行为如何展开和进行的问题。正如诺斯所指出的,制度需要具有"实施特性"才能获得实效。② 因而,刑事审判制度除了规定用以构建程序的诉讼行为规范以外,还须制定完备的实施规范,以明确清晰地指引各种诉讼行为的进行。

3. 刑事审判制度须具有必要的制裁规范。人们在选择是否接受制度

---

① 参见〔美〕E.博登海默:《法理学:法律哲学与法律方法》,邓正来译,中国政法大学出版社 2004 年版,第 45 页。

② 参见〔美〕道格拉斯·诺斯:《制度、制度变迁与经济绩效》,刘守英译,上海三联书店 1994 年版,第 84 页。

约束时总有一番利益需求计算,尤其在强调正当性和公正性的刑事审判制度中,繁复的规则在某种程度上使各方参与者面临着行为成本增加,若制度的约束力不强,甚至没有约束时,制度实效只能寄望于人们的道德自愿。因此,必要的制裁永远是制度保持刚性的必备条件。正如耶林所言,"强制"是任何法律的形式要素,没有强制力的法律制度是"一把不燃烧的火,是一缕不发亮的光"[①]。在这一点上,刑事审判制度并不例外。司法官员、律师,在没有任何制裁威压的情况下,他们并不会有比普通人有更多的遵守制度的自愿性。因此,宣告诉讼行为无效,甚至对相关严重违反职务义务的参与者施以必要的惩戒措施等制裁规范应当成为刑事审判制度的必备内容。

(二) 共守的观念信仰

一种法律制度能让人们遵守可能基于多种原因,比如法律制度的内容与其利益相符合,遵守某项法律有助于其实现自身利益;具有严厉的惩罚措施,使人们因为害怕招致惩罚的痛苦而不敢违背;一部分人的遵守带动了同类人随之遵守等。立法者希望法律制度实现实效,得到所有人的遵守,事实上,人们面对法律制度的态度往往十分复杂,一些人可能选择遵守此种制度,但却漠视彼种制度。但法律制度应当意识到,有一种重要因素有助于其获得普遍遵守而实现实效,这种因素就是人们的观念意识。观念意识,这种在事物在人们头脑当中的的抽象系统的反映,一旦形成,便成为一种"永恒不变的真实存在"("观念"一词的古希腊语),其对人们的行为具有高度的指引和规制。正如弗里德曼所言:"服从的第三种重大力量是内心声音,即良心、道德感情、服从的愿望和正确感。谁也不会否认这些因素的重要性。"[②]并且,共守的观念意识有着比其他人们选择遵守法律制度更为持久而普遍的效果。例如,当某项制度无助于部分人实现其自身利益时,这部分人可能会选择漠视该项制度。又如,当某项制度的制裁性偏弱时,人们也可能选择不再遵循。共守的观念意识却不同,它能够使人们形成一种遵守制度的信念或者习惯,大多数情况下不再会改变。此外,共守的观念意识对于实现刑事审判制度实效还具有特别重要的意义。这是因为,刑事审判制度难以提供类似其他法律制度所具有的让人们选择守法的原因因素,刑事审

---

① 参见〔美〕E.博登海默:《法理学:法律哲学与法律方法》,邓正来译,中国政法大学出版社2004年版,第116页。

② 〔美〕劳伦斯·M.弗里德曼:《法律制度》,李琼英、林欣译,中国政法大学出版社1994年版,第128页。

判制度既不直接调整其适用对象的自身利益,且制裁性较之实体法也偏弱,因而参与刑事审判制度的各方具有遵守制度规则的共守的观念意识便显得格外重要。具体而言,这种共守的观念意识存在于两个方面:

1. 普遍的守法观念。在一个法制较为成熟的社会,社会成员应当具有普遍的守法观念,这种守法观念更多来自于对法的信任,相信法律制度是公序良俗的规范,相信法律制度提供了对未来稳定的预期,正如弗里德曼所说:"信任就是认为掌权者一定知道他们在干什么,一定是专家,一定明智,一定有好的信息和好的政策。"① 另一方面,法律制度是由大多数人决定的"公意",任何人自降临社会起即自主或不自主地接受了这样一个观念,那就是和大多数人一样服从这种公意,久而久之形成守法的观念。而作为社会精英群体的司法官员、律师,则理应更具有守法意识。

2. 共守的制度信仰观念。在制度学派鼻祖凡勃伦看来,制度可以看做一种心智现象,是维持共享信念的系统,并认为这是制度最根本的性质。② 这一观点在后世越来越引发共鸣,青木昌彦表达了同样的看法:"制度是关于博弈如何进行的共有信念的一个自我维持系统。"③ 晚年的诺斯也承认制度可归结为一种精神现象,并强调信念是理解制度变迁以及被遵循的基础和关键。此种观点包含了这样一种意思,即制度的主义或主张如果能得到人们的高度信任和尊敬,以至于形成一种"对制度的信仰",便能极大地增进人们对制度的遵循,制度可获得最大限度的实施。但当法律从宗教回归世俗之后,并非所有的制度都能被人们所信仰,这也许正是伯尔曼发出那句著名的感慨"法律必须被信仰,否则形同虚设"④的原因。刑事审判制度具有被信仰的气质,这种最具有仪式感,蕴含着人类公平和正义理想,体现人类理性和智慧光芒的制度,应该是人们——至少也必须是司法官员、律师等受过专业训练的法律人在内心所确信的一种超越本体的神圣价值。参与刑事审判的法官、检察官、律师,这些法律职业共同体成员如能对刑事审判制度形成心悦诚服的认同感和归依感,便会自觉遵循并维护其实施。

(三) 良好的运行环境

制度环境是指围绕某制度并对该其运行产生影响的相对稳定的外在因

---

① 〔美〕劳伦斯·M.弗里德曼:《法律制度》,李琼英、林欣译,中国政法大学出版社 1994 年版,第 129 页。
② 〔美〕凡勃伦:《有闲阶级论》,蔡受百译,商务印书馆 1964 年版,第 139 页。
③ 〔日〕青木昌彦:《比较制度分析》,周黎安译,上海远东出版社 2001 年版,第 28 页。
④ 〔美〕伯尔曼:《法律与宗教》,梁治平译,三联书店 1991 年版,第 28 页。

素,包括观念、文化、传统等隐性运行环境和法律、法规、政策、惯习等显性运行环境。任何一种制度都不可能存在真空,其必定是运行于实在的环境之中。从这个意义上讲,运行环境构成了制度实施关联性和支撑性的要素和条件。隐性运行环境也被称作"软环境",制度在一定程度上可以对其实现跨边界运行。譬如,制度实施一般应与文化环境相契合,否则将受到掣肘,但在某些时候,制度对文化也具有反制作用,制度实施可以对文化产生一定的反向牵引力,也即制度能够改变文化。而显性运行环境则不同,与具体制度相关的政策、法律法规、规章制度,以及长期以来形成的惯习和通例,这些具有规范效力的外在因素形成了制度实施的"硬环境"(即所谓的"体制"),对制度运行具有相当的刚性。如果这些外在因素与制度的目标、价值、功能设定相一致,制度便能获得匹配的运行环境,进而得到充分顺畅的实施,反之,二者如果不相匹配,甚至相悖,制度便处处受制于环境,其运行难以产生实效。

对于刑事审判制度而言,其运行环境主要是指与刑事司法有关的宪法、司法机构组织法、司法解释等法律,国家司法政策,法院管理制度以及各种司法惯习等。这些外在因素有其各自调整或规范的领域和方面,但其中很多内容与刑事司法活动密切关联,因而构成了刑事审判制度的运行环境。这些内容的设置不能仅顾及自属的领域,而必须始终考虑是否符合刑事审判的原理和规律,是否与刑事审判制度相契合,是否能为刑事审判制度的实施营造匹配的运行环境。刑事审判制度可以看做一个专业而封闭的自治系统,通过内在的一系列精密繁复的程序推进逐步实现对刑事责任的裁断,因而,对于刑事审判制度的实施而言,最重要的运行环境既是营造和维持其制度自治运行的条件和氛围。具体而言,刑事审判制度的运行环境应当具有以下三重构建:

1. 宪法法律层面对刑事审判自治独立的明确和确认。作为对刑事责任权威而终极的判断,刑事审判必须获得不受干涉而独立运行的自治空间,这是刑事审判制度最为重要而基础性的原则和逻辑,而这只有在宪法法律层面这一顶层制度框架中清晰地昭示,才能得以在各方面具体的规范中展开实现。因此,宪法法律中对"审判独立"的明确和确立对于刑事审判具有重要意义,是刑事审判依法独立进行的逻辑起点,也是刑事审判制度运行环境的"顶层设计"。

2. 刑事诉讼制度层面对刑事审判独立运行的设计和安排。刑事审判是刑事诉讼中的最终活动环节,在成文法制国家,刑事审判制度通常也设置于刑事诉讼制度之中。因此,刑事诉讼制度能否为刑事审判活动设计和安排独立运行的空间,直接关乎刑事审判制度是否能有效实施。刑事诉讼制度基本原则的确立、审前程序的开展、侦查权、检察权的具体配置和行使等,均要以刑事审判活动为中心,并以符合刑事审判制度要求为前提,这既是刑事审判制度运行环境的要求,也是刑事诉讼制度原理的要求。

3. 司法行政事务制度层面对刑事审判自治独立的尊重和保障。对于刑事审判制度的运行环境,司法行政事务是容易被忽略,但恰是具有重要影响的一部分。司法行政事务主要涉及三方面:一是法院系统内部工作机制,如不同层级法院之间工作机制、法院内部工作机制;二是对法官的管理,如法官的选任、考评、晋升,法官的薪资、待遇和福利以及法官的培训、惩戒和保护等;三是对法院财政经费的管理,如法院经费预算、拨付、保障和使用等。

(四)精良的职业素养

"徒法不足以自行",面对法律制度,每个人的态度和选择不一样,在任何时候,主体素养都是影响法律实施的一个深刻原因。刑事审判制度,一种主要由一个固定群体共同适用的法律制度,这里的"固定群体"和"共同适用"尤其决定了群体整体的职业素养将在相当程度上影响制度实施,进而决定制度实效。原因是显而易见的,固定群体是指刑事审判活动的主要参与者是法官、检察官和律师,刑事审判制度的主要内容围绕各方主体的行为而展开,因而要求各参与群体具有相当的职业素养。共同适用是指各主体在同一时空下按照刑事审判制度的规则行事,且彼此之间的诉讼行为相互交织并产生法律效果,这便要求群体成员之间的职业素养应彼此接近,而不能过于悬殊。换一个角度看待这个问题,刑事审判制度的有效实施实际上有赖于"法律职业共同体"的形成,因为只有形成了法律职业共同体,司法主体才可能具备良好而一致的职业素养。在法律共同体所强调的职业素养中,有以下两种因素对刑事审判制度实效尤为重要:

1. 共同的职业精神。职业精神是与人们的职业活动紧密相连,体现职业特征的一系列品格素养和价值观念。内在精神是外化行为的指导和追求,职业精神的养成对于职业规范的实施和维护具有重要作用。刑事司法是一种有严格制度规则的规范化职业,并且它并非像实体法一样处处具有强制性。换言之,刑事司法规范的展开更多地有赖于特定参与者的自觉遵守和维护,如果这些特定的参与者没有良好的自身品格修养和司法职业的尊荣感,缺乏程序至上观念和制度规则意识,很难想象刑事司法活动能有效开展。对法律职业共同体的研究同样支持这一观点,有学者指出,法律职业共同体不仅指一种实体存在,更是一种精神或理念上的共同体。在共同的精神理念未形成之前,法律职业共同体难以形成,司法活动必然在某种程度上陷于秩序混乱。

2. 高超的职业技能。刑事审判制度既是一个关于刑事责任如何确定的程序规范,又是关于如何认知指控事实的技术规范。专业化的术语,精密的程序环节,对制度规则的精准理解,娴熟的沟通表达能力和证据展示技巧,高超的快速应变,复杂的推理和判断技术,技术理性越来越成为刑事司法的显著特征。并且,这些技术理性是对控、辩、审三方的要求,也即控辩双方能够通过对抗技术向法庭展现事实,裁判方通过庭审技术和认知逻辑认定事实,其中任何一方在职业技能上的缺陷都可能会给刑事审判制度设计的技术规范整体运行带来不良影响,制度实效会因此打折扣。因此,刑事审判制度的实施需要有与其制度内容的技术理性相匹配的高超的司法职业技能。

二、刑事审判制度实效改善的路径

(一)统筹规划与整体推进

古语有云:"瓜熟蒂落、水到渠成",意为凡事不能急于求成,只有客观条件成就后,才能获得成功。如上文分析,刑事审判制度的实效实现颇为复杂,涉及制度文本、观念意识、制度环境、人员素养等多方面的问题,需要多方条件的满足,其中,无论哪一种条件欠缺,都会对实效实现产生减损。就像一支交响乐团想要演奏出美妙和谐的乐章,必须同时具备多种因素,乐团要有弦乐、木管、铜管、打击四组乐器构成,有能熟练使用乐器奏乐的音乐家,要有能指导驾驭乐团并能激发乐团情绪和潜能的指挥家,指挥家和乐团成员之间有着良好的沟通默契,最后还要有华美的乐谱。西方法治发达国的刑事审判制度普遍不存在实效危机问题,那是它们在长期的演变发展过程中早已成就了各种制度实效条件。如对刑事审判制度原理的高度认识、司法制度立法技术的熟练应用,法律职业共同体的形成等。对于尚处转型之中的我国刑事审判制度而言,要解决实效危机的问题,应当充分意识到,仅靠修订立法绝对是不够的,除非迁就现有各种现实情况将立法作倒退式的修订。因此必须从满足制度运行的因素入手,积累制度实效条件,才能自然实现刑事审判制度的实效。循此思路,本书认为,刑事审判制度实效实现的条件积累必须采取"统筹规划与整体推进"的基本路径,即自上而下作出通盘的安排和计划,考虑多方面的条件改善和积累,同时全面推进。这主要基于:一是刑事审判制度实效实现的条件涉及多方面和深层次的改革完善,仅改善某一方面的条件,或者仅触及浅表的改良,均无法根本性地解决问题,必须站在国家法律有效实施及国家司法权依法运行的高度,直面刑事审判制度实效短缺的问题所在,以"系统工程"和"综合治理"的方式,自上而下强有力地推动多方协同统一改革,逐步积累条件,才能真正解决刑事审制度实效危机。二是改善并累积刑事审判制度的实效条件是个漫长而艰巨的过程,在确立目标的同时,需要结合实际分步持续推进,某些条件的成就还需进一步结合实际确立改革的路径和方案,比如涉及司法体制的问题和司法职业教育培养的问题,均极为复杂,牵一发而动全身。这些领域的改革若不站在全局和通盘的高度作整体规划并强力推进,势必将难有作为。因此,必须从中央到地方,统筹规划,结合不同方面和领域的改革,拿出"路线图"和"时间表",按计划、分阶段逐步推进实施。

(二) 理性建构与自发演进

我国的刑事审判制度处于转型发展之中,而在持续变革中必须逐步实现制度实效。两方面的关系是,制度转型必须以制度实效为要求,缺乏实效的制度纵使再先进也没有意义,而制度实效实现必须考虑制度的发展取向,不能为了实现实效而牺牲制度的正当性和公正性。协调好刑事审判制度实效和制度转型的关系,本书认为应当采取理性建构与自发演进并举的路径。一方面,应当看到,我国刑事审判制度处于半传统半现代之间,仍带有较深的时代印记,主流国际社会认同并体现刑事审判原理和规律的诸多原则、制度和规则仍未确立,因而必须对刑事审判制度的发展进行现代化的转型规划,也即采取理性建构的方式,遵循刑事审判制度的基本规律并结合国际通行的成熟经验规划刑事审判制度的前进方向,并对若干基本制度和程序作安排和设计,如正确定位刑事审判的制度功能,确立刑事审判进行的基本方式,设置科学合理的事实认知机制、心证形成机制和正当公正的审决机制。另一方面,同时也应当看到理性建构的局限性。即使最大理性建构的模式蓝图,往往也经不住实践无情的检验。因此,刑事审判的转型发展不能死盯着终极意义上的预期目标设定,因为没有任何人能完美地证明理性建构就一定是最适合我国的模式。包括刑事审判制度在内的法律制度与其是理性建构的,毋宁是自发演进的。理性建构虽有一个较为清晰的模式目标,但这种目标或许只是一厢情愿的乌托邦,一味地执着追求可能不仅难以实现,反而要承受削足适履的痛楚。相反,自发演进虽未明确设定必须达到的既定目标,但其自然发展和不断尝试的过程中或能积累并产生出自身适宜的模式类型。如同文章写作,精心拟定的提纲,反复斟酌打好的腹稿常常不如真正下笔写作中的灵光和文思,即便精于写作的方家或文圣,也不能保证拟定的提纲不随着具体写作而作较大改动。另外,一些具体的程序和制度本无统一的构建模式,在符合刑事审判基本原理和规律的前提下,如何形成富有实效的规则,恐怕只有在具体实践中才能体现。因此,刑事审判转型中制度建构的同时不能忽视甚至扼杀制度演进的力量,正如左卫民教授所言,"建构理性长于立法和设计,而疏于抽象和空洞;演进理性长于实践和试错,却疏于放任和散漫","兼容建构理性与演进理性是必要的"[①]。

(三)循序渐进与磨合调整

刑事审判制度实效不可能一蹴而就,既需要制度自身实现转型,更需要与制度实效相关的其他方面的体制、机制、资源等各种条件的满足。这诸多方面的改革和发展必将是个漫长而艰巨的过程,如何渡过这个过程,真正提升刑事审判的法律实效,本书认为还必须注重循序渐进与磨合调整。这对于刑事审判制度自身转型而言尤为重要。刑事审判制度是一个复杂的规则系统,部分规则的变化将引发其他规则的变化,并对于参与的多方都将构成挑战和考验。刑事审判制度规则的完善或创建将与现存制度或多或少地产生摩擦,需要各方主体予以适应,而循序渐进与磨合调整便是逐渐消除新旧制度规则之间的摩擦,弥合其间隙的必由之路。以证人出庭作证这一制度规则为例。证人出庭作证是公正审判的基础要求,是庭审证据调查的基本前提,体现了刑事审判制度的持续完善,是必须构建的重要制度规则,但考虑到当前让所有证人出庭作证并不现实,这就需要采取循序渐进的方式,先保证一部分关键证人能出庭作证,待条件成熟再逐步扩大证人出庭作证的范围。在关键证人强制出庭规则建立后,如何处理出庭证人证言和庭前证词的关系则需要进一步完善建立传闻证据规则,控辩双方如何对出庭证人

[①] 左卫民:《中国刑事诉讼模式的本土建构》,载《法学研究》2009年第2期。

展开问询则需要进一步完善建立交叉询问规则。另外,控辩双方还需要学习并适应对出庭证人的诘问技巧,法官更需要增强主持庭审和判断证据的能力,这些方面的问题则需要制度规则之间以及制度规则与司法人员之间的磨合调整。需要特别强调的是,循序渐进绝不意味着止步不前或者拒绝改革,在明确发展的基本取向和路径的基础上,应当持续推动刑事审判的现代化转型以及不断地提高制度规则的法律实效,国情论和客观条件论应当在方案设计中被充分考虑,但绝不能成为阻碍改革和转型的因素。另一方面,磨合调整必须尊重制度规则立法意旨,磨合调整绝不意味着可以将制度规则打折扣,甚至肆意歪曲制度规则的内在要求,否则刑事审判的法律实效永远难以实现。尤其在新的制度规则不够明确和完善的时候,应当充分了解并以体现立法目的为司法机构行为的最高原则。

第六章　刑事审判制度实效改善的主要举措

对于如何提高法律实效,我们可以想到很多措施,但是,刑事审判制度实效的改善将是个极其漫长艰巨的过程,我们不应低估这个过程的困难性和复杂性。因为有些问题可以采取具体的措施,而有些更为复杂的问题,尤其是刑事审判制度框架以外的问题,则可能需要交给时间去解决。正如陈瑞华教授所言:"问题的最终解决,有的需要国家司法体制的巨大变革,有的有待于社会转型的完成,有的甚至还需要其他各种社会条件的变化。"①并非所有的问题都有一一对应的举措予以化解。在此意义上,本书所提出的各种措施也许只是一份"不完全的处方",它并不能完全治愈刑事审判制度实效短缺,但无疑可以使其获得较大改善。

第一节　改善制度立法

一、转变立法模式

（一）转变制度立法方式

在未来的《刑事诉讼法》修订中,立法者必须严格遵循"法律保留"原则,彻底转变既有立法方式,制定严谨

---

① 陈瑞华:《刑事程序失灵问题的初步研究》,载《中国法学》2007 年第 6 期。

而完备的制度规范,不能再将若干程序规则留待司法机关自行解释。这既是国家立法法的明确要求,更关乎刑事司法制度的运行实效,立法者必须对此承担使命。这里需要转换的两个思路是,立法者不能寄望于将一些刑事司法中难以解决的、具体、复杂的规则设计问题留给司法机关去解决。"这种由最高司法机构所作的带有立法性质的解释法律的行为,与立法一样,显然也不足以体现新规则的社会环境和基础。"[①]立法者暂时解决不了的问题,司法者也解决不了。另外,即便司法机关对刑事审判的具体运行更有经验,对制度规则有发言权,但法官的职责始终是裁判而不是立法。如博登海默所言,"既然法官的主要职责是裁定根植于昔日的纠纷,那么一般而言,我们就不能把那种建立未来法律制度的正式任务分派给法官去承担",他进一步指出,"一般来讲,法官必须依赖于外界的援助。他本人则不能拆毁法律大厦或该大厦之实质性部分,也不能用新的法律来替代原有的法律"[②]。

(二)重构司法解释体例

司法解释体制最大的弊端在于解释主体的混乱和无序,解释途径的抽象化和解释内容的立法化。对此可考虑分步重构的方案:第一步,立法者应当对最高人民法院和最高人民检察院作出的司法解释予以梳理,将符合刑事审判制度立法原意、目的,具有操作性的规则适时纳入正式立法制度之中。第二步,取消最高人民检察院对《刑事诉讼法》的法律解释权。这在根本上不是削弱了最高人民检察院的权力,而是维护了法律解释权的合法性、正当性以及司法解释的权威性。最高人民检察院应予以支持。如果此举不能一步到位,至少最高人民检察院的法律解释应仅限于对审前程序,而不能涉足审判制度。第三步,规范最高人民法院的司法解释。最高人民法院不能再对刑事审判制度进行大规模的立法性解释,司法解释权不应表现为创制大量规范性文件,而必须回归到具体案件的裁判活动中行使。在法官个人有能力对法律进行合理化解释之前,司法解释仍可以上升由最高人民法院统一发布,但应当形成一套公开透明的司法解释制定和发布程序,而不能随意制定发布。在此意义上,诸如各类"意见""通知""规定""批复"的非正式解释不得再行发布。作为审判制度的实施者和维护者,法院必须认识到遵守正式立法制度是首位的,即使正式制度存在合理性问题,法院可以提

---

① 陈瑞华:《刑诉中的非法证据排除问题研究》,载《法学》2003年第6期。
② 〔美〕E.博登海默:《法理学:法哲学及其方法》,邓正来译,中国政法大学出版社2004年版,第558页。

起修订法律的建议,以合法正当的修法程序中加以完善,而不能以解释之名谋求改变。这恰如丹宁勋爵所言:"一个法官绝不可以改变法律织物的编织材料,但他可以、也应该把褶皱烫平。"同时,为了实际解决正式立法制度中难以避免的疏漏之处,可考虑建立判例制度,允许法官有限度的造法。如霍姆斯法官所言:"我毫不犹豫地承认,法官的确而却必须造法,但是他们只能在原有法律的缝隙间进行造法,他们仅限于从克分子到分子的运动。"①

二、改进立法技术

立法技术不仅仅是形式的问题,它既关系到制度的规范有效性,也极大地影响制度的运行实效性。"几乎所有发生在司法实践中的程序性违法现象,都可以在刑事诉讼立法中找到原因"②,这在刑事审判这一集合了所有刑事诉讼主体参与并规定其中各方行为的制度规范里表现的尤为明显。多年来刑诉学界热衷于研究建立各种新制度和新程序,却极少讨立法的技术问题,"刑事诉讼立法过程中忽略技术细节,立法的实际结果与预设目标貌合神离"③。迄今为止,这一问题仍未引起足够的重视。立法技术主要有两方面:法律内容的确定技术和表达技术。对于刑事审判制度的立法技术而言,亟需改进和加强的是法律内容的确定技术,即把什么样的内容确定为正式制度,以及如何安排和设计这些内容。如陈瑞华教授所言,不解决刑事诉讼的立法技术问题,新的制度和规则仍将形同具文而不会得到有效实施。④

(一)完备制度规则系统结构

刑事审判制度是一套复杂的制度系统,由若干子制度和子程序构成,如庭前程序、庭审调查和辩论程序、庭审证据制度等。子制度和子程序本身又是一个小系统,内部又由更小的制度或程序构成,如庭前程序中涉及庭前准备会议程序、证据开示制度、非法证据排除制度等。又如庭审调查和辩论程序中涉及举证和质证制度,举证和质证制度中又涉及如证人作证制度、交叉询问、非言词证据调查、庭审异议等。刑事审判制度中的子制度和子程序之

---

① 〔美〕E.博登海默:《法理学:法哲学及其方法》,邓正来译,中国政法大学出版社2004年版,第557页。
② 陈瑞华:《刑事诉讼的立法技术问题》,载《法学》2005年第3期。
③ 牟军、张青:《刑事诉讼的立法模式与立法技术批判——以〈刑事诉讼法第二修正案〉为中心》,载《法制与社会发展》2012年第6期。
④ 参见陈瑞华:《刑事诉讼的立法技术问题》,载《法学》2005年第3期。

间并非各自独立、互不搭界,而是彼此联系、相辅相成。总之,系统性是刑事审判制度的典型特征,在未来的立法修订中,立法者应始终具有刑事审判制度的系统性意识。对此,应在如下四个方面给予关注:(1)整体性。通常,在既定的某种审判模式之下,其对制度系统的内部构成有较为固定的要求,如果其中的某个子制度或子程序缺失,会影响刑事审判制度的整体运行。(2)关联性。一些子制度和子程序相互之间嵌套勾连,具有很强的关联程度。如欲使控辩交叉询问制度发挥作用,就必须建立证人出庭作证制度,否则交叉询问无法运行;而建立证人出庭作证制度就必须考虑建立传闻证据制度,否则证人出庭作证会受到冲击。只盯住一种制度或程序,而不考虑与之关联的其他制度或程序,即便该制度或程序设想得再好也会在运行中遭遇碰壁。(3)结构性。刑事审判制度系统具有稳定的内部结构,子制度和子程序的设置均应符合结构性要求,而不能将相互之间不适配的子制度和子程序组合,也不能将与结构性不符的子制度和子程序生硬地设置。(4)平衡性。一些子制度或子程序存在此消彼长的关系,如庭审调查程序中的控辩调查和法官职权调查。应考虑如何平衡地发挥各自作用使之功能最大化,而不是彼此牵绊,相互影响。

(二)齐备制度规则规范结构

制度内容的规范性是立法技术中的重大缺陷,刑事审判制度缺乏精细化的立法思维,制度规范制定相当粗泛,导致实施性不强,保障性不够。将我国刑事审判制度规范的条文数与国外作简单对比可观其精细化程度,1996年《刑事诉讼法》中涉及审判制度的条文为60条,2012年修订后为69条。其他国家和地区刑事审判制度规范条文数情况:日本约141条,德国约175条,法国约388条,我国台湾地区184条。其中,公诉案件一审普通程序的制度规范条文数作对比的情况是:我国22条,日本56条,德国97条,法国149条,我国台湾地区47条。(见表6-1)

表6-1 中国同部分国家或地区刑事审判制度规范条文比较情况

比较项目 \ 国家或地区	中国大陆	中国台湾	日本	德国	法国
刑事审判制度规范条文数量(条)	69	184	141	175	388
公诉案件一审普通程序制度规范条文数量(条)	22	47	56	97	149

从表中可以看出,这些国家和地区的制度规范条文数至少是我国的两倍以上。① 规则制定不够精细,规则构成要素缺失,不具有规范性,造成的结果如陈瑞华教授所言:"大量的诉讼程序规则不具有最起码的可操作性,使得这些程序规则根本就无法得到实施。"② 对此,今后的制度立法过程中,必须摒除"立法宜粗不宜细"的陈旧观念,制定具有规范性的制度规则。具体而言,应注意以下几个方面:(1)实施性。刑事审判制度是塞尔所言的典型的"构成性规则",有规则即有相应的行为,无规则即无(合法)行为。刑事审判制度中即使再细小的子制度和子程序,除了主规则,即概括言明该子制度或子程序基本权利义务关系的规定之外,还需考虑支撑主规则实施的要件规则,即各方主体以及其行为的对象、范围、方式、情形条件、步骤环节、先后顺序、程度标准、时间期限等。(2)保障性。为使所构建的制度或程序得以顺利运行,使控辩双方能够公平对抗,诉讼参与人有效参与,以及法官能公正维护制度正当性,必须始终在刑事审判制度中对可能存在的违反规则的行为设置救济措施,以及对不同主体设置必要的制裁措施。

第二节 完善制度内容

一、增设实施性规范

实施性规范是刑事审判制度中子制度或子程序的规则群,通常由主规则和要件规则组成。刑事审判制度中缺乏实施性规范或者缺乏其中的要件规则将导致相关的子制度或子程序无法运行或者运行混乱。就实现实效而言,当前刑事审判制度中需要完善的实施性规范主要是证据调查程序。证据调查是刑事审判中有关事实认知的关键程序设置,前已述及,刑事审判结构中事实认知的主要调查者应是控辩双方,法官虽然仍保有庭审调查权,但应是在首位的控辩对抗证据调查基础之上次位的补充。因此,控辩双方对证据调查拥有主导权和自主权应是有关证据调查实施性规范的设计原则。

---

① 并且,上述这些国家和地区的制度规范条文均采取分级排序的方式,一个条文下可能还有若干条次级条文,如第 100 条规则中可能还包含第 100-1、100-2、100-3 条。因此,实际的规则条文数则更多。

② 陈瑞华:《刑事诉讼的立法技术问题》,载《法学》2005 年第 3 期。

（一）庭审调查的有序进行

刑事诉讼法除了规定首先宣读起诉书以及在宣读起诉书讯问被告人以外，并未规定证据调查的顺序，而按照《刑事诉讼法》法条的先后顺序，接下来的调查是控辩双方的举证和质证。其中控辩双方分别举证的证据类型顺序同样没有规定，按照法条的先后顺序是：证人、鉴定人作证，出示物证、书证等其他非言词证据。最高人民法院司法解释中的证据调查以及其中的控辩举证顺序均按此《刑事诉讼法》法条先后顺序的内容予以规定。庭审实践中也照此顺序进行法庭调查，且通常不允许打乱这一顺序。① 如此按图索骥般固化的庭审调查顺序看似井然，却并不利于控辩举证和庭审调查，影响证据调查的程序实效。如在一些被告人不认罪的时候，控方一开始就讯问被告人或许并不是最佳策略，而如果被告人在一开始的讯问中就认罪，显然对辩方也不利，且容易对法官产生预断。又如控辩双方在举证时不能依据个案情况并按照对抗策略自行安排举证顺序。因此，庭审调查和控辩举证的顺序应尊重控辩双方的意愿，交由控辩双方自行决定。在程序安排上，应将庭审调查和控辩举证的顺序在庭前会议中予以先行确定。具体的规则设计可考虑两种方案：一是明确规定由控辩双方自行安排顺序进行；二是由法官听取控辩双方的意见后确定。

为杜绝长期以来庭审中控方将同类证据合并打包概括式举证的方式，应明确规定证据调查应逐一进行，即一证一举，一证一质。另外，举证的范围和具体证据的举证方式也可采取由控辩双方先期自行确定并在庭前会议中向法官提出的方式。这种做法的另一个好处是法官可以通过双方举证范围和方式先期预估庭审所需耗费的时间。

（二）出庭作证的深化实施

为缓解长期以来饱受诟病的证人不出庭作证，控辩双方无法质证从而导致证据调查空洞化的难题，《刑事诉讼法》建立了证人出庭作证制度。据媒体报道，《刑事诉讼法》实施后，各地纷纷尝试适用这一新的制度。对于新制度在多大程度上能缓解证人不出庭这一老大难问题仍需要进一步观察，但从制度理性的角度，笔者认为作用可能很有限。理由有三方面：首先，新制度在证人出庭的范围上并未采取国际通行的"原则加例外"，而是采取了

---

① 实践中，法官通常在庭前按照此顺序制作庭审提纲，并且，随着全国法院庭审规范化的要求，提前制作庭审提纲成为硬性要求。另外，法官在庭审中也颇为依赖庭审提纲主持庭审，一般不允许控辩双方打乱庭审调查顺序。

"关键证人出庭"的方式,这本身就决定了大部分证人仍然不会出庭。① 其次,即便是关键证人出庭,仍需同时满足三个条件:控辩双方对该证人证言存有异议;该证人证言对案件定罪量刑有重大影响;法院认为有必要。此规定中后两个条件的实际裁量权均在法院,因此证人是否应当出庭将完全由法院决定。② 最后,在新制度实施之初,法院出于尝试适用的态度,会在一些案件中传召证人出庭,但之后法院可能会缺乏传召证人出庭的动力。原因有三方面:一是在法院仍面临大量案件以普通程序审理、审限的限制以及法院内部结案率考评的综合审判环境未有改观的前提下,控制个案审结时间,提高审判效率仍是其考量和追求,如果在每个案件中都有关键证人出庭作证,无疑会大大增加庭审耗时,这并非法院和法官所愿。二是立法并未限制法官在庭审后接触案件卷宗,亦未规定如果证人未出庭的,证人的庭前证言(传闻证据)将不得作为定案证据,法院传不传召证人出庭均可以在庭后接触到证人庭前的所有证言,如此一来,在短期内法官庭后书面审理无法革除的情况下,法官可以通过在庭后审查证人庭前的证言以及将其和其他证据对比印证的方式而不需要依靠证人出庭作证并接受质证的方式完成对证人证言的调查。③ 三是控辩双方对证人出庭新制度的适用尚需一段时间适应,而在适应期内,如果控辩对出庭证人的质证效果不佳,难以起到证据调查的效果,可能会降低法官传召证人出庭作证的积极性。证人出庭作证对于证据调查的意义毋庸赘述,即是困难再多,也只能继续谋求扩大证人出庭作证范围。本书认为法院必须意识到《刑事诉讼法》的制度规定赋予其证人出庭作证决定权的意义和使命,在现行制度环境下克服困难尽可能多地适用新制度允许证人出庭作证,以使各方适用制度运行并积累相应的技能。立法应适时对证人出庭作证制度作深化改革,具体规则可考虑如下方面:将证人出庭作证的决定权从法院移交至控辩双方(至少在死刑案件中可以先行尝试);关键证人经传唤无正当理由不到庭的即应当强制到庭(亦可考虑在死刑案件中先行尝试);待庭后阅卷审理革除的各方面条件基本具备时,建立

---

① 《刑事诉讼法》在这一问题上也是较为务实的态度,首次建立证人出庭作证制度,在现有司法资源短缺和民众普遍缺乏作证经验的现状下,与其大跨步规定一个看起来很美但难以落实的制度,不如务实地确保最重要的那部分证人能够出庭。

② 并且,其中第二个条件,即证人证言对案件定罪量刑有重大影响,虽然法院可以听取控辩双方的意见,但在案件未进入实质审理时法院实际仍不易作出准确判断。

③ 另外,在庭后阅卷审理短期难以革除的情况下,即使证人出庭作证,法官仍可能以证人庭前证言而不以当庭证言作为定案证据。

传闻证据规则,限制书面证言的使用,以迫使证人出庭作证。

(三)交叉询问的规范操作

典型的交叉询问虽然是在陪审团制和案卷卷宗不移送法庭的英美当事人主义模式下的产物,但其基本原理,即采用相对争辩方法和质疑技术以发掘和探寻证据事实无论在经验验证方面还是在技术分析方面都被认为是富有成效的。因此,交叉询问是法庭证据调查,尤其是人证调查重要而不可或缺的实施性规,越来越多的国家在刑事审判制度中引入交叉询问技术,允许控辩双方从相对立场以发问方式对原始人证进行调查。我国1996年《刑事诉讼法》曾初步构建了交叉询问规则,归纳《刑事诉讼法》和司法解释中的规定如下:提请传唤方先问规则,即向证人、鉴定人发问,应当先由提请传呼的一方进行,发文完毕后,对方经审判长准许也可以发问;关联性规则,即发问的内容应当与本案事实有关,审判长对于向证人发问的内容与本案无关的,应当制止;禁止诱导询问规则,即不得诱导发问,审判长认为控辩双方向证人发问的方式不当的,应当予以制止;禁止威胁、侮辱证人规则;质疑己方证人规则,即公诉人认为证人进行虚假陈述的,应当通过发问澄清事实,必要时还应宣读证人的庭前证言或出示、宣读其他证据对证人进行询问;异议规则,即控辩双方的讯问、发问方式不当或者内容与本案无关的,对方可以提出异议,申请审判长制止。上述规则形成了交叉询问的基本轮廓,但由于证人出庭作证制度的长期缺失,交叉询问实际无法运转。2012年《刑事诉讼法》建立了证人出庭作证和有专门知识的人出庭作证制度,使人证长期不出庭得到部分缓解,这无疑使证据调查中的人证调查具有更重要的意义,同时也为交叉询问运行提供了更充分的条件。但同时,《刑事诉讼法》和司法解释对交叉询问规则基本未作改动,继续沿用1996年《刑事诉讼法》规定在能否正常发挥交叉询问的人证调查功能上可能存在以下问题:一是规则中没有明确提出并区分"主询问"和"反询问"的术语,更未能区分两种询问的程序和技术规则。主询问是举证方引出其所欲证明之事实的发问,须主要应遵循禁止诱导询问规则。"主诘问若诱导,几近于套招、串证,故原则禁止。"[1]而反询问则不然,诱导性询问恰恰是其攻破主询问所构建之证据事实的利器。反询问正是通过诱导性询问出其不意地突破证人看似圆润自洽的陈述逻辑,从而瓦解主询问精心构建的证据事实。"在反询问中大量使用

---

[1] 林钰雄:《刑事诉讼法》(下册),中国人民大学出版社2005年版,第168页。

诱导性问题,这是交叉询问制度的一个特点"①,也正是控辩对抗的精华所在。不加区分地一律禁止反询问使用诱导性询问将使控辩双方质证效果大打折扣,并使交叉询问有形式化的危险。二是法官调查审问和交叉询问并存冲突。保留法官在庭审中的调查职权是我国刑事审判法律制度的基本特征,而法官调查权多体现在对人证的调查上。立法规定法官可以询问证人、鉴定人,司法解释对此增加了法官"认为有必要时"。虽然司法解释在文本上表现出了法官调查权行使的谨慎性,但实践中法官却并非对调查权保持克制的态度,而常常直接对人证发问,这从对被告人的讯问中多有体现。不排除在证人、鉴定人、有专门知识的人在出庭接受控辩双方交叉询问时,法官会不择时机地随时打断交叉询问而直接发问,这对交叉询问的进行秩序和质证效果都会造成一定的影响。三是交叉询问的主体不明且呈多极化。典型的交叉询问中是由检察官和辩护人代表控辩双方进行交叉询问,而我国立法中并未明确规定交叉询问的主体,这使得本来主体清晰明了的交叉询问变成了多头交叉询问,这不仅不符合交叉询问的基本特征,反而会削弱交叉询问的效果。鉴于上述问题的存在,应适时对交叉询问进行制度改造,对此提出可考虑的方案是:立法中明确主询问(询问)和反询问(诘问)两个术语,规定交叉询问的顺序是主询问、反询问、复主询问、复反询问,直至控辩双方不再询问。同时规定将诱导性询问只适用于限制主询问;增加规定法官对人证调查审问的时机,在控辩双方交叉询问完毕之后法官认为有必要的,可以对人证发问;明确交叉询问的主体为公诉人和辩护人,其他主体不得参与交叉询问,如确需对人证发问的,待交叉询问结束后向审判长申请。

二、完善保障性规范

保障性规范是刑事审判制度中规定的确保实施性规范得以适用的规则群。保障性规范通过对被遭到破坏的实施性规范提供弥补、救济并在必要时对规范破坏的行为进行惩罚,为实施性规范提供防护和屏障,确保实施性规范能被恰当地遵守。完善保障性规范对刑事审判制度实效实现能起到重要作用。

(一)重整程序违法的救济规则

目前我国刑事审判制度中的救济规则主要有两种:一是 2012 年《刑事

---

① 龙宗智:《刑事庭审制度研究》,中国政法大学出版社 2001 年版,第 295 页。

诉讼法》规定的针对应当出庭作证的证人、鉴定人无正当理由拒不出庭的救济,其方式是对证人可以由法院强制其出庭作证,对鉴定人则是其鉴定意见不得作为定案根据。二是对法院在一审程序中程序违法行为的救济,其方式是主要是通过二审予以发现并撤销原判发回重审。现有的救济规则对于刑事审判制度规则实施的保障显得较为薄弱,主要的问题是救济规则覆盖的程序违法行为狭窄,缺乏程序违法行为的标准,发现和提起救济的主体单一,救济措施不合理。因此,应当重新构建合理的的救济规则。

1. 需要救济的程序违法行为。在审判程序中,控辩双方、法官和其他参与主体都可能违反程序规则,不同主体违反程序行为的表现形式不同,但首先需要明确的是需要救济的程序违法行为是什么,也即要界定程序违法行为的标准。根据我国的刑事审判实践,程序违法的行为有两种类型:一种是明显地违反制度或程序规则,如应当法院应当开庭审理而未开庭,另一种并未明显违反某条制度规则,但实际违反了规则中隐含的正当性要求,如公诉人采取将若干证据打包成整体举证而不逐一举证,又如在审判长未宣布休庭时合议庭成员离席庭审。因此,违反程序规则的行为应当有两种标准:形式违法性和实质违法性。

2. 救济的发现和提出主体。法官作为审判程序中的权威者和主导者,对维护制度规则被严格遵守当然责无旁贷,法官可以依职权主动发现审判程序中控辩双方或其他主体违反制度规则的行为并予以纠正,这也与我国法官在庭审中的职权性特征相符。但是,对违反程序行为的救济不能仅依靠法官发现和提出,程序违法行为的利益关联方当然地有提出救济的权利。程序违法行为损害的是无非是控辩双方的利益。"在一种尊重当事人意见和意志的庭审制度中,诉讼当事人(含检察官)可以对庭审活动中的一切不合法、不妥当的诉讼行为提出异议。"① 因此,应允许控辩双方在审判程序中对程序违法行为提出救济。这还会带来一个好处,即平衡控辩双方的对抗力量。因为检察院握有监督权,公诉人在法庭上实际上可以对其他主体违反程序的行为进行监督,但辩方却没有这种权利。

3. 救济提出的方式和时间。对于程序违法的行为,原则上可以随时提出并予以纠正。法官可以直接对程序违法的行为人提出并纠正。控辩双方则不应对行为人直接提出,而是向法庭或法院提出,由法庭或法院决定是否

---

① 龙宗智:《刑事庭审制度研究》,中国政法大学出版社2001年版,第226页。

应当予以救济。具体而言,如控辩双方申请证人出庭作证,如证人无正当理由拒绝出庭,控辩双方则应向法院提出,由法院决定是否采取救济措施。控辩双方对对方程序违法的行为可当庭向审判长提出异议,由审判长当庭予以回应决定。需要注意的是,控辩双方针对法官的审判行为提出异议应当格外谨慎,只有当法官的行为毫无疑问地违反程序规则时才能提出。此外,对一审中法官程序违法且未得到纠正的审判行为,还应允许控辩双方向二审法院提出抗诉和上诉。

4. 救济的措施。救济规则的目的是使程序违法的行为得到纠正,因此,救济措施的基本方式应有两种:一是程序违法的行为人应当被责令或者被强制重新做出符合规则的行为,二是违法行为的程序效果应予取消。如证人、鉴定人、有专门知识的人若经控辩双方申请而不出庭作证时,其证言应不予采纳,对案件定罪量刑具有重大影响的关键人证应被强制出庭。控辩双方应被法官责令重新做出合法的行为。法官应自行改正其审判行为,其严重且未能改正的违法行为应被二审法院附带理由地将案件发回重审。

(二)构建程序违法的制裁规则

"无制裁则无法律规则",制度规范制定的再精密完备,如果缺乏制裁规则,纯粹依靠行为人自律自觉遵守,制度刚性会大为降低,规范大多只能停留于纸面上而无法获得实效。以往的经验已经完全说明了这一点,如"证人应当出庭作证"的规则如要得到实施,仅有实施性规范并不能解决规则实效,在没有不良后果的情况下,证人完全可以弃规则于不顾而拒绝出庭作证。因此,"如果立法者确实希望人们遵守法律,那么,该法律就要像刑法那样建立较为完善的制裁机制"[1]。

1. 适时增加对警察、鉴定人、专家证人拒证的制裁规则。2012年修订的《刑事诉讼法》为解决长期以来证人不出庭作证的问题,在证人出庭作证制度中增加了制裁规则,即"证人没有正当理由拒绝出庭或者出庭后拒绝作证的,予以训诫,情节严重的,经院长批准,处以十日以下的拘留"。但立法对同属于证人类别、承担同样作证义务的鉴定人、专家证人和警察却网开一面,仅规定"经人民法院通知,鉴定人拒不出庭作证的,鉴定意见不得作为定案的根据"的传闻证据规则,未规定任何制裁规则,对警察不出庭作证则连传闻证据规则都未规定。这种区别对待的政策不利于提高证人出庭作证

---

[1] 陈瑞华:《程序性制裁理论》,中国法制出版社2005年版,第195页。

率,更不符合对证人拒证采取一视同仁地制裁措施的国际通例。当然,立法可能考虑到首次建立证人拒证制裁规则时制度构建不宜激进,但自1996年以来,刑事审判已饱受证人不出庭之困扰,在呼唤和等待了近二十年后,立法仍然谨小慎微,可谓过于保守。因此,应适时全面建立对包括普通证人、鉴定人、专家证人、警察在内的拒证制裁规则,以彻底解决人证出庭接受调查的问题。

2. 构建检察官、律师、法官程序违法的制裁规则。在刑事审判中,作为控辩双方的检察官、辩护律师以及作为裁判者的法官具有遵守刑事审判制度规则的义务,同时,作为法庭权威主持者的法官还具有维护制度规则及各方权利的职责,如果检察官、律师和法官违反或怠于履行这些义务便应当受到相应的惩戒制裁。在实行当事人主义的国家,尤其重视控辩双方法庭行为的合法性,并通常制定检察官和律师共同适用的行为准则,另外针对法官制定单独的行为准则,职权主义国家则通常分别制定检察官法、法官法和律师法,但其中均规定了对相关主体违反司法义务和司法程序规则的投诉、调查和惩戒规则。我国台湾地区于2010年5月18日出台的"法官及检察官评鉴法",其第5条规定将"严重违反办案程序规定""长期执行职务不力""办案态度不佳有损司法信誉"作为对法官和检察官实施评鉴并惩戒制裁的事由。2013年5月23日,台北地区检署林冠佑检察官便因多次在庭审中讯问被告人时出现恫吓、怒骂和讽刺被告人等不当行为而接受检察官评鉴委员会的调查,并最终遭到停职2年的惩戒制裁。① 反观我国相关的法律规定,对相关主体的约束规则多为公职和职业身份上的要求,而在司法行为方面的规则较为弱化和模糊。因此,必须构建检察官、律师和法官程序违法的制裁规则。可考虑对检察官法、法官法和律师法作修改,也可考虑单独制定司法行为准则,明确规定检察官、律师和法官在审判程序中的司法义务和职责,并将违反司法义务和司法程序作为惩戒制裁的事由。

---

① 孙曜樟:《检察官开庭行为失当,北检林冠佑遭惩处》,http://www.ettoday.net/news/20130523/211868.htm?utm_source=feedburner&utm_medium=feed&utm_campaign=Feed%3A%2Bettoday%2Fsociety%2B(ETtoday%2B%E7%A4%BE%E6%9C%83%E6%96%B0%E8%81%9E),2013年9月28日访问。

三、完善相关制度规范

（一）扩大辩护律师调查取证权利

现代辩护制度认为，辩护律师拥有调查取证权是辩护权的基本特征，也是有效辩护的重要前提。从刑事审判制度角度出发，辩护律师的调查取证对尊重控辩对抗，并以控辩对抗为主要证据调查机制的控辩式审判同样具有重要意义。这种重要意义一方面在于实现控辩式审判中控辩平等。控辩平等除了地位平等之外，关键是权利对等，代表国家的控方不能单方垄断对案件事实的调查，否则控辩关系将失去平衡。更为重要的一方面在于，辩护律师的调查取证对于刑事审判中的证据来源、证据调查以及事实认识至关重要。"关于证据之收集，应给予当事人有最大之机会与自由，始能搜集最为充足的证据"，"此乃基于对诉讼结果具有切身利害关系者为当事人，故将证据之搜集与调查，委诸于当事人时，其效率最高，最能达到发现真实之目的之原理"①。当事人主义审判自不待言，其认为"律师是法庭的官员，有义务积极展开调查以帮助法庭了解事实"②。即便传统职权主义审判的国家也承认辩护律师调查取证对证据调查的不可或缺性。如罗科信教授所言："虽则检察机关及法院均必须对案情作广泛的调查，而虽已尽力调查，其仍不免在整个调查资料的收集中，对对被告有利的部分有所忽略了，或对有关部分的作用、影响力做了错误的判断。而为了要平衡这种差距，于是有必要设置辩护人来与法院相抗衡，该辩护人只协助诉讼程序中有利被告之部分的调查。"③

1996年《刑事诉讼法》修改审判方式，弱化审问式引入抗辩结构时，出于各种考虑，立法对辩护律师的调查取证持谨慎态度，致使多年来审判实践中的证据来源几乎完全依靠控方，本应双向性的举证和质证异化为单向性，法庭调查成为对控方证据的调查。多年来学界和律师界呼吁放开辩护律师的调查取证，2012年《刑事诉讼法》修订时对此作出了一些回应。《刑事诉讼法》所规定的律师调查取证的范围和方式仍然沿用1996年的规则，即"辩护律师经证人或者其他有关单位和个人同意，可以向他们收集与本案有关

---

① 黄东熊、吴景芳：《刑事诉讼法论》，台北三民书局1995年版，第18页。
② Justice O' Connor concurred in Gentile v. State Bar of Nevada, 501 U.S. 1030, 1082, 111 S. Ct. 2720, 115 L. Ed. 2d 888(1991).
③ 〔德〕克劳斯·罗科信：《刑事诉讼法》，吴丽琪译，法律出版社2003年版，第148页。

的材料,也可以申请人民检察院、人民法院收集、调取证据,或者申请人民法院通知证人出庭作证。辩护律师经人民检察院或者人民法院许可,并且经被害人或者其近亲属、被害人提供的证人同意,可以向他们收集与本案有关的材料"。不同的是,将侦查阶段律师介入的法律地位从"提供法律帮助的律师"改变为"辩护律师"。据此,辩护律师原来仅在审查起诉后才能采取的调查取证扩展至侦查阶段。这种变化与其说是辩护律师调查取证权的扩张,不如说是辩护律师在侦查阶段地位的改善。1996 年以来辩护律师调查取证所面临的诸多困难并不会因为律师在侦查阶段地位的提升而有任何改变。因此,若想真正改变庭审证据调查的单方性现状以及使控辩对抗发挥实际作用,必须寻求扩大辩护律师的调查取证。未来应围绕如下方面进行:

1. 取消律师调查取证限制。当前辩护律师调查取证主要的限制是,向所有调查取证对象调查取证时均需要征得调查取证对象的同意,且向控方证人取证还需经过检察院或法院许可。这既于法理不容——立法已规定"凡是知道案件情况的人,都有作证的义务",且证人强制作证和拒证制裁制度业已建立,也于人情不通——大多数人在缺乏法律强制力的情况下不会自愿作证的,检察院通常更难以许可辩护人向其证人取证。因此,应在立法中取消对律师调查取证的限制性规定,并明确规定辩护律师有权向有关单位和个人收集、调查取证,有关单位和个人有责任予以配合。①

2. 完善律师申请调查取证。现行立法规定辩护律师可以申请检察院、法院收集调取证据。这里,检察院经辩护律师申请帮助辩护律师调查取证可能只是立法者的一厢情愿,现实中检察官几乎不会照办。个中缘由无需赘述,检方和辩方是诉讼利益直接对立的双方,检方对于帮助自己的对手搜集证据完全缺乏动力。因此,可考虑将法院作为辩护律师申请调查取证的唯一主体。最高人民法院院司法解释规定,辩护律师应当书面申请调查取证并说明理由、写明调查证据的内容或者提纲,法院应当在 5 天内作出决定,不同意的,应当说明理由。根据相关司法解释的规定,法院审查判断辩护律师申请调查取证的标准是"法院认为确有必要"。这里的问题是,法院对辩护律师申请调查取证的审查判断的标准模糊,且裁量权过大,拒绝的形

---

① 取消辩护律师调查取证的限制性规定在我国刑事司法制度上也并非首创,1980 年《中华人民共和国律师暂行条例》第 7 条就曾规定:"律师参加诉讼活动,有权依照有关规定,查阅本案材料,向有关单位、个人调查,律师担任刑事辩护人时,可以同在押的被告人会见和通信。律师进行前款所列活动,有关单位、个人有责任给予支持。"

式过于随意。因此,本书建议,立法明确法院拒绝辩护律师申请调查取证的理由,除了法定事由之外,法院不得拒绝申请。法院拒绝申请必须以书面形式而不得口头或电话拒绝。另外,辩护律师不服法院拒绝其调查取证申请的决定,可以向上级法院申请复议,以寻求救济。这里还需考虑的一个现实问题是,法院本已案多人少,对于帮助辩护律师调查取证恐有心无力。对此,本书认为应当最大发挥司法解释规定的作用,即"辩护律师申请向被害人及其近亲属、被害人提供的证人收集与本案有关的材料,人民法院认为确有必要的,应当签发准许调查书"。立法可规定在一般情形下,包括被害人及其近亲属、被害人提供的证人不愿向辩护人提供证据的情形,均由法院向辩护律师以签发调查令的形式要求相关单位和个人予以配合,由辩护律师持调查令自行调查取证。如果相关单位或个人不配合持调查令的辩护律师调查取证,法院可对相关单位或个人采取相应的处罚,只有不宜或不能由辩护律师直接调查取证的才由法官出面取证。另外,从法理上讲,帮助律师调查取证的法官应与庭审法官分开,因此,从长远看,应建立预审法官制度,由预审法官专司此职。

(二)建立多元繁简程序分流机制

普通审是立法者按照国际标准和本国实际情况设立的一种比较完备的刑事审判制度,随着普通审制度不断地精密和复杂化,以及迅速增长的案件数量,为其所投入的金钱、时间等大量社会资源令各国不堪重负。每一个案件都以完整而严格的普通审予以结案,这在任何国家都是不可能实现的。自20世纪中叶以来,各国纷纷开始建立刑事案件的繁简分流机制,使一些案件通过更为快捷便利的简易程序予以消化,更好地保障普通审的制度实效和正义生产。

综观各国的刑事审判制度繁简分流机制,呈现出三个明显的特征:(1)分流程序类型的多样化。各国均在普通审程序之外创设了用以案件分流的多种简易审程序。如英国制定《1980年治安法院法》通过治安法院设置两种简易审程序分流案件;美国也设置了轻微罪快速审程序和辩诉交易两种分流机制;德国设置了处罚令程序(Verfahren bei Strafbefehlen)和加速程序(Beschleunigtes Verfahren)两种分流程序;法国设置了刑事处罚令、刑事和解、刑事调解和庭前认罪答辩速审四种分流机制;意大利设置了简易审判程序(giudizio abbreviato)、依当事人的要求适用刑罚程序(patteggia-mento)、快速审判程序(giudizio direttissimo)、立即审判程序(giudizio immediato)和处罚令程序(decreto penale di condanna)五种分流程序;日本设置了简易公审程序、略式程序、交通案件即决程序三种。可见在分流程序的种类数量上,有的国家采用一两种,有的采用两三种,多的则达六七种。(2)三种繁简分流的标准。各国分流程序具体适用的条件多样化,但总体上,将刑事案件繁简分流所采取的的标准集中于四种:"轻罪或重罪""被告人认罪或不认罪""被告人自愿(选择)或不愿""事实和证据清楚或不清楚",凡属标准之前者即得以分流程序消化,标准之后者则一般不能被分流。另外,四个标准并非不是单独采用,而是采取双重标准,或者集合第一、二种,或者集合第二、三种,或者集合第一、三种,或者集合第三、四种,或者集合第一、四种。即"轻罪且被告人认罪""被告人认罪且自愿""轻罪且被告人自愿"。如英国治安法院的分流程序采取轻罪且认罪;美国的快速审程序采取轻罪且被告人自愿,辩诉交易则采取被告人认罪且自愿;德国的处罚令程序采取轻罪且被告人自愿,加速程序采取轻罪且事实和证据清楚;意大利建议审判采取轻罪且被告人自愿,快速审判程序采取被告人认罪且自愿;日本简易公审采取轻罪且被告人认罪,略式程序采取轻罪且被告人自愿。此外,还有采取三重标准的,如意大利的依当事人的要求适用刑罚程序采取轻罪且被告人认罪且被告人自愿。(3)分流机制中均有不经审理径行裁判的程序。各国分流机制中所设立的程序均有不经开庭审理而径行裁判的程序,以便最快速便捷地处理一些案件。如英国治安法院简易审程序均可径行裁判,三个月监禁处罚以下,被告人甚至可以不到庭而径行缺席判决。美国的辩诉交易、法国和德国的处罚令、意大利的依当事人的要求适用刑罚程序和处罚令程序、日本的略式程序均如此。这些国家设置的不经开庭审理而径行裁判的分流程序一般采取了被告人认罪且自愿的标准,或者另外加上轻罪的三重标准。(4)分流程序消化大量案件。各国以分流机制消化了大量案件,据数据统计,早在20世纪末,各国分流处理的案件数占案件总数的平均比例就已达80%以上,且随着分流机制不断地改进和创新,这一比例数字仍有增加的趋势。英国治安法院以简易审分流的案件高达97%,美国以辩诉交易结案的比例高达90%以上,意大利分流程序消化80%的案件,日本分流程序消化94%的案件。换言之,各国真正以普通审程序处理的案件数只占案件总数的10%左右。

我国在1996年《刑事诉讼法》中首次设立了简易程序的分流机制,当时采取了三个标准:事实清楚、证据充分;辩方对所指控的犯罪事实无异议;可能判处 3 年徒刑以下刑罚。这实际上采取了事实证据清楚、被告人认罪和轻微罪三重标准。这三重标准的组合相比上述各国分流程序所采取的标准均高,且如此高标准下,并非采取类似不经开庭审理而径行裁判的方式,而是采取将普通审程序简化的方式。如此一来,能进入简易程序的案件数量并不在多数,分流消化的案件只占案件总数的 30% 左右。2012 年《刑事诉讼法》修订将简易程序适用标准修改为:事实证据清楚;被告人认罪且对指控犯罪不持异议;被告人自愿选择。新法的简易程序取消了轻罪标准,增加了被告人自愿标准,加之新法对级别管辖的改变,基层法院可以审理无期徒刑以下的案件,应当说简易程序的适用范围在总体上扩大了,但其能发挥多大的分流能力有待于进一步实践的观察。基于刑事审判规律和以往的经验,如果分流机制无法发挥功能快速消化大量案件,整体司法资源仍然无法支撑普通审这一最基本而重要审判制度的资源所需,普通审中若干制度和程序折扣执行、异化执行等现象便无法缓解。因此,应继续完善刑事审判制度的分流机制,强化其繁简分流能力。

1. 建立多元分流体系。新的简易程序扩大了适用范围,理论上提高了分流能力,但分流机制实质在于提高分流案件的处理速度,以最小的司法资源投入处理尽可能多的案件,如美国轻微罪快速审理程序,一个法官一个上午可以处理十几件或更多的案件。① 仅靠一种简易审程序实现分流,效果必然不佳。放大一种简易审的适用范围,毕其功于一役的做法并不符合大多数国家刑事审判繁简分流的制度经验,其分流价值也会很有限。因此,未来仍应考虑建立多元化的刑事审判分流体系。(1)设立直接量刑程序。对可能判处拘役、管制、单处罚金和拘役、有期徒刑缓刑及免于刑事处罚的轻微罪案件,可采取不经开庭审理而径行判决的最简化程序,以快速大量消化。适用条件为事实清楚、证据充分;被告人认罪对指控犯罪事实不持异议;被告人同意适用。公诉人可以建议法官适用,法官认为符合适用条件也可以征得控辩双方同意后适用。具体程序为,独任法官召集公诉人和被告人到庭,经法官讯问被告人确认其认罪并自愿即可作出量刑判决,无需开庭,判决宣告前被告人拥有变更程序权。此程序可在 5 日内结案。(2)设立中国式诉辩交易。诉辩交易在美国运行成熟,分流效果巨大,其在我国也有过实践尝试,取得了一定的经验,学界对其也有过集中深入的讨论,可以考虑加

---

① 杨宇冠、刘晓彤:《刑事诉讼简易程序改革研究》,载《比较法研究》2011 年第 6 期。

以改造后设立。诉辩交易在美国无刑期范围限制,就我国而言,应设立一定的交易范围,如10年以下有期徒刑案件。作为交易的基础,被告人认罪并同意交易后,应给予公诉人从轻处罚建议权,并设置相应的从轻幅度。考虑到我国被害人具有当事人地位,诉辩交易应取得被害人的同意。另外,诉辩交易必须有辩护律师的参与。具体的程序可为,独任法官开庭,控辩双方到庭,法官审查确认被告人对诉辩交易的"自愿性"和"明智性",确认被害人同意诉辩交易,法官即可确认诉辩交易有效,接受控辩双方的协议而作出判决。同样,被告人在判决作出之前可以请求变更程序。

2. 分流体系配套简化。案件的简化审是一个全面的过程,要真正提升刑事审判制度的分流处理能力,仅靠庭审简化还不足以做到。还应寻求庭审外的配套简化才能实现。具体而言,有以下几个方面:(1)起诉书细化。起诉书细化是消除被告人侥幸心理、使被告人同意适用简易程序的关键,对于提高简易程序适用率具有重要意义。起诉书细化可以重点从指控事实表述、证据列写、法律依据援引等方面入手,要详细写明整个犯罪经过,犯罪时间、地点、人物、情节、手段、犯罪结果等各要素不能随意删减。对引用的每个证据要扼要说明证据内容和能够证明的事实。对法律依据要完整援引其内容等。(2)判决书简化。判决书根据程序简化的程度不同进行相应的简化。如直接量刑程序和诉辩交易,因未经过开庭,所以不应再写案件由来和审理经过,指控内容只写犯罪事实,证据情况也可以略去,"经审理查明"部分,可以略去,改为"对公诉机指控的事实,本院予以确认"一句话。如此,判决书就剩下以下几部分:被告人个人情况、指控的主要内容和辩方意见、法院对指控内容和辩方意见的确认和采纳情况、犯罪行为的法定特征、行为的刑事违法性、援引法条、处罚结果、救济方式等几部分。经过开庭的简易程序审理,还应简写开庭审理经过,未经过质证的,证据情况可以略去,经过质证的要概括写出质证和认证情况。总之,分流程序的判决书应当尽量简化,避免洋洋洒洒动则万言,以节约法官的时间。(3)庭后程序简化。以往庭后法官撰写报告、庭院审批、审委会讨论决定这些做法既造成正式制度实效降低,又极大消耗司法资源和法官的时间、精力。这些做法在短期刑事审判制度内外部综合条件未实质性改之前可能难以革除,但如在分流程序体系中仍然存在,无疑将使分流体系失去存在的意义。因此,必须从分流程序体系开始寻求刑事审判内部运作的改变,如果分流程序体系中还无法革除这些现象,刑事审判制度将无任何前途可言。因此,法院必须下决心保障法官在分流程序体系中的独立审判权,彻底消除正式制度以外的内部运作。

第三节 改革刑事审判运行体制

一、改革司法权力体制

(一)回归刑事司法本质属性

刑事审判的性质和功能的准确定位是刑事审判制度的逻辑中心,其既关照制度的整体设计,更影响制度的日常运行。长期以来,我国刑事审判的性质严重偏离司法本质属性,体现出浓厚的工具化的政治属性。《人民法院组织法》自 1979 年以来历经两次修订,但开篇对人民法院性质和任务的定位并未改变:"通过审判活动,惩办一切犯罪分子……以保卫无产阶级专政……保障国家的社会主义革命和社会主义建设事业的顺利进行。人民法院用它的全部活动教育公民忠于社会主义祖国,自觉地遵守宪法和法律。"刑事审判性质的错位使得其功能发生扭曲,法院和法官事实上不是公正审判的维护者和裁决者,而是"犯罪活动惩办者""无产阶级专政制度保卫者""社会主义事业护航者"和"公民爱国守法的教育者"。刑事审判在不同历史时期,根据国家治理者的需要充任着各种司法外的角色,不适当地发挥着作用,在镇反肃反革命运动中充当"刀把子"、为经济发建设保驾护航、积极参与各类严打行动、为维稳提供有力支持。刑事审判的政治性要求法官和法官"顾大局、讲政治",配合侦控机关形成联合打击,追求惩罚犯罪之结果。事实上,政治性已将法官变成了警察和检察官的延伸,司法功能变成了定罪功能。如同中国司法理论和法院建设开创者董必武所言:"法院这个工具是用来扫除社会主义建设事业的障碍。"[①]正当的制度安排,精巧的程序设计不会给惩罚犯罪带来便利,完全遵照适用反而会成为障碍,软化制度规则,甚至采取潜规则则更有利于刑事审判的政治任务的达成。法院会尽力守住不制造冤假错案的底线,因为这会给其带来灾难性后果,至于遵守和维护制度规则则通常被忽略和漠视。

刑事审判性质的错位和功能的扭曲是刑事审判实践中各种乱象的深层

---

① 董必武:《董必武法学文集》,法律出版社 2001 年版,第 419 页。

次重要原因,不对此进行彻底的反思和重构,刑事审判制度实效不会得到根本扭转。因此,必须还原刑事审判权的司法性,即严格按照法律对刑事指控进行审理后作出判定,除此之外,刑事审判不应肩负其他与此相违背的性质。对此,应当考虑从如下几个方面入手:

1. 形成共识。正确认识刑事司法权的性质才能对刑事审判有正确的要求和期待,因此,形成共识非常重要。执政党、政府、人大、社会公众都应当充分认识到刑事审判的性质是对刑事案件作出裁判,惩罚犯罪只是法院严格根据法律作出有罪裁判并量刑后国家刑罚权实现的外在效果而并非法院应当追求和完成的任务,绝不能将刑事审判视同和侦查、起诉一样的打击力量,否则将动摇刑事审判制度的逻辑根基,并给制度运行带来种种乱象。

2. 提高侦诉能力。刑事审判定罪功能向裁判功能的回归必然使"联合打击力量"不复存在,这要求必须有强有力的刑事犯罪指控,否则法院难以作出有罪判决。因此,提高侦诉能力对于犯罪的控制和治理目标的达成便显得非常重要。

3. 修改《法院组织法》。将《法院组织法》中对法院性质任务不适当的表述予以清除,并明确规定"法院是国家审判机构,其任务是严格遵照法律,通过审理作出公正判决。法院在审判过程中必须维护国家法律权威"。相应地,国家和社会对法院的要求不应再是每年作出多少有罪判决,有力惩罚了刑事犯罪,而应当是法院是否对刑事指控作出了公正的判决并维护了刑事审判制度的严格适用。

(二) 理顺公检法之三方关系

《宪法》和《刑事诉讼法》中规定的三机关关系为"分工负责、互相配合、互相制约"原则。长期以来,司法实践中的三机关关系并未将这一充满辩证法意味的原则规定落到实处,表现为:一方面,片面强调互相配合,而分工负责和互相制约严重不足,典型的方式如"公检法联合打击"或"检察院提前介入审判"等。对此,一个形象的说法是公检法本应当是"魏蜀吴——三足鼎立"的关系,结果却变成了"刘关张——桃园结义"的关系。另一方面,法院即便欲在刑事审判中树立权威地位,对侦控形成制约,也有心无力,因为侦查机关和检察机关的实际地位高于法院,二者能对法院形成制约,反之则难。三机关关系的不顺极大地影响刑事审判制度的运行,因此,必须重新理顺公检法三机关的关系。对于法院配合侦控机关的问题实际上是刑事审判政治性的要求,因而可以通过上述还原刑事审判的司法本质属性得到解决,法院一旦只需关注公正审判而无需承担打击和惩罚犯罪的功能,便不再需要配合侦控机关了。因此,这里理顺三机关关系是从实现法院在刑事审判中的权威性并对侦诉机关形成有效制约,进而恢复审判制度实效的角度而言。

1. 法院与公安机关的关系。公安机关并不直接参与刑事审判活动,在刑事审判制度中本不涉及法院和公安机关的关系,但因为公安机关在党政权力体制中的高配地位及其强势的话语权,使得公安机关实际对刑事审判和法院形成了相当程度的制约。"公安机关的地位得以提高,甚至具备了指挥本级法院、检察院的能力。支持这种政治组织模式的直接理由是便于公安机关打击犯罪,维护和保持安定团结的社会局面,但其消耗的制度成本和付出的信任代价也是难以估量的……这种情况下,案件的最终裁判结果很有可能取决于公安机关特别是兼任公安局长的政法委书记的意图。"① 对此问题,首先需要明确的是,公安机关地位的提升其实本身并不会直接导致制约法院的刑事审判,问题的关键在于我国法院实际也处于党政权力体制之中,刑事审判并不独立,因而造成公安借助党政体制之中的强势话语权制约刑事审判的局面。因此,解决此问题的终极方案应当是实现司法独立,即当法院独立审判,不受任何干涉时,问题自然迎刃而解。但在司法独立未能实现之前,如何解决这一问题需要进一步研究。本书认为,在当前法院独立审判短期内无法实现的前提下,应考虑在党政权力体制中阻断公安机关制约法院的通道。针对目前公安机关在权力体制中的地位现状,公安局长和政法委书记必须分任。自2010年起,按照中组部的要求,省级公安厅局长不再兼任政法委书记,目前全国大部分省已作调整,但省级以下的权力体系中则未受影响。对此,应当进行彻底分离改革,中央、省、市、县区四级权力体制中应完全实现分任。

2. 法院与检察院的关系。目前在刑事审判中法检关系的异化主要是检察院以法律监督之名行使公诉权,削弱了法院的审判权威,对法院的审判活动形成了过分的制约和压力。如在庭审中,法官面对公诉人不当的诉讼行为一般不愿干涉或制止,对案件的实体判决特别是作出与检察院指控建议不一致的判决时会受到来自检察院较大的压力。对此,本书坚持认为,根本有效的解决方案还是应当重新解释并构建检察院的监督权。就我国当前

---

① 韩大元、于文豪:《法院、检察院和公安机关的宪法关系》,载《法学研究》2011年第3期。

的情况而言,更需要检察院发挥的监督职能是一般监督,即对国家机关、社会组织和公民遵守法律所进行的监督。至于法律监督,即对立法、执法和司法活动的监督,当然也需要发挥职能,但涉及诉讼监督时应倍加谨慎,决不能违背诉讼规律和司法原理。当前,一般监督权在法律上已无依据,而法律监督中的立法和执法监督,检察院几乎无所作为。进而,检察院对司法活动,即诉讼监督,尤其对自身参与的刑事诉讼监督尤为看重。而在刑事诉讼监督中,由于公安机关较高的地位和强势话语权,检察院对立案和侦查监督碌碌无为,审判监督实际成为检察院最看重也最容易实现的监督职能。而恰恰是审判监督,理论上无法自圆其说,实践中又造成诸多问题。当然,本书并非认为刑事审判无需任何监督,只是监督的主体、形式和方法应符合诉讼规律和审判原理。事实上,不论对于审判程序违法还是实体判决不当的问题,检察院均能通过抗诉予以解决,另行赋予检察院所谓的审判监督既是画蛇添足,又会导致新的弊端。另外,在刑事审判中,检察院本身就存在一些不遵守程序规则的行为,何谈监督之客观。如台湾学者黄东熊所言,"检察官究竟能否固守'在世界上最有客观立场之官员''帮助法院发现真实之机关'之地位","有几个检察官能独善其身保持客观立场?"①因此,检察院的诉讼监督重点应是对公安机关的监督,即立案监督和侦查监督,对于审判监督应当进一步弱化直至取消。在刑事审判中,检察院应通过正常的公诉权、抗诉权的行使实现对法院进行必要的制约。在庭审中,检察院认为庭审程序或者法官的审判行为存在违法之虞的,可以以庭审异议的方式提出,由法官裁决,裁决结果在庭审中检察院必须接受,以维护庭审秩序和法官权威,但允许检察院不服庭审异议裁决而提出上诉。另外,检察长列席审判委员会的做法必须坚决予以取消。

(三)逐步保障实现审判独立

审判不独立是影响刑事审判运行并造成制度实效弱化的根本性原因。审判独立是司法独立的核心问题,当今各法治国均着力实现司法独立,司法之独立,审判必然独立。在我国,司法独立不仅是最难之难题,且是敏感噤声之话题。现阶段,我们无从预估司法独立何时能够实现,但必须明确的是,对于刑事审判而言,审判独立是基本条件和基本准则,是常识、底线,不可回避,不可退却。只要审判尚未独立,刑事审判无往不处于被干涉或影响

---

① 黄东熊:《中外检察制度之比较》,台湾"中央"文物供应社1986年版,第101页。

的危险中,制度刚性会遭受严重削弱,刑事审判各种乱象势必继续存在。甚至可以说,只要审判不独立就没有真正意义上的刑事审判。司法独立一时难以突破,但审判独立已为《宪法》和《刑事诉讼法》所规定,应当彻底予以实现。因此,在司法独立短期内难以实现的前提下,如何绕开宪政意义上的司法独立,通过制度设计先行实现审判独立是亟需解决的重大问题。对此,本书认为按照刑事审判制度规则,个案不被干预是审判独立的核心内容和终极判断,可在如下两方面同时着手:

1. 立法明确昭示审判独立。"名不正则言不顺"。实行审判独立必须以立法形式向全社会发出清晰而明确的信号。由于个案之审理和判决皆由法官个体所行为,审判独立的实质和落脚点是"法官独立审判"。因此,必须在国家基本法和司法专门法中明确昭示法官独立审判,即在《宪法》《法院组织法》和《刑事诉讼法》中明确规定"法官独立审判,只服从法律"。对此,最可能担忧和反对的意见是法官独立审判或将削弱党对刑事司法的领导,以及法官的素质仍不适宜实行审判独立。对前一个反对意见,本书认为,如果说1982年修改《宪法》时对此还存有一些思想顾虑,那么到了今天,"服从法律,就是服从党的领导","法律是党领导人民制定的"等观念已经普及并深入人心,"法官独立审判,只服从法律"应该是顺理成章的事了。实行法官独立的国家,包括一党执政国家,如新加坡,没有一个削弱了政党的地位和领导权,相反,法官独立只会有助于政党执政的正当性和权威性。对于第二个反对意见,看似有道理,审判独立的确需要高素质能力的法官予以支持。但必须清醒地认识到,高素质能力的法官是在独立审判中逐渐形成的。始终不实行审判独立,法官没有独立审判的实践积累,高素质能力的法官永远不可能形成。而且,我国法院目前也有相当数量的经过长期历练,具有充分刑事审判经验的资深法官,具备实行独立审判的起步条件。另外,实行审判独立的过程中,也肯定会出现因为法官素质和能力的欠缺而出现问题甚至乱象,但这是必须经历的过程,不能因此退步或放弃,必须坚定审判独立的目标,允许法官犯错的同时积累经验。有学者认为,实行审判独立中可能出现的问题不会比当前不实行审判独立所出现的诸多乱象更坏了。

2. 法院审判独立。法院审判独立主要是防止外部因素对审判的干涉,而能够干涉刑事审判的外部因素主要来自于党政权力机构。因而应当设法阻断党政权力机构对法院审判不当干涉的通道。对此可考虑的方案是:应将法院从现有相关的党政权力机构中剥离,如法院不再作为政法委员会和综治委员会的下辖成员单位或办事机构,法院院长不再兼任上述委员会的委员。相关委员会可以邀请法院院长或相关人员参加必要的会议或向法院发送相关资料,以使法院审判了解掌握相关事宜,但相关委员会不得就个案召集法院召开协调会。考虑到目前我国处于转型期,各种社会矛盾尖锐,法院必须在一定程度上考虑刑事审判的社会效果问题。对此,可建立法院和相关委员会信息沟通机制,相关委员会就重大、影响面广的个案可向法院事先发出"案件社情分析和审判建议"供法院研判参考,以助于法院作出更准确适当的判决,但该建议书对刑事审判不具有拘束力。另一方面,人大监督法院审判也须规范。人大作为立法机关,其监督的对象应是法院对法律的遵守和实施,包括法院是否独立进行审判,而不是对个案裁判处理进行监督。因此,人大监督的对象应是法院或法官违背法律,尤其是违背刑事审判制度或程序规则的行为。而且,人大监督的具体主体不应是人大代表或其他工作人员个体,至少应归于常委会或常委会主任会议。此外,人大对审判的监督应当是应事后申诉而启动的被动监督,时刻主动的审判监督或对正在进行中的案件进行监督无异于对审判的干涉。并且,当事人放弃权利未上诉或申请抗诉的案件,人大不应受理申诉。最后,在监督方式上,应制定专门的调查程序,调查发现法院或法官存在违反审判制度或程序规则的行为时,仅根据该行为作出处理建议,如符合相关审判救济程序的建议启动救济程序,如达到相关惩戒制度规定的建议对相关人员启动惩戒程序。

审判独立除了法院独立,还涉及另一个重要方面,即法官的独立审判,而法官的独立审判问题颇为复杂,应从革除法院官僚体制进行整体重构,对此将在下一部分予以论述。

二、改革法院管理体制

(一) 革除法院官僚体制

法院内部长期以来的官僚制建制及其运作是阻碍法官独立审判的最大障碍,也是异化刑事审判运行的最主要原因之一,不下决心予以破除,刑事审判制度实效不可能扭转。此外,一旦对审判独立进行体制改革,除了使法院整体独立审判以外,革除法院内部官僚体制,使法官获得独立审判空间是必然选择,否则审判独立将半途而废。目前将法官视同为公务员进行管理是法院官僚制建制的逻辑前提。因此,将法官整体从公务员管理体制剥离出去并按照司法规律重构法院管理体制才是革除法院关联体制的终极目标。但这将涉及法院系统一系列复杂而系统的改革,不可能在短期内完成,但可以先迈出一步,对法院内部的审判业务官僚制流程作彻底的革除,以改善刑事审判制度实效。

1. 改革院庭关系。目前法院内部审判业务的管理流程主要是法官审案——审判长、庭长、院长审批签发的方式。切断这一内部流程,使法官独立审理并作出最终裁判是改革的目标。对此,本书认为在院长、庭长和审判长具有行政级别和行政管理职务,也即院、庭长和普通法官存在行政官僚隶属关系,院、庭长可以携行政职务对普通法官发号施令的前提下不可能真正解决这一问题。因此,必须采取釜底抽薪的方式,改革法院院长和庭长的行政职务。具体的方式是,法院院长一职可以继续保留,推举品德优良、德高望重并具有深厚法律素养和司法经验的资深法官担任,但法院院长仅具有该院审判能力的象征意义而其不具有实质的行政级别。业务庭庭长一职如不能一步到位取消的话,也可以考虑上述虚化行政职务的方式,推选这一领域,如刑事审判领域从业十年以上的资深法官,担任庭长职务,象征刑事审判庭的审判能力,但不具有行政级别。刑庭庭长可以对其他刑事法官进行审判业务指导,可以指定合议庭的组成和审判长,并在自己参与的合议庭中充任审判长。庭长也可以应其他法官的要求参与某案件的审判并担任审判长。如此一来,院长、庭长、其他法官均是直接参与案件审理的法官,三者之间不存在任何行政职务隶属关系,仅在资深程度、职业级别和司法技艺的强弱高低有所不同。院长、庭长作为资深法官为其他法官展示审判经验,其他法官向院长、庭长学习司法技艺。

2. 改革审判委员会。目前的审判委员会主要是作为审判组织而存在,因而存在分割合议庭和法官独立审判权的现象,并且实践中的审委会不断自我扩权,将越来越多的案件纳入其讨论决定的范围。对多年来的积弊,也应采取釜底抽薪的解决办法,彻底改革审委会。在现阶段难以一步到位取消审委会的现状下,改革的重点是剥离审委会讨论决定个案的职能,即合议庭不再将任何案件提交给审判委员会讨论决定。审委会讨论决定个案的立法背景是特定历史背景下我国法官群体的法律专业背景不强,司法技艺不高,一些疑难或复杂的案件难以下判,因而提交审委会发挥法院集体智慧,以民主集中方式讨论决定。时过境迁,通过近二十年来的司法专业化努力,我国法官的整体素质已有显著提高,难以下判的案件已微乎其微,为解决一个微小的问题而仍然采取突破司法规律、软化制度刚性的方式实在得不偿失。并且,即便是疑难、复杂案件的判决问题,也应当用判例制度等司法内的方式,而不是司法外的方式予以解决。事实上,当前司法实践中进入审委会讨论决定的个案大多已无关疑难、复杂,如拟判处无罪或缓刑、涉访情况等。另外,当前审判委员会的运作还衍生出了两种错位功能:一是法官转移审判风险和压力。法官将有证据瑕疵但又无法判处无罪或预估会有上诉、上访可能的案件提交审委会讨论决定,以转移个人审判压力和风险。二是滋生黑箱操作。苏力教授根据其观察提出,审判委员会具有防止外部因素干扰法官审判的功能。① 但另外一方面,审委会的存在及其运作方式使得关系案和人情案可以跨越主审法官和合议庭,以一种更隐蔽而有效方式在审委会的讨论决定中实现。因此本书认为,当初审委会讨论决定个案的法定理由如今已丧失存在必要性,而审委会侵蚀审判独立的种种弊端已不容再坐视,彻底取消审委会讨论决定个案的职能应当并完全可以剥离。考虑到现阶段我国社会处于矛盾多发易发的转型时期,有大量刑事案件的判决体现法官对法律和社会政策的理解和适用,为使法官和法院在独立审判的同时更好地体现刑事判决的社会效果并推进社会转型,可以考虑取消审委会讨论决定个案职能的同时,赋予审委会向法官发出"刑事审判指导性意见"的权力。具体设想是,一方面,政法委可以在个别影响面广、社会矛盾尖锐的个案中向法院发出"案件社情分析和审判建议",对此可交由审委会负责具体研判,并由审委会讨论决定是否需要向案件审理法官发出"刑事审判指导性意见"以供法官判决时参考。另一方面,审委会也可以应个案审理法官之请求,对个案进行研判后发出"刑事审判指导性意见"。但需要指明的是,"刑事审判指导性意见"的内容应是对个案所涉及的复杂社会关系和矛盾的提示,以及相关法律和社会政策的阐述,而不应涉及定罪量刑的具体建议。另外,"刑事审判指导性意见"仅供个案审理法官作判决之参考,而不具有约束力。

(二) 改革审判管理体制

我国法院制定考评指标体系实行内部管理是近年来的事情。研究制定的时间较短,加之长期以来我国法院未将自己与普通政府机构严格区分,内部管理基本参照政府机关绩效考评的方法和技术建立,因而考评体系行呈现出"政化考评"和数目字管理"两大明显特征。最高人民法院倡导下建立

---

① 苏力:《基层法院审判委员会制度的考察及思考》,载《北大法律评论》1998年第2期。

的全国法院系统考评管理指标,最大的弊端就是未充分考虑并尊重司法原理和审判规律,削弱了本已脆弱的审判独立并进一步加剧上下级法院以及法院与法官之间的官僚运作。当前,由于考评管理体系与法院和法官的切身利益挂钩,日常的司法活动中,法院和法官宁可牺牲刑事审判法律的刚性以求全达到考评管理体系的要求,造成立法制度实效的严重下降。因此,按照司法规律的要求改革并重构法院考评管理是重大而紧迫的问题。本书认为涉及以下几个方面应当予以厘清:

1. 考评对象应注重法官履职行为和能力,而非审判质效。此乃当今各主流法治国司法管理之通例。如美国在20世纪60年代以来实行专业化的法官管理,其中的重点是对法官的考评,大多数州均重点考评法官的审判行为、法学研究、司法管理、沟通技巧和社群关系等能力。① 日本的法院管理着重考察法官的执行职务之能力、健康情形和人格性格特征,其中执行职务之能力包括了工作效率(处理案件的速度、指挥法庭之熟练度)、督导能力(担任审判长、庭长之能力等)、法律学识及学养。② 德国的法院管理则将法官考核情形大致分为专业知识、理解能力、言语表达能力、文字表达能力、处理能力、待人接物、沟通技巧、贯彻能力即吃苦耐劳九项。③ 而我国的法院管理主要集中于审判质效管理,并强调对审判效率或效益的考评。如最高人民法院法官所言:"审判管理是那些与审判案件相关的实务的管理,如案件流程管理、案件质量管理和效率管理(绩效评估)。"④法官的履职能力只在"德、能、勤、绩、廉"这种与普通公务员无异的整体评价中占据微弱的比例。至于为何法院考评管理的对象应是法官的履职能力而不是司法判决本身,《美国律师协会法官行为评估指南》前言中给出了最佳解释:"法官既不是机器人也不是神,他们是人,是有长处也有弱点的人。他们有不同个性、不同理解力、他们用不同的方法对待法律和公正。因此要提高司法质量,就必须关注法官的技能、学习、活力和耐心,关注他们对日常工作的认真和热心,关注他们对关键事物的判断,关注他们对案件当事人和律师的礼貌,关注他

---

① 参见刘君毅:《法官适格问题之探讨》,台湾中正大学2001年硕士学位论文,第85页。
② 台北"司法院"秘书处:《考察日韩两国司法制度报告》,载《"司法院"暨所属机关出国考察报告汇编(一)》,1982年,第70页。
③ 参见孙谦、郑成良:《司法改革报告有关国家司法改革的理念与经验》,法律出版社2002年版,第34页。
④ 蒋惠岭:《关于二五改革纲要的几个问题》,载《法律适用》2006年第8期。

们其他更多的品质,无论是后天的,还是先天的。"①

2. 考评主体应客观中立,而不是上级考核下级。考评主体拥有对考评对象的履职行为作出评价的资格,如果考评主体与考评对象具有职务或职能上的联系,则事实上极易使考评对象屈从奉承考评主体。官僚组织的考评管理中常常采取上级考核下级的方式,但这符合官僚组织"首长代理制",即上命下从的行动逻辑特点。如果在法院这一强调审判独立性的司法机构中也采取上级考核下级的方式,审判独立性则势必荡然无存。因此,大多数法治国均不在法院管理中采取上级考核下级的方式,而是另外设置独立机构,如"法官适格委员会""司法委员会""法官委员会""司法促进委员会"等主体对法官进行考评。极少数未采取独立主体考评体制的国家,如德国采取职务监督权人(法院院长及其所授权的庭长)对法官进行考核,因而招致广泛的批判。② 当前我国法院采上下级考核方式,即最高人民法院考核全国地方法院,上级法院考核下级法院,法院领导考核法官的方式,进一步强化了法院系统的官僚制作风,使得案件庭院审批,向上级法院汇报请示的方式随之大行其道。因此,必须放弃上下级考核方式,重新考虑并设计出独立于司法职务和审判职能之外的法院考评主体。

3. 考评的方式应当合理,而不得违背司法规律。当前我国法院采取的考评方式是"绩效量化",基本做法是将考评对象,即"审判质效"细化为若干指标并予以数目字考核。这里必须考虑两个问题:一是绩效量化方式是否适用于审判工作的评价? 现代绩效评估公认是被应用于公共管理领域内对公共部门履行职责实现某种结果及其过程的评定和估价,其针对的是政府组织、非营利组织(第三部门)以及公共企业(第四部门)等特定的社会组织。③ 这种以经济、效率和效益为三个综合性指标范畴,被西方学者称为"面向结果的公共项目管理"完全是以政府官僚组织的内在价值趋向和行动逻辑特征为中心展开的。④ 西方学者曾明确提出不应该用绩效指标(meas-

---

① 转引自怀效锋:《法院与法官》,法律出版社 2006 年版,第 579 页。
② 参见刘君毅:《法官适格问题之探讨》,台湾中正大学 2001 年硕士学位论文,第 71 页。
③ 参见胡宁生:《公共部门绩效评估》,复旦大学出版社 2008 年版,第 5 页。
④ See Kearney, Richard C., *Evan M. Berman*, Public Sector Performance: Management, Motivation, and Measurement, West View Press, pp. 1—2.

ure)对具有专门性知识的工作进行直接管理①,这也许是为何在最早研究并使用绩效量化的欧美国家却并没有将其适用于对法院审判事务的管理的原因。对此我国法院大张旗鼓进行的审判绩效量化管理是否具有合理性应当重新评价。二是即便对审判进行绩效量化管理,也不应违背基本司法规律。当前绩效量化中的诸多指标设置并未考虑司法审判的专业性、复杂性,其隐含的评价逻辑与司法规律不符,甚至完全相悖。如上诉发改率,实际是以上级法院的二审认定评价一审判决质量,其暗含的是"权大真理多"的逻辑。又如结案率,实际是抹杀个案之间复杂程度的差异性,将案件审结时限一刀切,暗含的逻辑是效率价值优先于程序公正。

4. 考评结果的利用是评价和激励,而并非奖励和惩罚。法院管理的目标是为了帮助法院公正、快速而且经济地处理提交给它们解决的纠纷。② 因此,各国重视法院事务管理,建立对法官的考评机制,目的是通过司法化的管理手段激励法官公正高效地办案。尽管考评会对法官的履行职务表现划分不同档次,如"优异、良好、一般、较差"等,但这些考评结果虽然会成为法官未来的履职和升迁评价的参考,但并不会被利用于对法官直接进行赏罚的依据。《美国律师协会法官行为评估指南》这一目前全美最完善和权威的法官评估指导文件中明确指出,考评法官的首要目的是改进法官个人和法官整体的工作,评估的结果与评估的目的相一致,即帮助法官改进工作和完善法官的培训计划等,不用于续职和处分的目的。这种方式亦是大多数国家和地区的法院管理中所遵循的原则,即对法官考评结果的利用是评价和激励,而并非奖励和惩罚。如实行职业法官制的德国,对法官考核之目的在评定被考核人之适格能力及工作成绩,以为将来升迁之参考,但不直接产生法效果,不影响被考核人之身份、财产关系,考核权和惩戒权界限分明。③ 我国将对官僚制公务员进行评估管理的绩效考评用于对法官进行考评管理,利用考评结果来"奖励或惩罚公共组织"这一绩效考评的特点④,也被用以

---

① Robert S. Kravchuk, Ronald. W. Schack, Designing Effective Performance-Measurement Systems under the Government Performance and Result Act of 1993, *Public Administration Rev.*, Vol. 56, No. 4(1996), pp.348—358.

② Russell Wheeler, *Judicial Administration: Its Relation to Judicial Independence*, 23 (National Center of State Courts, Publication No R-106, 1988),转引自〔美〕理查德·波斯纳:《联邦法院——挑战与改革》,邓海平译,中国政法大学出版社 2002 年版,第Ⅳ页。

③ 参见刘君毅:《法官适格问题之探讨》,台湾中正大学 2001 年硕士学位论文,第 71 页。

④ 参见张成福、党秀云:《公共管理学》,中国人民大学出版社 2001 年版,第 271 页。

对法官实施考评后的奖惩。法官的升迁、晋级、评先甚至收入多寡这些法官个人的直接利益皆与考评结果挂钩。如此情况下,法官作为一个合理关切自身利益的人,无疑会力求达到考评要求,尽管考评指标的设置不尽合理。并且,有些考评结果的惩罚利用对法官而言近乎严厉和苛刻,如法官对案件定性的错误会被认定为"错误的裁判",进而"违法裁判率"的指标便会不达标,法官为此将遭受严厉的责难。对此,美国学者史蒂文·鲁贝特教授曾指出:"在法官滥用职权、行为有损尊严和、存在偏见或不审而判,玩忽职守、无视法律等情况下,要求其承担责任,很明显几乎不会对其独立性造成任何威胁。但在有些情况下,对法官进行惩戒,可能会危及到审判独立,其中最重要的威胁就是根据法官裁判的内容进行制裁。尤其是法官善意地将法律适用于疑难案件,但作出的裁判具有争议或不合公众口味,甚至错误时,对法官施加制裁或可能施加制裁,必然导致法官变得胆小谨慎,因为担忧和疑虑使得他们宁愿选择安全的方式而不是裁判的正确。"[①]

(三) 改革法院经费体制

当前我国法院历经 1996 年、1999 年和 2007 年三次改革诉讼费用管理办法,确立了"收支两条线"体制,其核心是法院诉讼费用全额上缴财政,法院经费保障由地方财政根据预算安排拨付。这一体制部分解决了此前长期存在的法院多收费、乱收费现象,但却造成了法院经费高度依赖地方财政。在地方财政状况不佳的地区,尤其是中西部地区,法院财政捉襟见肘,法院办案经费难以保障成为普遍难。为了缓解这一窘境,自 2007 年起,每年由中央财政安排一定数额的专项资金,通过转移支付补助地方法院的经费困难。尽管如此,地方财政拨付仍占据法院经费的大部分比例,由此所带来的法院经费紧张、经费保障苦乐不均和法院地方化问题仍然存在,严重制约审判职能发挥,从而使审判制度运行受到不良影响。从根本上解决法院经费保障问题,当然需要国民经济不断持续增长从而使司法经费逐步摆脱紧缺困扰。但这似乎是一个伪命题,因为伴随经济增长,必将出现新的诉讼增长,司法则需要更多的经费投入。因此,如何以合理的体制使法院经费得到必要的保障才是解决问题的关键。

法院经费保障对于司法审判运行的重要性是不言而喻的。联合国大会《北京声明》第 37 条规定:"法院的预算应由法院制定,或者由有关机关与

---

① Steven Lubet, Judicial Discipline and Judicial Independence, *Law and Contemporary Problems*, Vol.61, 59, 1998.

司法机关共同列出。"第41条规定:"保证司法机关具有充足的司法资源。为了使法官们能够履行其职责,向其提供必要的资源是至关重要的。"我国有学者对此提出:"法院系统经费预算单列,由中央财政统一支出,使法院经费不受地方控制。"①这种得到多数认同的观点也符合国际经验,主流法治国大都对法院经费采取垂直管理体制。如美国于1939年设立了联邦法院司法行政管理局,其中一项司法行政管理职责便是制定并向国会提出联邦法院预算,联邦各级法院的经费都由联邦政府拨给并由联邦最高法院统一分配使用。在法国和德国,各普通法院向上诉法院提出年度预算,上诉法院汇总后报司法部,由司法部负责统一审查并编制全国普通法院的经费预算,最后报议会批准。日本早在1947年《裁判所法》中就规定:"裁判所的经费是独立的,应计入国家预算内。"《俄罗斯宪法》第124条规定:"法院的经费只能来自联邦预算,应能保障按照联邦法律充分而独立地进行审判。"这种经费垂直管理体制既能最保障司法独立,又能最大限度保障司法经费的投入,是司法权性质的必然要求。但另一方面,这种统一垂直的保障体制在我国却难免具有"理想化"色彩。我国有3500多个法院,中央财力尚无法保障全国所有法院经费的支出。另外,我国《宪法》规定各级法院由地方各级人大产生,既然各级法院的产生于地方政权有天然联系,而地方事实上掌握法院人事权,那么,法院经费保障体制完全脱离地方则显得不切实际。正因为如此,党的十八届三中全会提出法院"经费保障纳入省级和国家财政预算"的改革思路。循此思路,新一轮的法院经费保障体制改革的重点应是建立由中央财政和省级财政统一保障法院经费的体制。

1. 建立统一独立的全国法院经费司法预算体系。应在明确中央和地方财政各自保障的责任范围和相应的承担比例的基础上,尽快建立统一独立的全国法院经费司法预算体系。虽然法院经费由中央全部统筹暂时存在难度,但新一轮法院经费改革应当加大中央统筹的范围和力度。可考虑将法院经费预算分为两部分由中央和省级财政分别负担:第一部分是全国法院系统全年支出单列入国家预算,由最高人民法院编制。这个支出预算建立在全国各法院年初预算的基础上,由各个法院每年所需的人员经费标准、公用经费支出标准、业务装备支出标准和基础设施建设经费组成。该部分支出预算具体由中级人民法院和基层人民法院每年制定预算报给所在省、

---

① 梁慧星:《关于司法改革的十三项建议》,载《西北政法学院学报》2003年第5期。

自治区、直辖市的高院,各省、自治区、直辖市的高院根据各级法院的预算制定本省、自治区、直辖市的本年度的预算经费呈报最高人民法院,由最高人民法院编制全国法院的经费预算;报全国人大批准后,财政部按全国人大通过的最高人民法院经费预算结合预算内资金全额划拨给各省高院,由各省高院根据各级法院预算具体分配。第二部分是办案经费由省高级人民法院统一支配。法院将诉讼费用、办案中追缴的赃款等收入,集中于省级国库,统一由省级财政管理,省、自治区、直辖市财政部门按省级人大通过的全省法院预算案结合预算内资金全额划拨,由省高级人民法院按照本省各级人民法院的收支计划统筹、核拨,用于补助全省各级法院的办案经费。为减轻省级财政的压力,市、县两级财政也同时按照一定比例向省级财政上缴财政收入作为全省法院办案经费在各级法院经费不足时及时拨付。由于办案经费是随案件的多少而增减变动,属于不可预计因素,因此这部分经费由各级法院根据实际情况逐月按需向省、自治区、直辖市的高院提出,省、自治区、直辖市的高院用市、县两级财政上交的专项经费专款专用,限时拨给申请的法院使用。专款的年终结余用于统筹,保证下一年度的经费。

2. 制定统一的经费支出标准。经费支出标准是编制经费预算和审核经费预算的依据,法院经费实行垂直管理后,全国法院系统的经费供应标准必须统一,这是统一人民法院司法行政管理体制的前提和基础。根据目前法院的工作性质及经费开支内容,法院的经费供应标准为分四大类:人员经费标准、公用经费支出标准、业务装备支出标准和基础设施建设经费。其中,人员经费标准主要包括工资、社保、津贴等;公用经费支出标准包括办公用品费、差旅费、水电费、维修费、会议费、法官培训费等,这些费用分别按不同的性质制定开支标准;业务装备支出标准包括服装费、材料费、车辆添置费等;基础设施支出标准包括法庭建设规模、装备、通信等。

3. 加大中央财政专项补助,促进法院经费保障长效机制的建立以及平衡地区之间的经费差距。由于各地的经济发展水平差异较大,除了制定法院统一的经费供应标准外,还要根据经济发达与不发达地区、沿海与内陆地区的差别,分别制定补助标准,确保不同地区法院的经济支出水平高于或与当地政府机关经济支出水平相适应。中央财政在保障各级人民法院办案经费支出的同时,逐年加大中央政法补助专款对贫困地区法院装备、维修等项目的专项补助数额,促进地方建立人民法院经费保障长效机制。

第四节　提升刑事司法职业技能

　　技术成为现代社会分工的一个决定性因素,也是体现某领域专业化程度的首要标准。对于在某专业领域内从事专业化工作的人员而言,必须掌握专业领域内的技术,否则可能出现两种情况:一是当少数人未掌握技术时,可能会被淘汰迫退出该专业领域,二是当专业领域内的多数人的技术掌握不高时,会降低该专业领域的整体技术标准和水平。哲学家海德格尔(Heidegger)因此感慨:"技术已成为现代人的历史命运。"刑事司法是一个特殊的专业化技术领域,言其特殊,大致体现在三个方面:一是专业技术的复杂性。司法技术是一种知识和经验混合的复杂型技术,既需要专门的系统训练,又需要长期的经验积累,不可轻易获得。二是技术要求法定性。司法技术由立法制度所规定,且随着制度的完善,技术理性日趋精密复杂。三是技术主体的多方性。刑事司法是多方参与的过程,要求各方参与主体各自具备相应的技术能力且呈相当之势。刑事司法职业技术的特殊性要求参与者必须具备足够的技能以实现立法所设计的制度功能,如果有一方或多方主体的技能有所欠缺,刑事审判的制度或程序则难以真正发挥实效。自1996年《刑事诉讼法》修改,审判方式朝着控辩式发展以来,刑事审判不再依赖于法官单方庭前的广泛实体性调查,而是变为在控、辩、审三方结构下,通过一系列的技术理性安排而实现。另一方面,刑事司法参与者的技能却未随着制度的技术性转型而显著提升,或者说虽有提升但并未完全适应。司法职业技能的孱弱成为制约刑事审判制度实效的瓶颈。随着2012年《刑事诉讼法》的再次修改,刑事审判制度的技术性更加强化,如果不随之考虑司法职业技能的匹配问题,刑事审判制度实效势必仍将难以获得。对此,可考虑从司法职业者的教育和选任着手解决。

一、建立司法职业教育体制

　　(一)确立司法职业教育目标

　　我国至今未能在国家战略意义上确立司法职业教育目标,此乃司法职业教育的巨大缺憾。当前我国专业的法学教育归由高等教育,也即由大学法学院承担。受西方影响,我国也把为高等教育定位为"通识教育",如时任耶鲁大学校长的杰里·迈亚先生在其著名的《耶鲁报告》中所言:"大学教育的目的,不是教导单一技能,而是提供广博的通识基础,不是造就某一行业的专家,而是培养领导群伦的通才。"①通识教育致力于"培养具有博闻、能动性的公民。这样的公民应能够批判性地思考,分析社会问题,寻找解决社会问题的方法,应用这些方法,并在其中养成社会责任感。"②这样的宗旨目标是在宏观意义上对高等教育的整体性定位,但进入到具体的专业性领域,显然不再能适用。对于法学教育,韦伯在《论经济与社会中的法律》中将其区分为两种类型:理性的学理教育和经验的职业教育。前者的重点是法律理论和科学,即以理性和系统的方式分析法律现象。后者则是一种将法律作为工艺的经验性和技能性的职业训练方式。诺丁汉大学 Gravells 教授指出:"是进行学术理论性的法学教育,还是进行从业性的法律培训?"③这是各国法学教育必须面临的选择。我国的法学教育却始终摇摆于两者之间,未曾作出明确的选择。在 2002 年以前,我国法学教育整体偏重于学理教育。在 2002 年建立国家司法考试制度,司法职业化被提出之后,法律界意识到学理性法学教育不能输送司法职业人才,甚至难以应付国家司法考试。高等法学教育为此作出了一些调整和改变,如强调课堂教学应重视与国家司法考试对接,引入案例教学、诊所式法律教学等。但是,在培养目标未清晰定位之前,局部的教学方法的调整显然不足以改变现状。并且,关键问题在于,培养目标的模糊造成学生职业规划的盲从。大多数进入法学院的学生在经过数年学习之后仍然难以对未来将从事何种法律职业作出清晰地判断。是从事法律研究和教育,还是从事律师、检察官和法官的司法职业,学生们通常感到迷茫和无所适从。由于国家没有明确司法职业教育的目标,未能建立司法职业教育体制,高等法学教育事实上被寄予培养司法职业者的期待,然而,学理性的教学传统,以及有限的教学资源和力量使得高等法学教育其实难以承担此重任。法学院的教员们在讲授法律概念、阐述法律精神和原理的同时,即便有心传授司法实务知识和技能也往往力不从

---

① See Committee of the Corporation and the Academical Faculty, *Reports On The Course Of Instruction In Yale College*, 1828.

② UNESCO, *World Declaration On Higher Education For The Twenty-First Century: Vision and Action*, 1998.

③ Nigel P. Gravells, Academic Legal Education and Vocational Legal Training, 转引自郭成伟、宋英辉主编:《法学教育的现状与未来——21 世纪法学教育暨国际法学院院长研讨会论文集》,中国法制出版社 2000 年版。

心或者不得其法,到头来其结果必然是学理性、职业性兼顾失宜,得不偿失。

事实上,高等法学教育和司法职业教育的目标不同,没有哪个国家将司法职业教育纳入高等法学教育之中企图毕其功于一役。① 即便法律教员多出身于实践界精英,有资源和能力在高等法学院内开展司法职业教育的美国②,也将法律学理教育(LL.M、S.J.D.)和司法职业教育(J.D.)予以区分进行。因此,必须厘清高等法学教育和司法职业教育的关系,从国家层面上树立明确的司法职业教育目标,此为建立司法职业教育体制之首要。

(二)明确司法职业教育模式

各国对司法职业者的培养建立了一套明确清晰而行之有效模式。以英国为例说明,任何欲从事司法职业的人都必须经过三个阶段的教育:学术教育(academic education)、实务教育(practical education)和实习(training stage)。第一阶段学术教育需要在英国获得三年制法律本科学位(LL.B),已有本科学位的人也可以重新修读并通过为期一年的 GDL(Graduate Diploma in Law)法律转换培训项目,包括七门必修课:合同法、侵权法、宪法与行政法、土地法、衡平法和信托法、刑法、欧盟法。第二阶段实务教育则需根据未来的职业规划进行。拟从事事务律师(Solicitor),则需完成一年或两年制的 LPC(Legal Practice Course)课程,主修包括商法、民事和刑事程序法、法律文书、司法职业行为准则等,选修则需学生根据自身未来的职业规划在广泛的实务领域内选择诸如融资并购、婚姻继承、劳动合同、诉讼仲裁等。拟从事出庭律师(Barrister),则需完成一年制的 BVC(Bar Vocational Course)课程,除了学习相关法律外,主要学习逻辑、辩论技能和证据运用等,刑事司法职业技能便在这一阶段获得系统的训练。第三阶段实习则要与一家律师事务所签订协议并完成实习。事务律师需完成为期两年的 TC(Training contract)实习,且实习者被要求每半年要更换一个岗位(seat),一共做满四个岗位,接触不同领域的业务,并且,每个岗位都有一位合伙人律师或者资深律

---

① 高等法学教育的目标是培养掌握若干法律部门知识,具备基本法律思维的通识型法律人才。司法职业教育的目标是培养掌握相当法律知识,熟练使用法律信息资源,具备实践思维能力和基本技巧的职业型人才。对司法职业教育目标的详细阐述可参见美国于1922年发布的法律职业教育的"麦克格雷报告"(MacCrate Report)。American Bar Association, *Legal education and professional development: An educational continuum*, 1992.

② 参见龙卫球:《美国实用法律教育的基础》,载《北大法律评论》2001年第1期。

师直接带领和指导实习工作。出庭律师也要经过一年实习,前半年实习后经过考核后获得预备出庭律师执业资格,后半年再次考核后获得正式出庭律师资格。上述阶段内的课程,除了 LL. B 是由普通大学开设和完成以外,GDL、LPC 和 BVC 课程都是由英国法学会(Law Society)和大律师公会(Bar Council)分别或联合制定,以保障课程和法律专业性、完整性以及司法职业导向性。另外,项目和课程的教学培养由独立的司法职业教育机构提供,如 GDL 和 LPC 由诸如 BPP Law School、College of Law 等法律学院提供,BVC 课程则由声名显赫的四大律师学院(Linconln's Inn、The Middle Temple、The Inner Temple、Gray's Inn)提供。一整套前后衔接、目标明确的培养模式以及长期积累形成的行之有效的教学方法,使得英国司法职业者具有高超的司法技能并因此享誉世界。

  我国当前对拟从事司法职业者有一些培训,但并未形成统一而整体的司法职业人才培养模式,并且培训呈分散化、形式化和随意性的特点。分散化是指拟从事律师、检察官和法官的人分属于不同机构进行职业培训,申请律师资格的人由律协组织培训,被招录进检察院和法院的人由检察官学院和法官学院培训。形式化是指这些分散的培训几乎是在走过场,无论在持续时间、学习强度和教学方法上均无法保障培训效果,并且培训后的考核也是形式化的,几乎没有人不通过。随意性是指培训课程的设置、授课者的选择、授课方法以及培训管理均在一定程度上体现出不够专业,较为松散。要提高刑事司法运作的质量和效果,须依赖高素质和高技能的法官、检察官和律师人才,而这些人才的获得有赖于有效的司法职业培养模式。我国应当建立法律学理教育之后的强制实务教育。在教育模式上,可以考虑整合高校法学院、律师界和司法界的优势资源和力量,扶持建立专门培养机构,逐步形成若干所独立而权威的司法职业教育机构。如果不采取此方案而继续沿用当前分散型的培养模式,如何确保各家的培养质量则存在难度,需要进一步研究。无论采取哪种模式,培养课程、时间、方法、强度和培养管理必须经过统一而科学的设计或认证,以保障培养效果和质量。

二、改革司法职业人才选任制度

（一）司法人才的选任来源

从律师和法学学者中选任法官和检察官是大多数国家通行而成熟的做法。其中，律师是各国选任法官和检察官的主要来源，且不同级别的法检机构对律师的从业经历有着严格的要求。在这方面首推英国选任制度，以其法官选任为例。[①]"从中世纪起，英国的法官便不是由学法律的青年毕业生直接充任，而是从行业多年、经验丰富的律师中选出，这样就使法官尤其是高等法官成为法律界的精华。布莱克顿、柯克、黑尔以及曼斯菲尔德等便是其典型代表。他们娴熟的法律技巧和强烈的法律意识与同时期大陆分散腐败的司法制度形成了鲜明的对比。"[②]从律师和法学学者中选任法官和检察官的最大好处在于，律师长期大量的司法实务工作，以及法学家经年对法律和司法的深入观察和研究，使这两者积累了丰富的司法经验和学养，从他们中选任法官和检察官，无疑能够保证选任出来的法官和检察官都具备充分的司法技能、经验和学识，并使整个法官、检察官群体的素养和能力趋于稳定和成熟。并且，这样做的另外一个好处是，能够促使法律职业共同体的形成。必须指出，法律职业共同体的形成对于刑事司法而言非常重要。刑事司法是法官、检察官和律师共同参与完成的活动，如果三方彼此了解和尊重，具备共同的思维方式和行为方式，对彼此之间的行为有准确的预期、适当的期待及理解，无疑将使刑事审判制度的技术理性发挥出最大功能，并使制度立法能够高效运行。2010 年 9 月，中共中央办公厅、国务院转发了司法部《关于进一步加强和改进律师工作的意见》，提出要建立健全律师人才培养选用机制，加大从律师中选拔法官、检察官的力度，鼓励优秀律师通过公开选拔等途径进入法检机构。2013 年 7 月，最高人民检察院下发《关于加快推进检察人才六项重点工程的意见》，指出将注重从法学专家学者、律师

[①] 在英国，除治安法官以外所有的法官都只能从律师公会的出庭律师中任命，其中担任刑事法院领薪法官必须具有 7 年以上的初级律师经历，记录法官必须具有 10 年以上初级律师或高级律师经历，巡回法官必须具有 10 年以上高级律师经历或 5 年以上记录法官经历，高等法院法官必须具有 10 年以上的高级律师经历并且年龄在 50 岁以上，而上诉法官必须具有 15 年以上的高级律师经历或两年以上高等法院法官经历。

[②] 潘华仿：《英美法论》，中国政法大学出版社 1997 年版，第 34 页。

中公开选拔青年检察官。① 就我国目前的情况而言，一步到位实现法官、检察官的选任全部由律师和法学学者中选任仍存在困难，但从保障法官、检察官司法技能和经验，以及推动法律职业共同体形成的角度，应当加快尝试步伐，加大尝试力度，使更多的法官和检察官从律师和法学学者中选任，并推动选任比例的扩大。

（二）初任遴选和职级晋升

目前，我国法官和检察官初任遴选的基本方式是，通过公务员录用考试招录或者通过公开选拔方式选任，被招录或者选拔拟任命的人员参加为期三个月左右的任职培训并取得合格证书，即可任命为初任法官、检察官。但是，这一方式却并不利于选任出具备良好司法职业技能的法官和检察官。问题在于，一是培训和考察的形式性。通过招录和选拔方式选任出的人员事实上已经获得法检机构体制内的编制身份，参加培训和考察实际上只是一种内部的岗前培训，不出意外，几乎没有人不会通过。换言之，通过公务员考试或者公开选拔程序，而非通过司法职业技能培训和考试，才是选任初任法官和检察官的关键。虽然通过公开选拔这一程序选拔出来的人员大多具备相当的司法经验和技能②，但这种方式只占初任法官和检察官很小的选人比例，绝大多数比例的人员则是通过公务员考试招录的怀揣高校学历证书的毕业生。这与大多数国家将参加司法职业技能培训并通过考试作为选

---

① 事实上，从律师和法学学者中选拔法官和检察官在我国一些地方较早就有尝试，如山东、河南、内蒙等地自 2005 年起便均专门组织了面向包括律师和法学学者在内的社会人员选任初任法官和检察官工作，但据反映，效果不佳，少有律师和法学学者愿意进入法检机构，倒是法官和检察官转行去做律师或进入高校从事法学研究的不在少数。这里的主要原因在于，当前公务员体制下的法检机构，法官和检察官无论在社会地位和薪资收入还是职业发展和职业荣誉上均不具有优势，难以吸引优秀的律师和法学学者加盟，尤其是初任法官和检察官，处于法官和检察官队伍的底层，职业劣势更为明显。高职级的法官、检察官可以吸引一些律师和法学学者，如 2004 年 12 月，郑锦春律师被任命为内蒙古自治区人民检察院副检察长，成为我国首位直接由律师转做省级检察院检察官的案例。但问题在于，按照现在的法检体制，高职级的法官和检察官，例如法院正副院长、检察院正副检察长，是法检机构的领导岗位，并不直接办理案件，且越是高职级的法官、检察官，受到当前体制内的各种束缚越多，即便引入优秀的律师和法学学者，其司法理念和技能或将难以有效发挥。

② 参见中组发[2008]25 号文件：《公开选拔初任法官、检察官任职人选暂行办法》。

任初任法官和检察官的关键程序大不相同。① 二是选任的层级性。从最高人民法院到基层人民法院的四级法院均可以上述方式选任初任法官和检察官,换言之,刚走出校门的的毕业生也完全可以通过公务员招录进入高级别法检机构充任法官和检察官。如此一来,高级别法检机构的法官和检察官除了学历更高以外(高级别法检机构通常要求硕士以上学历),并不具备其应当具备的更成熟的司法技能和更丰富的司法经验。另外,在职级晋升方面,最大的问题在于未建立遵循司法规律的法官职级晋升制度,而是采取公务员制的晋升方式。在实践中表现优异的法官和检察官并非逐级晋升至更高级别的法检机构充任高级别法官、检察官,而是逐步走向庭长、科长,院长、检察长等具有行政级别但不再亲自办案的领导岗位,甚至到一定行政级别后还可能调离法检机构,进入其他党政机构充任官员,这种职级晋升方式未体现出对法检人才资源的最佳配置,反而是对人才资源的浪费。因此,应改革法官、检察官的初任遴选和职级晋升制度:(1) 逐步缩小公务员招录比例,扩大公开选拔比例选任初任法官、检察官;(2) 健全法官、检察官任前的司法职业技能培训和考试制度,使之能够真正起到培训和遴选作用;(3) 逐步缩小乃至取消中级人民法院和市检察院及其以上级别法检机构通过公务员考试招录初任法官、检察官的选任方式,高级别法检机构可以通过公开选拔方式和职级晋升制度获得人才;(4) 建立法官、检察官职级晋升制度,优秀的法官、检察官可以逐级晋升至高级别法检机构。

---

① 如在法国,未来的法官必须在大学读完4年法律课程,通过大学毕业考试后,还必须通过由政府主持的考试,考试合格者可进入国立法官学院进行为期31个月的专业培训,然后通过第二次考试,合格者还要进行6个月的分专业培训。在德国,法官资格经两次考试及格才能取得。第一次考试即大学毕业考试,考试合格者,要经过2年的实习。实习期间必须服务于普通法院民事庭、刑事庭或检察机关、行政官署、律师事务所或由实习法官选择的有关机构。然后再参加第二次考试。第二次考试的成绩是挑选法官的主要依据,考试合格率为10%。在意大利,经过十分严格的法官考试之后,合格者要在法院进行6个月的实习,最后完全合格者才能被任命为法官。在日本,通过司法考试的合格者还必须作为司法修习生进行至少2年的法律基础与实务方面的修习,之后经严格考试合格者,方可取得法曹资格并根据志愿可以担任助理法官、检察官,经过10年的司法实践,才能被任命为法官。这10年间,他们必须重新回到司法研修所进行4次进修,以进一步提高业务水平。在韩国,初任法官必须经过国家司法考试,考试合格后还必须在大法院所属的司法研究和培训学院训练2年,之后才能被任命为法官。

参 考 文 献

一、著作类

[1]《美国联邦刑事诉讼规则和证据规则》,卞建林译,中国政法大学出版社1996年版。

[2] 陈光中、严端主编:《中华人民共和国刑事诉讼法释义与应用》,吉林人民出版社1996年版。

[3] 陈光中主编:《外国刑事诉讼程序比较研究》,法律出版社1988年版。

[4] 陈瑞华:《程序性制裁理论》,中国法制出版社2005年版。

[5] 陈瑞华:《刑事审判原理论》,北京大学出版社2003年版。

[6] 陈瑞华:《刑事诉讼的前沿问题》,中国人民大学出版社2000年版。

[7] 陈瑞华:《刑事诉讼的中国模式》,法律出版社2010年版。

[8] 陈卫东主编:《模范刑事诉讼法典》,中国人民大学出版社2005年版。

[9] 董必武:《董必武法学文集》,法律出版社2001年版。

[10] 法学教材编辑部编:《西方法律思想史资料选编》,北京大学出版社1983年版。

[11] 郭成伟、宋英辉主编:《法学教育的现状与未来——21世纪法学教育暨国际法学院院长研讨会论文集》,中国法制出版社2000年版。

[12] 郭宇昭主编:《社会主义法的基本理论》,中国人民大学出版社1993年版。

[13] 何家弘:《外国犯罪侦查制度》,中国人民大学出版社

1995年版。
　[14] 何家弘主编:《刑事审判认证指南》,法律出版社2002年版。
　[15] 胡宁生:《公共部门绩效评估》,复旦大学出版社2008年版。
　[16] 怀效锋:《法院与法官》,法律出版社2006年版。
　[17] 黄瑞琪编译:《现代社会学结构功能论导读》,台湾巨流出版公司1984年版。
　[18] 黄东熊、吴景芳:《刑事诉讼法论》,台北三民书局1995年版。
　[19] 黄东熊:《中外检察制度之比较》,台湾中央文物供应社1986年版。
　[20] 瞿同祖:《中国法律与中国社会》,中华书局1981年版。
　[21] 朗胜主编:《关于修改〈中华人民共和国刑事诉讼法〉的决定释义》,中国法制出版社1996年版。
　[22] 李连科:《价值哲学引论》,商务印书馆1999年版。
　[23] 林钰雄:《刑事诉讼法》,中国人民大学出版社2005年版。
　[24] 刘玫:《传闻证据规则》,中国人民公安大学出版社2007年版。
　[25] 龙宗智:《相对合理主义》,中国政法大学出版社1999年版。
　[26] 龙宗智:《刑事审判制度研究》,中国政法大学出版社2001年版。
　[27] 闵钐、薛伟宏:《共和国检察历史片段》,中国检察出版社2009年版。
　[28] 潘华仿:《英美法论》,中国政法大学出版社1997年版。
　[29] 彭真:《论新时期的社会主义民主与法制建设》,中央文献出版社1989年版。
　[30] 沈宗灵主编:《法理学》,高等教育出版社1998年版。
　[31] 宋冰编:《程序、正义与现代化》,中国政法大学出版社1998年版。
　[32] 锁正杰:《刑事程序的法哲学原理》,中国人民公安大学出版社2002年版。
　[33] 苏力:《送法下乡:中国基层司法制度研究》,中国政法大学出版社2000年版。
　[34] 孙谦、郑成良:《司法改革报告有关国家司法改革的理念与经验》,法律出版社2002年版。
　[35] 汪建成、黄伟明:《欧盟成员国刑事诉讼概论》,中国人民大学出版社2000年版。
　[36] 汪全胜:《法律绩效评估机制论》,北京大学出版社2010年版。
　[37] 王洁:《法律语言教程》,法律出版社1997年版。
　[38] 吴宏耀:《诉讼认识论纲》,北京大学出版社2008年版。
　[39] 徐朝阳:《中国诉讼法溯源》,台湾商务印书馆1973年版。
　[40] 袁吉富:《历史认识的客观性问题研究》,北京大学出版社2000年版。
　[41] 张成福、党秀云:《公共管理学》,中国人民大学出版社2001年版。
　[42] 张根大:《法律效力论》,法律出版社1999年版。
　[43] 张文显:《二十世纪西方法学思潮研究》,法律出版社1996年版。
　[44] 张文显:《法理学》,法律出版社1997年版。
　[45] 张友渔主编:《中国法学文集》(第1辑),法律出版社1984年版。

［46］郑永流:《法治四章》,中国政法大学出版社 2002 年版。

［47］中共中央文献研究室编:《建国以来重要文献选编》(第 5 册),中央文献出版社 1993 年版。

［48］左卫民:《刑事程序问题研究》,中国政法大学出版社 1999 年版。

［49］左卫民、汤火箭、吴卫军:《合议庭制度研究——兼论合议庭独立审判》,法律出版社 2001 年版。

［50］〔奥〕凯尔森:《法与国家的一般理论》,沈宗灵译,中国大百科全书出版社 1996 年版。

［51］〔奥〕尤根·埃利希:《法律社会学基本原理》,叶名怡、袁震译,中国社会科学出版社 2009 年版。

［52］〔德〕弗里德里希·卡尔·冯·萨维尼:《论立法与法学的当代使命》,许章润译,中国法制出版社 2001 年版。

［53］〔德〕黑格尔:《小逻辑》,贺麟译,商务印书馆 1981 年版。

［54］〔德〕卡尔·拉伦兹:《法学方法论》,陈爱娥译,台湾五南图书出版公司 1996 年版。

［55］〔德〕科殷:《法哲学》,林荣远译,华夏出版社 2003 年版。

［56］〔德〕克劳斯·罗科信:《刑事诉讼法》,吴丽琪译,法律出版社 2003 年版。

［57］〔德〕克劳斯·罗科信:《德国刑事诉讼法》,吴丽琪译,台北三民书局 1998 年版。

［58］〔德〕拉德布鲁赫:《法学导论》,米健、朱林译,中国大百科全书出版社 1997 年版。

［59］〔德〕莱茵荷德·齐佩利乌斯:《法哲学》(第 6 版),金振豹译,北京大学出版社 2013 年版。

［60］〔德〕马克斯·韦伯:《经济与社会》,林荣远译,商务印书馆 1998 年版。

［61］〔德〕尤尔根·哈贝马斯:《在事实与规范之间——关于法律和民主法治国的商谈理论》,童世骏译,生活·读书·新知三联书店,2004 年。

［62］〔德〕约阿西姆·赫尔曼:《德国刑事诉讼法》,李昌珂译,中国政法大学出版社 1995 年版。

［63］〔法〕孟德斯鸠:《论法的精神》,张雁深译,商务印书馆 1961 年版。

［64］〔法〕托克维尔:《论美国的民主》(上卷),董果良译,商务印书馆 1998 年版。

［65］〔荷〕布鲁斯:《社会主义的所有制与政治体制》,胡健译,华夏出版社 1989 年版。

［66］〔美〕E.博登海默:《法理学:法律哲学与法律方法》,邓正来译,中国政法大学出版社 2004 年版。

［67］〔美〕W.理查德·斯科特:《组织理论》,黄洋等译,华夏出版社 2002 年版。

［68］〔美〕爱伦·豪切斯泰勒·斯黛丽、南希·弗兰克:《美国刑事法院诉讼程序》,

陈卫东、徐美君译,中国人民大学出版社2002年版。

[69]〔美〕本杰明·卡多佐:《司法过程的性质》,苏力译,商务印书馆1998年版。

[70]〔美〕波斯纳:《法理学问题》,苏力译,中国政法大学出版社2002年版。

[71]〔美〕波斯纳:《法律的经济分析》,蒋兆康译,中国大百科全书出版社1997年版。

[72]〔美〕伯尔曼:《法律与宗教》,梁治平译,三联书店1991年版。

[73]〔美〕布莱克:《现代化的动力》,段小光译,四川人民出版社1988年版。

[74]〔美〕达玛什卡:《司法和国家权力的多种面孔》,郑戈译,中国政法大学出版社2004年版。

[75]〔美〕道格拉斯·诺斯:《制度、制度变迁与经济绩效》,刘守英译,上海三联书店1994年版。

[76]〔美〕凡勃伦:《有闲阶级论》,蔡受百译,商务印书馆1964年版。

[77]〔美〕哈罗德·J.伯尔曼:《法律与革命——西方法律传统的形成》,贺卫方、高鸿钧、张志铭、夏勇译,中国大百科全书出版社1991年版。

[78]〔美〕亨利·斯蒂尔·康马杰:《美国精神》,杨静予等译,光明日报出版社1998年版。

[79]〔美〕劳伦斯·M.弗里德曼:《法律制度——从社会科学角度观察》,李琼英、林欣译,中国政法大学出版社2004年版。

[80]〔美〕理查德·A.波斯纳:《联邦法院——挑战与改革》,邓海平译,中国政法大学出版社2002年版。

[81]〔美〕理查德·A.波斯纳:《证据法的经济分析》,徐昕、徐昀译,中国法制出版社2001年版。

[82]〔美〕列维:《现代化的后来者与幸存者》,吴萌译,知识出版社1990年版。

[83]〔美〕罗伯特·D.考特、托马斯·S.尤伦:《法和经济学》,张军译,上海三联出版社1991年版。

[84]〔美〕罗纳德·德沃金:《法律帝国》,李常青译,中国大百科全书出版社1996年版。

[85]〔美〕罗斯科·庞德:《通过法律的社会控制——法律的任务》,沈宗灵、董世忠译,商务印书馆1984年版。

[86]〔美〕迈克尔·D.贝勒斯:《法律的原则——一个规范的分析》,张文显等译,中国大百科全书出版社1996年版。

[87]〔美〕米尔吉安·R.达马斯卡:《比较法视野中的证据制度》,吴宏耀、魏晓娜等译,中国人民公安大学出版社2006年版。

[88]〔美〕萨缪尔·亨廷顿:《文明的冲突与世界秩序的重建》(修订版),周琪等译,新华出版社2010年版。

[89]〔美〕托马斯·A.马沃特:《庭审致胜》(第7版),郭烁译,中国人民大学出版

社 2012 年版。

［90］〔美〕小福尔索姆:《罗斯福新政的谎言》,李存捧译,华夏出版社 2010 年版。

［91］〔美〕约翰·罗尔斯:《正义论》,何怀宏等译,中国社会科学出版社 1988 年版。

［92］〔日〕白取佑司:《刑事诉讼法》,早稻田经营出版社 1990 年版。

［93］〔日〕福泽谕吉:《文明论概略》,北京编译社译,商务印书馆 1994 年版。

［94］〔日〕棚濑孝雄:《纠纷的解决与审判制度》,王亚新译,中国政法大学出版社 2004 年版。

［95］〔日〕青木昌彦:《比较制度分析》,周黎安译,上海远东出版社 2001 年版。

［96］〔日〕田口守一:《刑事诉讼法》,刘迪等译,法律出版社 2000 年版。

［97］〔苏〕B.r.列别金斯基:《苏维埃检察院及其一般监督方面的活动》,陈华星、张学进译,法律出版社 1957 年版。

［98］〔英〕H.L.A.哈特:《法律的概念》(第 2 版),许家馨、李冠宜译,法律出版社 2006 年版。

［99］〔英〕彼得·蒙代尔等:《经济学解说》,胡代光等译,经济科学出版社 2000 年版。

［100］〔英〕戴维·米勒、韦农·波格丹诺:《布莱克维尔政治学百科全书》(修订版),邓正来译,中国政法大学出版社 2002 年版。

［101］〔英〕理查德·麦尔文·黑尔:《道德语言》,万俊人译,商务印书馆 2004 年版。

［102］〔英〕韦恩·莫里森:《法理学》,李桂林等译,武汉大学出版社 2003 年版。

［103］〔英〕约翰·斯普莱克:《英国刑事诉讼程序》,徐美君、杨立涛译,中国人民大学出版社 2006 年版。

二、期刊报纸类

［1］艾佳慧:《中国法院绩效考评制度研究——"同构性"和"双轨制"的逻辑及其问题》,载《法制与社会发展》2008 年第 5 期。

［2］陈光中、肖沛权:《关于司法权威问题之探讨》,载《政法论坛》2011 年第 1 期。

［3］陈瑞华:《近年来刑事司法改革的回顾与反思》,载《国家检察官学院学报》2008 年第 1 期。

［4］陈瑞华:《刑事程序法失灵问题的初步研究》,载《中国法学》2007 年第 6 期。

［5］陈瑞华:《刑事诉讼的立法技术问题》,载《法学》2005 年第 3 期。

［6］陈瑞华:《刑诉中的非法证据排除问题研究》,载《法学》2003 年第 6 期。

［7］陈瑞华:《侦查卷宗裁判主义——对中国刑事第二审程序的重新考察》,载《政法论坛》2007 年第 5 期。

［8］陈瑞华:《中国刑事司法制度的三个传统》,载《东方法学》2008 年第 1 期。

[9] 陈四海:《从实证主义走向日常语言哲学:美国哲学在二十世纪中期的转向》,载《河南师范大学学报》(哲学社会科学版)2012年第6期。

[10] 陈卫东、王政君:《刑事诉讼中的司法资源配置》,载《中国法学》2000年第2期。

[11] 陈卫东、张月满:《对抗式诉讼模式研究》,载《中国法学》2009年第5期。

[12] 陈卫东:《法制与选择》,载《中外法学》1993年第4期。

[13] 褚宸舸:《论立法语言的语体特点》,载《云南大学学报》(法学版)2009年第2期。

[14] 樊崇义、张中:《社会变革与刑事诉讼转型——新〈俄罗斯联邦刑事诉讼法典〉评介》,载《政法论坛》2003年第6期。

[15] 范纯:《论俄罗斯的司法改革》,载《俄罗斯中亚东欧研究》2007年第2期。

[16] 韩大元、于文豪:《法院、检察院和公安机关的宪法关系》,载《法学研究》2011年第3期。

[17] 何家弘:《司法证明的方式和证据规则的历史沿革》,载《外国法评议》1999年第4期。

[18] 何家弘:《刑事庭审虚化的实证研究》,载《法学家》2011年第6期。

[19] 贺卫方:《关于主审法官制》,载《南方周末》1999年3月26日。

[20] 黄海林:《法效力与法实效之研究》,载《法学》1992年第1期。

[21] 季卫东:《宪政的规范结构——对两个法律隐喻的辨析》,载《二十一世纪》2003年12月号。

[22] 江必新:《论合议庭职能的强化》,载《人民法院报》2002年9月18日。

[23] 蒋惠岭:《关于二五改革纲要的几个问题》,载《法律适用》2006年第8期。

[24] 康响英:《论法律语言的模糊性及其成因》,载《求索》2005年第4期。

[25] 柯华庆:《实效主义法学纲要》,载《法律与社会科学》2010年第7期。

[26] 李昌盛:《缺乏对抗的"被告人说话式"审判——对我国"控辩式"刑事审判的实证考察》,载《现代法学》2008年第6期。

[27] 李娜:《延长审限有望使二审开庭常态化》,载《法制日报》2012年4月6日。

[28] 梁慧星:《关于司法改革的十三项建议》,载《西北政法学院学报》2003年第5期。

[29] 刘计划:《我国陪审制度的功能及其实现》,载《法学家》2008年第6期。

[30] 龙卫球:《美国实用法律教育的基础》,载《北大法律评论》2001年第1期。

[31] 龙宗智:《论我国刑事庭审方式》,载《中国法学》1998年第4期。

[32] 龙宗智:《试析我国刑事审判方式改革的方向与路径》,载《社会科学研究》2005年第1期。

[33] 牟军、张青:《刑事诉讼的立法模式与立法技术批判——以〈刑事诉讼法第二修正案〉为中心》,载《法制与社会发展》2012年第6期。

[34] 牛建华:《回顾与展望——人民陪审员制度实践探索之观察思考》,载《法律适用》2013 年第 2 期。

[35] 钱昊平:《政法委书记与公安局长的合合分分》,载《南方周末》2011 年 11 月 18 日。

[36] 任群先:《面对司法公正——主审法官制》,载《中国商法》1999 年第 5 期。

[37] 沈德咏:《我们应当如何防范冤假错案》,载《人民法院报》2013 年 5 月 6 日。

[38] 时飞:《最高人民法院政治任务的变化》,载《开放时代》2008 年第 1 期。

[39] 苏力:《基层法院审判委员会制度的考察及思考》,载《北大法律评论》1998 年第 2 期。

[40] 滕彪:《"司法"的变迁》,载《中外法学》2002 年第 6 期。

[41] 万毅:《"幽灵抗辩"之对策研究》(上),载《法商研究》2008 年第 4 期。

[42] 夏锦文:《社会变迁与中国司法变革:从传统走向现代》,载《法学评论》2003 年第 1 期。

[43] 谢晖:《论法律实效》,载《学习与探索》2005 年第 1 期。

[44] 徐国栋:《法律局限性的处理模式分析》,载《中国法学》1991 年第 3 期。

[45] 薛理禹:《论日本近代的法律移植》,载《华东理工大学学报》(社会科学版)2010 年第 1 期。

[46] 杨宇冠、刘晓彤:《刑事诉讼简易程序改革研究》,载《比较法研究》2011 年第 6 期。

[47] 姚莉:《法制现代化进程中的审判组织重构》,载《法学》2004 年第 5 期。

[48] 叶林:《私法权利的转型——一个团体法视角》,载《法学家》2010 年第 4 期。

[49] 尹丽华:《俄罗斯联邦刑事诉讼法的创新发展》,载《当代法学》2004 年第 4 期。

[50] 詹建红:《我国检察权配置之反思》,载《东方法学》2010 年第 4 期。

[51] 张朝霞:《日本刑事司法制度改革研究》,载《人民检察》2005 年第 6 期。

[52] 张骐:《法律实施的概念、评价标准及影响分析》,载《法律科学》1999 年第 1 期。

[53] 张文显:《对法律规范的再认识》,载《吉林大学社会科学学报》1987 年第 6 期。

[54] 赵震江、周旺生等:《论法律实效》,载《中外法学》1989 年第 2 期。

[55] 郑春笋、赵趱超:《德州 76 项指标考核基层法院绩效》,载《人民法院报》2012 年 12 月 19 日。

[56] 郑永流:《法的有效性与有效性的法——分析框架的建构和经验实证的描述》,载《法制与社会发展》2002 年第 2 期。

[57] 左卫民、万毅:《我国刑事诉讼制度改革若干基本理论问题研究》,载《中国法学》2003 年第 4 期。

[58] 左卫民:《职权主义:一种谱系性的"知识考古"》,载《比较法研究》2009年第2期。

[59] 左卫民:《中国刑事诉讼模式的本土构建》,载《法学研究》2009年第2期。

[60] 左卫民:《权力话语/实践的艰难展开:1996年中国刑事诉讼法典修改的反思》,载《中外法学》2002年第4期。

三、学位论文类

[1] 王国骞:《国家法实效问题研究》,中国政法大学2006年博士学位论文。

[2] 刘君毅:《法官适格问题之探讨》,台湾中正大学2001年硕士学位论文。

四、外文类

[1] Alan M. Dershowiz, Reasonable Doubts: The Criminal Justice and the O. J. Simpson Case, Turtle Books, 1997, pp. 11—19.

[2] Alf Ross, Directives and Norms, Routledge & Kegan Paul Ltd., 1968, p. 78. J. W. Harris, Law and Legal Science: an Inquiry into the Concepts Legal Rules and Legal System, Oxford Clarendon Press, 1979, p. 93.

[3] Alf Ross, On Law and Justice, University of California Press, 1959, p. 35.

[4] Andrews Reath, Agency and Autonomy in Kant's Moral Theory, Oxford University Press, 2006, pp. 121—123.

[5] Avery Katz, Judicial Decisionmaking and Litigation Expenditure, 8 International Review of Law and Economics, 1988, p. 127.

[6] Book Llc, Lucchese Crime Family, General Books LLc, pp. 54—80. State of New Jersey Commission of Investigation, The Changing Face of Organized Crime in New Jersey, May 2004, pp. 117—121.

[7] Committee of the corporation and the academical faculty, Reports On The Course Of Instruction In Yale College, 1828.

[8] Constitutional Reform Act 2005, http://www.legislation.gov.uk/ukpga/2005/4.

[9] Damaska, Truth in Adjudication, 49 Hastings Law Journal, 1998, pp. 289—308.

[10] David A. Binder & Paul Bergman, Fact Investigation: From Hypothesis to Proof, West Publishing Co., 1984, p. 4.

[11] Edwin W. Patterson, Jurisprudence: Men and Ideas of the Law, Foundation Press, 1953, p. 169.

[12] Francis Wellman, The Art of Cross Examination, Touchstone, 1997, p. 4.

[13] Hans Kelsen, The Pure theory of Law and Analytical Jurisprudence, Harvard Law Review, 44(1941), pp. 48—49.

[14] Hans Kelsen, Pure Theory of Law, transl. Max Knight, University of California Press, 1967.

[15] Hans Kelsen, Reine Rechtslehre, F. Deuticke, 1934, p. 69.

[16] Harry W. Jones, The Efficacy of Law, Northwestern Press, 1969, p. 3—4.

[17] Hyman Levy, A Philosophy for a Modern Man, The University of California Press, 1938, p. 309.

[18] Jeffrey J. Miller, Plea Bargaining and Its Analogues under the New Italian Criminal Procedure Code and in the United States, 22 N. Y. U. J. Int'LL. & Pol., 1990, p. 215.

[19] Jenny Mcewan, Evidence and Adversarial Process, Blackwell Publishers, 1992, p. 4.

[20] John R. Searle, Speech Acts: An Essays in the Philosophy of Language, Cambridge University Press, 1969, pp. 34—35.

[21] Joseph Raz, The Concept of Legal System, Clarendon Press, 1970.

[22] Judicial Conduct and Disability Act of 1980, 28. U. S. C. § 372(c),3A.

[23] Justice O' Connor concurred in Gentile v. State Bar of Nevada, 501 U. S. 1030, 1082, 111 S. Ct. 2720, 115 L. Ed. 2d 888(1991).

[24] Karl N. Llewellyn, Jurisprudence: Realism in Theory and Practice, The University of Chicago Press, 1962, p. 55—57.

[25] Kearney, Richard C., Evan M. Berman, Public Sector Performance: Management, Motivation, and Measurement, West View Press, pp. 1—2.

[26] L. von Bertalanffy, An Outline of General System Theory, British Journal for the Philosophy of Science 1, 1950, pp. 139—164.

[27] Lon L. Fuller, Adjudication and the Rule of Law, Proceedings of American Society of International Law, 54, 1960, p. 2.

[28] Maurice Hauriou, Classical Method and Juridical Positivism, in the French Insititutionalists, Harvard University Press, 1970, p. 125.

[29] Mireille Delmas-Marty and J. R. Spencer eds, European Criminal Procedures, Cambridge University Press, 2002, p. 360.

[30] Nigel P. Gravells, Academic Legal Education and Vocational Legal Training.

[31] Peter Murphy, Murphy on Evidence, 7th ed., Blackstone Press Limited, 2000, p. 2.

[32] R. A. Duff, Trial and Punishment, Cambridge University Press, 1986, pp. 110—114.

[33] Robert S. Kravchuk, Ronald W. Schack, Designing Effective Performance-Measurement Systems under the Government Performance and Result Act of 1993, Public Administration Rev. Vol. 56, No. 4(1996), pp. 348—358.

[34] Roscoe Pound, The Scope and Purpose of Sociological Jurisprudence, Harvard Law Review. 25(1912), p.510.

[35] Roscoe Pound, Law in Book and Law in Action, The American Law Review, 44 (1910), p.15.

[36] Rudolf Carnap, Philosophy and Logical Syntax, AMS press, 1979, p.217.

[37] Russell Wheeler, Judicial Administration: Its Relation to Judicial Independence, 23 (National Center of State Courts, Publication No R-106, 1988).

[38] Santobell v. New York, 404, U.S 251, 260(1978).

[39] Steven Lubet, Judicial Discipline and Judicial Independence, Law and Contemporary Problems, Vol.61, 1998, p.59.

[40] Tom Bingham, The Judge as Juror: The Judicial Determination of Factual Issues, 38 Current Legal Problems 1.

[41] UNESCO, *World Declaration on Higher Education For the Twenty-First Century: Vision and Action*, 1998.

[42] Universal Declaration on the Independence of Justice, 1983.

[43] USA Today: Fight over money may follow court battle, 01-28-1997.

[44] William Blackstone, Commentaries on the Laws of England, quoted from John H. Langbein, The Origins of Adversary Criminal Trial, Oxford University Press Inc., 2003, p.1.

后　　记
——满纸荒唐言，甘苦我心知

　　在博士论文完成之际直至交付答辩，我都没有在正文后附上所谓"致谢"，尽管我知道"致谢"属于"科学技术报告、学位论文和学术论文的编写格式"（GB7713-87）中的"标准格式"。这绝不是我不懂得感恩，主要原因在于我觉得可能难以拿捏以文致谢的火候和温度。说的浅了，显得不温不火，挂一漏万；说的深了，显得煽情肉麻，甚至让人直起鸡皮疙瘩。于是，我干脆选择诸如当面诉说、登门拜访，甚至举杯酩酊等文外致谢的方式。

　　在强调尊师重道以及同样讲求"里子和面子"的学术圈内，这样一种"欠妥"的做法至今似乎并未引起"交往危机"，实在是他人的宽容和我的幸运。尤其是我的导师，姚莉教授，她了解我的心性，也向来宽容我。可是老话讲："躲得过初一，躲不过十五。"在本书付梓出版之际，责任编辑专门建议我要写一个后记，我便不能再推脱，否则真是不能被宽容了。

　　首先还是要交代下这本书。本书是在我的博士论文基础上略作改动而成的。怎么形容她呢？我想到三个关键词，即"蓄谋已久""酝酿多时"和"差强人意"。

　　说这本书"蓄谋已久"是因为，我较早地注意到了程序法规则的实效问题，并持续关注这一话题。那是在2008年，陈瑞华教授在《中国法学》上发表的一篇题为《刑事程序法失灵问题的初步研究》的论文使我意识到，刑事程序规则可能面临着较大的适用危机。其中，陈瑞华教授所引入的"失灵"(legal failure)这一概念,对我触动较大,使我进一步意识到,刑事程序法的司法实践本身就体现出了某些值得关注和研究的逻辑现象。恰巧之后我迎来了零距离观察司法实践的宝贵机会。2009年,我被派往某沿海城市中级人民法院挂职锻炼,2010年,又被派往某市基层法院挂职锻炼。正是这两次"体验式观察"的经历,使我深刻地感受到了"从法学院到法院"以及"从'纸面上的法'到'行动中的法'"的距离,并体察到刑事程序法的"糟糕命运"(李奋飞副教授的说法是:"失灵:中国刑事程序的当代命运")。于是我放弃了之前拟定的博士论文选题,改而关注刑事程序法司法实践的问题,并开始着手收集相关资料。

说这本书"酝酿多时"是因为,准备以及写作的过程并不顺利。一方面,与司法实践"第一次亲密接触",转换角色和学习办案,我都需要逐步适应;挂职期间终日埋首于积案中,也令资料整理和思考过程被迫碎片化。更为重要的是,程序法规则这种"显性知识"一旦进入到司法实践中,就转化成为一种"隐性知识",不经长期积累难有所感触,因而,思索和写作的过程也一再被拉伸。另一方面,将刑事程序法实效问题最终确定为博士论文选题的过程也颇为周折。主要原因是,有几个教授似乎并不太接受这一选题,认为司法实践并没有我们想象的那么糟糕,刑事程序规则的适用情况不佳可能是个"伪命题"。对此,我首先坚持我的基本判断:刑事程序规则的整体适用确实是存在不少问题。我的些许底气来源于我真切的实践感受。然后,我向教授们作了一些解释:我并不能立刻得出结论,说中国刑事程序法的适用一定是糟糕的,相反,说中国刑事程序法的适用没有问题可能也是轻率的,真实的情况需要经过整体评估,我只是想将目光投射于刑事程序法的实施适用之中,探究立法与司法之间到底有没有距离。如果有,是多大的距离?为什么产生了距离?如何看待并解决这种距离?尽管仍有个别教授保留观点,但最终他们都给了我很大的宽容。另外,我的导师,姚莉教授,对我的选题提出了建议。她认为考察整个刑事程序法的实施适用未免范围过大,势必会带来研究上的技术难题和写作上的不便,因而建议我限缩观察的范围,选择典型性和代表性的程序制度进行研究,以小见大,见微知著。我听从了她的建议,选择了严格意义上刑事程序制度,即刑事审判制度进行考察。(做出选择的法理原因书中已有交代)在真正展开写作后,我意识到姚莉教授的建议是相当有预见的。

说这本书"差强人意"是对书稿的自我评价。颇有玩味的是,书中一些自诩创新的内容,也正是令我忐忑不安之处。司法实践与立法规范的背离是一种法律现象,我试图将这种法律现象带入到一个理论基础中去进行整体性和系统性的考察和解释,"法律实效"便是我引入并展开讨论的法理基础。刑事审判制度的实效如何,需要进行客观评价,于是我试图建立适用于程序法制度的实效评估框架,并提出判断实效状况的基本标准,从而方便对刑事审判制度的实效做出评估性描述。在对我国刑事审判制度进行实效的评估和描述之后,我将其实效形态及表现形式进行了概念化和类型化分析,提出了若干便于理解、易于识别的类型概念。对于我国刑事审判制度实效短缺的原因,这个纷繁复杂、千头万绪的"戈尔迪之结",我最终归纳出"文本""体制"和"资源"三大方面进行分析和解释。这些内容究竟是有丁点创新,还是自说自话,自展开写作以来,至今我仍时常陷入纠结。不过,随着本书的出版,这种纠结即将告一段落,是好是赖留待旁人去说吧。

与此同时,我还是要借此机会衷心对以下人士再次言谢:感谢论文最终答辩的六位专家,他们是宋英辉教授、齐文远教授、徐汉明教授、杨宗辉教授以及武汉市人民检察院孙应征检察长、湖北省人民检察院龚举文副检察长。他们对我的认可和鼓励令我倍感欣慰,同时,提出的批评和建议也切中肯綮。感谢三位论文匿名评审专家,他们对我这个后生十分宽容。感谢卞建林教授,虽然因故未能作为专家参加我的答辩,但他长期以来对我的关照和支持令我无比感动。感谢徐汉明教授,他是一个具有领袖型人格的领导,以及极富敏锐性和创新性的学者,他教给我很多东西,也给予我很多帮助。感谢詹建红教授,每当我在学习和工作中遇到困难时,我会第一时间想到并求助于他;作为大师兄,他总能给我适当的建议和帮助。当然,我还要感谢我的导师,姚莉教授,她既是我的恩师,也是我的亲人,她对我的关心和帮助远远超过了师生之情,只是我常常自责对她的恩情无以回报,虽然她对此从不计较。最后,感谢我的双亲,他们为我承受了太多也付出了太多,他们默默的支持和无私的爱永远是我人生的支柱。

人们常说"最美人间四月天",大概是因为四月同时包含了人间所有美好意象及其缺失遗憾。春风和煦而又细雨淋漓,暖意融融而又时光微凉,朝气蓬勃而又暗藏哀伤,因而四月也最能体现人们复杂矛盾的心情。在这个四月天,看着面前这本书稿,回忆历历往昔,写下这样的文字,并怀着复杂的心情,忐忑地将此书稿奉上。她就像一个新生儿,在接受鼓励和呵护的同时，基于成长的需要，也必须面对来自各方的检验，甚至批评。无论如何，她即将面世，现在我只能说，这本书可能不是一份满意的答卷，但她代表了我近年来对刑事程序法实效问题集中性的思考，其中包含了我的诚意和努力！

陈　实

2015 年 4 月 5 日